5512
E3

OEUVRES
CHOISIES
DE P. CORNEILLE.

TOME III.

SE TROUVE AUSSI A PARIS,

Chez { LADRANGE, libraire, quai des Augustins, n° 19.
{ GUIBERT, libraire, rue Git-le-Cœur, n° 10.

A Caen. Chez madame LE BARON-BLIN.
A Rouen. Chez FRÈRE.

DE L'IMPRIMERIE DE FIRMIN DIDOT.

OEUVRES
CHOISIES
DE P. CORNEILLE.

TOME TROISIÈME.

A PARIS,

CHEZ LHEUREUX, LIBRAIRE,
QUAI DES AUGUSTINS, n° 37.

MDCCCXXII.

RODOGUNE,

PRINCESSE DES PARTHES,

TRAGÉDIE.

1646.

PRÉFACE DE VOLTAIRE.

Rodogune ne ressemble pas plus à *Pompée* que *Pompée* à *Cinna*, et *Cinna* au *Cid*. C'est cette variété qui caractérise le vrai génie. Le sujet en est aussi grand et aussi terrible que celui de *Théodore* est bizarre et impraticable.

Il y eut la même rivalité entre cette *Rodogune* et celle de Gilbert, qu'on vit depuis entre la *Phèdre* de Racine et celle de Pradon. La pièce de Gilbert fut jouée quelques mois avant celle de Corneille, en 1645 : elle mourut dès sa naissance, malgré la protection de Monsieur, fils de Louis XIII, et lieutenant-général du royaume, à qui Gilbert, résident de la reine Christine, la dédia. La reine de Suède et le premier prince de France ne soutinrent point ce mauvais ouvrage, comme, depuis, l'hôtel de Bouillon et l'hôtel de Nevers soutinrent la *Phèdre* de Pradon.

En vain le résident présente à son altesse royale, dans son épître dédicatoire, *la généreuse Rodogune, femme et mère des deux plus grands monarques de l'Asie;* en vain compare-t-il cette *Rodogune* à Monsieur, qui cependant ne lui ressemblait en rien : ce mauvais ouvrage fut oublié du protecteur et du public.

Le privilège du résident pour sa *Rodogune* est du 8 janvier 1646; elle fut imprimée en février 1647. Le privilège de Corneille est du 17 avril 1646, et sa *Rodogune* ne fut imprimée qu'au 31 janvier 1647. Ainsi la *Rodogune* de Corneille ne parut sur le papier qu'un an ou environ après les représentations de la pièce de Gilbert, c'est-à-dire un an après que cette pièce n'existait plus.

Ce qui est étrange, c'est qu'on retrouve dans les deux tragédies précisément les mêmes situations, et souvent les mêmes sentiments que ces situations amènent. Le cinquième acte est différent; il est terrible et pathétique dans Corneille. Gilbert crut rendre sa pièce intéressante en rendant le dénouement heureux, et il en fit l'acte le plus froid et le plus insipide qu'on pût mettre sur le théâtre.

On peut encore remarquer que Rodogune joue dans la pièce de Gilbert le rôle que Corneille donne à Cléopâtre, et que Gilbert a falsifié l'histoire.

Il est étrange que Corneille, dans sa préface, ne parle point d'une ressemblance si frappante. Bernard de Fontenelle, dans la vie de Corneille son oncle, nous dit que Corneille ayant fait confidence du plan de sa pièce à un ami, cet ami indiscret donna le plan au résident, qui, contre le droit des gens, vola Corneille. Ce trait est peu vraisemblable; rarement un homme revêtu d'un emploi public se déshonore et se rend ridicule pour si peu de chose : tous les mémoires du temps en auraient parlé; ce larcin aurait été une chose publique.

On parle d'un ancien roman de Rodogune : je ne l'ai pas vu; c'est, dit-on, une brochure *in*-8°, imprimée chez Sommaville, qui servit également au grand auteur et au mauvais. Corneille embellit le roman, et Gilbert le gâta. Le style nuisit aussi beaucoup à Gilbert : car, malgré les inégalités de Corneille, il y eut autant de différence entre ses vers et ceux de ses contemporains jusqu'à Racine, qu'entre le pinceau de Michel-Ange et la brosse des barbouilleurs.

Il y a un autre roman de Rodogune en deux volumes, mais il ne fut imprimé qu'en 1668 : il est très rare, et presque oublié; le premier l'est entièrement.

A MONSEIGNEUR

LE PRINCE.

Monseigneur,

Rodogune se présente à Votre Altesse avec quelque sorte de confiance, et ne peut croire qu'après avoir fait sa bonne fortune vous dédaigniez de la prendre en votre protection. Elle a trop de connoissance de votre bonté pour craindre que vous veuilliez laisser votre ouvrage imparfait, et lui dénier la continuation des graces dont vous lui avez été si prodigue. C'est à votre illustre suffrage qu'elle est obligée de tout ce qu'elle a reçu d'applaudissement ; et les favorables regards dont il vous plut fortifier la foiblesse de sa naissance lui donnèrent tant d'éclat et de vigueur, qu'il sembloit que vous eussiez pris plaisir à répandre sur elle un rayon de cette gloire qui vous environne, et à lui faire part de cette facilité de vaincre qui vous suit partout. Après cela, Monseigneur, quels hommages peut-elle rendre à Votre Altesse qui ne soient au-dessous de ce qu'elle lui doit ? Si elle tâche à lui témoigner quelque reconnoissance par l'admiration de ses vertus, où trouvera-t-elle des éloges dignes de cette main qui fait trembler tous nos ennemis, et dont les coups d'essai furent signalés par la défaite des premiers capitaines de l'Europe ? Votre Altesse sut vaincre avant qu'ils se pussent imaginer qu'elle sût combattre ; et ce grand courage, qui n'avoit encore vu la guerre que dans les livres, effaça tout ce qu'il y avoit lu des Alexandre et des César, sitôt qu'il parut à la tête d'une armée. La générale consternation où la perte de notre grand monarque nous avoit plongés enfloit l'orgueil de nos adversaires en un tel point qu'ils osoient se

persuader que du siége de Rocroi dépendoit la
prise de Paris; et l'avidité de leur ambition dévo-
roit déja le cœur d'un royaume dont ils pensoient
avoir surpris les frontières. Cependant les premiers
miracles de votre valeur renversèrent si pleinement
toutes leurs espérances, que ceux-là même qui s'é-
toient promis tant de conquêtes sur nous virent
terminer la campagne de cette même année par
celles que vous fîtes sur eux. Ce fut par là, Monseigneur, que vous commençâtes ces grandes victoires que vous avez toujours si bien choisies qu'elles
ont honoré deux règnes tout-à-la-fois, comme si
c'eût été trop peu pour Votre Altesse d'étendre les
bornes de l'État sous celui-ci, si elle n'eût en même
temps effacé quelques-uns des malheurs qui s'é-
toient mêlés aux longues prospérités de l'autre.
Thionville, Philisbourg et Norlinghen étoient des
lieux funestes pour la France : elle n'en pouvoit
entendre les noms sans gémir; elle ne pouvoit y
porter sa pensée sans soupirer; et ces mêmes lieux,
dont le souvenir lui arrachoit des soupirs et des
gémissements, sont devenus les éclatantes marques de sa nouvelle félicité, les dignes occasions
de ses feux de joie, et les glorieux sujets des

actions de grace qu'elle a rendues au ciel pour les triomphes que votre courage invincible en a obtenus. Dispensez-moi, Monseigneur, de vous parler de Dunkerque : j'épuise toutes les forces de mon imagination, et je ne conçois rien qui réponde à la dignité de ce grand ouvrage, qui nous vient d'assurer l'Océan par la prise de cette fameuse retraite de corsaires. Tous nos havres en étoient comme assiégés ; il n'en pouvoit échapper un vaisseau qu'à la merci de leurs brigandages ; et nous en avons vu souvent de pillés à la vue des mêmes ports dont ils venoient de faire voile : et maintenant, par la conquête d'une seule ville, je vois, d'un côté, nos mers libres, nos côtes affranchies, notre commerce rétabli, la racine de nos maux publics coupée ; d'autre côté, la Flandre ouverte, l'embouchure de ses rivières captive, la porte de son secours fermée, la source de son abondance en notre pouvoir ; et ce que je vois n'est rien encore au prix de ce que je prévois sitôt que Votre Altesse y reportera la terreur de ses armes. Dispensez-moi donc, Monseigneur, de profaner des effets si merveilleux et des attentes si hautes, par la bassesse de mes idées et par l'impuissance de mes expressions; et trouvez bon que, demeurant dans un respectueux silence, je n'ajoute rien ici qu'une protestation très-inviolable d'être toute ma vie,

Monseigneur,

DE VOTRE ALTESSE

Le très-humble, très-obéissant
et très-passionné serviteur,
P. Corneille.

PRÉFACE
DE CORNEILLE.

APPIAN ALEXANDRIN,

AU LIVRE DES GUERRES DE SYRIE; SUR LA FIN.

« Démétrius, surnommé Nicanor, roi de Syrie,
« entreprit la guerre contre les Parthes; et, étant
« devenu leur prisonnier, vécut dans la cour de
« leur roi Phraates, dont il épousa la sœur, nom-
« mée Rodogune. Cependant Diodotus, domestique
« des rois précédents, s'empara du trône de Syrie,
« et y fit asseoir un Alexandre, encore enfant, fils
« d'Alexandre le bâtard, et d'une fille de Ptolémée.
« Ayant gouverné quelque temps comme son tuteur,
« il se défit de ce malheureux pupille, et eut l'in-
« solence de prendre lui-même la couronne sous un
« nouveau nom de Tryphon qu'il se donna. Mais
« Antiochus, frère du roi prisonnier, ayant appris à
« Rhodes sa captivité, et les troubles qui l'avoient
« suivie, revint dans le pays, où, ayant défait Try-
« phon avec beaucoup de peine, il le fit mourir: de là,
« il porta ses armes contre Phraates, lui redeman-

« dant son frère; et, vaincu dans une bataille, il se
« tua lui-même. Démétrius, retourné en son royau-
« me, fut tué par sa femme Cléopâtre, qui lui dressa
« des embûches en haine de cette seconde femme
« Rodogune qu'il avoit épousée, dont elle avoit
« conçu une telle indignation, que, pour s'en venger,
« elle avoit épousé ce même Antiochus, frère de
« son mari. Elle avoit eu deux fils de Démétrius,
« l'un nommé Séleucus, et l'autre Antiochus, dont
« elle tua le premier d'un coup de flèche, sitôt
« qu'il eut pris le diadême après la mort de son
« père, soit qu'elle craignît qu'il ne la voulût ven-
« ger, soit que l'impétuosité de la même fureur la
« portât à ce nouveau parricide. Antiochus lui suc-
« céda, qui contraignit cette mauvaise mère de
« boire le poison qu'elle lui avoit préparé. C'est ainsi
« qu'elle fut enfin punie. »

Voilà ce que m'a prêté l'histoire, où j'ai changé les circonstances de quelques incidents, pour leur donner plus de bienséance. Je me suis servi du nom de Nicanor plutôt que de celui de Démétrius, à cause que le vers souffroit plus aisément l'un que l'autre. J'ai supposé qu'il n'avoit pas encore épousé Rodogune, afin que ses deux fils pussent avoir de l'amour pour elle, sans choquer les spectateurs, qui eussent trouvé étrange cette passion pour la veuve de leur père, si j'eusse suivi l'histoire. L'ordre de leur naissance incertain, Rodogune prisonnière, quoiqu'elle ne vint jamais en Syrie; la haine de Cléopâtre pour elle, la proposition sanglante qu'elle fait à ses fils, celle que cette princesse est obligée de leur faire pour se garantir, l'inclination qu'elle a pour Antiochus, et la jalouse fureur de cette mère, qui se résout plutôt à perdre ses fils qu'à se voir sujette de sa rivale, ne sont que des embellissements de l'invention, et des acheminements vraisemblables à l'effet dénaturé que me présentoit l'histoire, et que les lois du poëme ne me permettoient pas de changer. Je l'ai même adouci tant que j'ai pu en Antiochus, que j'avois fait trop honnête homme dans le reste de l'ouvrage, pour forcer à la fin sa mère à s'empoisonner elle-même.

On s'étonnera peut-être de ce que j'ai donné à cette tragédie le nom de *Rodogune*, plutôt que celui de *Cléopâtre*, sur qui tombe toute l'action tragique, et même on pourra douter si la liberté de la poésie peut s'étendre jusqu'à feindre un sujet entier sous des noms véritables, comme j'ai fait ici, où depuis la narration du premier acte, qui sert de fondement au reste, jusqu'aux effets qui paroissent dans le cinquième, il n'y a rien que l'histoire avoue.

Pour le premier, je confesse ingénument que ce poëme devoit plutôt porter le nom de *Cléopâtre* que de *Rodogune* : mais ce qui m'a fait en user ainsi a été la peur que j'ai eue qu'à ce nom le peuple ne se laissât préoccuper des idées de cette fameuse et dernière reine d'Égypte, et ne confondît cette reine de Syrie avec elle, s'il l'entendoit prononcer. C'est pour cette même raison que j'ai évité de le mêler dans mes vers, n'ayant jamais fait parler de cette seconde Médée que sous celui de la reine; et je me suis enhardi à cette licence d'autant plus librement, que j'ai remarqué parmi nos anciens maîtres qu'ils se sont fort peu mis en peine de donner à leurs poëmes le nom des héros qu'ils y faisoient paroître, et leur ont souvent fait porter celui des chœurs, qui ont encore bien moins de part dans l'action que les personnages épisodiques, comme Rodogune; témoin *les Trachiniennes* de Sophocle, que nous n'aurions jamais voulu nommer autrement que *la Mort d'Hercule*.

Pour le second point, je le tiens un peu plus difficile à résoudre, et n'en voudrois pas donner mon opinion pour bonne. J'ai cru que, pourvu que nous conservassions les effets de l'histoire, toutes les circonstances, ou, comme je viens de les nommer, les acheminements, étoient en notre pouvoir;

au moins je ne pense point avoir vu de règle qui restreigne cette liberté que j'ai prise. Je m'en suis assez bien trouvé en cette tragédie : mais comme je l'ai poussée encore plus loin dans *Héraclius*, que je viens de mettre sur le théâtre, ce sera en le donnant au public que je tâcherai de la justifier, si je vois que les savants s'en offensent, ou que le peuple en murmure. Cependant ceux qui en auront quelque scrupule m'obligeront de considérer les deux *Électre* de Sophocle et d'Euripide, qui, conservant le même effet, y parviennent par des voies si différentes, qu'il faut nécessairement conclure que l'une des deux est tout-à-fait de l'invention de son auteur. Ils pourront encore jeter l'œil sur *Iphigénie in Tauris*, que notre Aristote nous donne pour exemple d'une parfaite tragédie, et qui a bien la mine d'être toute de même nature, vu qu'elle n'est fondée que sur cette feinte, que Diane enleva Iphigénie du sacrifice dans une nuée, et supposa une biche en sa place. Enfin, ils pourront prendre garde à l'*Hélène* d'Euripide, où la principale action et les épisodes, le nœud et le dénouement sont entièrement inventés sous des noms véritables.

Au reste, si quelqu'un a la curiosité de voir cette histoire plus au long, qu'il prenne la peine de lire Justin, qui la commence au trente-sixième livre, et, l'ayant quittée, la reprend sur la fin du trente-huitième, et l'achève au trente-neuvième. Il la rapporte un peu autrement, et ne dit pas que Cléopâtre tua son mari, mais qu'elle l'abandonna, et qu'il fut tué par le commandement d'un des capitaines d'un Alexandre qu'il lui oppose. Il varie aussi beaucoup sur ce qui regarde Tryphon et son pupille, qu'il nomme Antiochus, et ne s'accorde avec Appian que sur ce qui se passa entre la mère et les deux fils.

Le premier livre *des Machabées*, aux chapitres 11, 13, 14 et 15, parle de ces guerres de Tryphon et de la prison de Démétrius chez les Parthes; mais il nomme ce pupille Antiochus ainsi que Justin, et attribue la défaite de Tryphon à Antiochus, fils de Démétrius, et non pas à son frère, comme fait Appian, que j'ai suivi; et ne dit rien du reste.

Josèphe, au treizième livre *des Antiquités judaïques*, nomme encore ce pupille de Tryphon Antiochus; fait marier Cléopâtre à Antiochus, frère de Démétrius, durant la captivité de ce premier mari chez les Parthes; lui attribue la défaite et la mort de Tryphon; s'accorde avec Justin touchant la mort de Démétrius, abandonné et non pas tué par sa femme; et ne parle point de ce qu'Appian et lui rapportent d'elle et de ses deux fils, dont j'ai fait cette tragédie.

RODOGUNE,
TRAGÉDIE.

PERSONNAGES.

CLÉOPATRE, reine de Syrie, veuve de Démétrius Nicanor.
SÉLEUCUS,
ANTIOCHUS, } fils de Démétrius et de Cléopâtre.
RODOGUNE, sœur de Phraates, roi des Parthes.
TIMAGÈNE, gouverneur des deux princes.
ORONTE, ambassadeur de Phraates.
LAONICE, sœur de Timagène, confidente de Cléopâtre.

La scène est à Séleucie, dans le palais royal.

RODOGUNE.

ACTE PREMIER.

SCÈNE I.

LAONICE, TIMAGÈNE.

LAONICE.

Enfin ce jour pompeux, cet heureux jour nous luit,
Qui d'un trouble si long doit dissiper la nuit ;
Ce grand jour où l'hymen, étouffant la vengeance,
Entre le Parthe et nous remet l'intelligence,
Affranchit sa princesse, et nous fait pour jamais
Du motif de la guerre un lien de la paix ;
Ce grand jour est venu, mon frère, où notre reine,
Cessant de plus tenir la couronne incertaine,
Doit rompre aux yeux de tous son silence obstiné,
De deux princes gémeaux nous déclarer l'aîné :
Et l'avantage seul d'un moment de naissance,
Dont elle a jusqu'ici caché la connoissance,
Mettant au plus heureux le sceptre dans la main,

Va faire l'un sujet, et l'autre souverain.
Mais n'admirez-vous point que cette même reine
Le donne pour époux à l'objet de sa haine,
Et n'en doit faire un roi qu'afin de couronner
Celle que dans les fers elle aimoit à gêner?
Rodogune, par elle en esclave traitée,
Par elle se va voir sur le trône montée,
Puisque celui des deux qu'elle nommera roi
Lui doit donner la main, et recevoir sa foi.

TIMAGÈNE.

Pour le mieux admirer, trouvez bon, je vous prie,
Que j'apprenne de vous les troubles de Syrie.
J'en ai vu les premiers, et me souviens encor
Des malheureux succès du grand roi Nicanor,
Quand, des Parthes vaincus pressant l'adroite fuite,
Il tomba dans leurs fers au bout de sa poursuite.
Je n'ai pas oublié que cet événement
Du perfide Tryphon fit le soulèvement.
Voyant le roi captif, la reine désolée,
Il crut pouvoir saisir la couronne ébranlée;
Et le sort, favorable à son lâche attentat,
Mit d'abord sous ses lois la moitié de l'état.
La reine, craignant tout de ces nouveaux orages,
En sut mettre à l'abri ses plus précieux gages;
Et pour n'exposer pas l'enfance de ses fils,
Me les fit chez son frère enlever à Memphis.
Là, nous n'avons rien su que de la renommée,
Qui, par un bruit confus diversement semée,

N'a porté jusqu'à nous ces grands renversements
Que sous l'obscurité de cent déguisements.
LAONICE.
Sachez donc que Tryphon, après quatre batailles,
Ayant su nous réduire à ces seules murailles,
En forma tôt le siége; et, pour comble d'effroi,
Un faux bruit s'y coula touchant la mort du roi.
Le peuple épouvanté, qui déja dans son ame
Ne suivoit qu'à regret les ordres d'une femme,
Voulut forcer la reine à choisir un époux.
Que pouvoit-elle faire, et seule, et contre tous?
Croyant son mari mort, elle épousa son frère.
L'effet montra soudain ce conseil salutaire.
Le prince Antiochus, devenu nouveau roi,
Sembla de tous côtés traîner l'heur avec soi :
La victoire, attachée aux progrès de ses armes,
Sur nos fiers ennemis rejeta nos alarmes;
Et la mort de Tryphon dans un dernier combat,
Changeant tout notre sort, lui rendit tout l'état.
Quelque promesse alors qu'il eût faite à la mère
De remettre ses fils au trône de leur père,
Il témoigna si peu de la vouloir tenir
Qu'elle n'osa jamais les faire revenir.
Ayant régné sept ans, son ardeur militaire
Ralluma cette guerre où succomba son frère :
Il attaqua le Parthe, et se crut assez fort
Pour en venger sur lui la prison et la mort.
Jusque dans ses états il lui porta la guerre;

Il s'y fit partout craindre à l'égal du tonnerre ;
Il lui donna bataille, où mille beaux exploits....
Je vous achèverai le reste une autre fois :
Un des princes survient.

(Laonice veut se retirer.)

SCÈNE II.

ANTIOCHUS, TIMAGÈNE, LAONICE.

ANTIOCHUS.

Demeurez, Laonice ;
Vous pouvez comme lui me rendre un bon office.
Dans l'état où je suis, triste et plein de souci,
Si j'espère beaucoup, je crains beaucoup aussi.
Un seul mot aujourd'hui, maître de ma fortune,
M'ôte ou donne à jamais le sceptre et Rodogune,
Et, de tous les mortels, ce secret révélé
Me rend le plus content ou le plus désolé.
Je vois dans le hasard tous les biens que j'espère,
Et ne puis être heureux sans le malheur d'un frère,
Mais d'un frère si cher qu'une sainte amitié
Fait sur moi de ses maux rejaillir la moitié.
Donc pour moins hasarder j'aime mieux moins prétendre,
Et, pour rompre le coup que mon cœur n'ose attendre,
Lui cédant de deux biens le plus brillant aux yeux,
M'assurer de celui qui m'est plus précieux :
Heureux si, sans attendre un fâcheux droit d'aînesse,

Pour un trône incertain j'en obtiens la princesse,
Et puis, par ce partage, épargner les soupirs
Qui naîtroient de ma peine ou de ses déplaisirs !
　Va le voir de ma part, Timagène, et lui dire
Que pour cette beauté je lui cède l'empire :
Mais porte lui si haut la douceur de régner,
Qu'à cet éclat du trône il se laisse gagner;
Qu'il s'en laisse éblouir jusqu'à ne pas connoître
A quel prix je consens de l'accepter pour maître.

SCÈNE III.

ANTIOCHUS, LAONICE.

ANTIOCHUS.

Et vous, en ma faveur voyez ce cher objet,
Et tâchez d'abaisser ses yeux sur un sujet
Qui peut-être aujourd'hui porteroit la couronne,
S'il n'attachoit les siens à sa seule personne,
Et ne la préféroit à cet illustre rang
Pour qui les plus grands cœurs prodiguent tout leur sang.

SCÈNE IV.

ANTIOCHUS, LAONICE, TIMAGÈNE.

TIMAGÈNE.

Seigneur, le prince vient; et votre amour lui-même
Lui peut sans interprète offrir le diadême.

ANTIOCHUS.

Ah! je tremble; et la peur d'un trop juste refus
Rend ma langue muette, et mon esprit confus.

SCÈNE V.

SÉLEUCUS, ANTIOCHUS, TIMAGÈNE, LAONICE.

SÉLEUCUS.

Vous puis-je en confiance expliquer ma pensée?

ANTIOCHUS.

Parlez; notre amitié par ce doute est blessée.

SÉLEUCUS.

Hélas! c'est le malheur que je crains aujourd'hui.
L'égalité, mon frère, en est le ferme appui;
C'en est le fondement, la liaison, le gage;
Et, voyant d'un côté tomber tout l'avantage,
Avec juste raison je crains qu'entre nous deux
L'égalité rompue en rompe les doux nœuds,
Et que ce jour fatal à l'heur de notre vie
Jette sur l'un de nous trop de honte ou d'envie.

ANTIOCHUS.

Comme nous n'avons eu jamais qu'un sentiment,
Cette peur me touchoit, mon frère, également;
Mais, si vous le voulez, j'en sais bien le remède.

SÉLEUCUS.

Si je le veux! bien plus je l'apporte, et vous cède :

ACTE I, SCENE V.

Tout ce que la couronne a de charmant en soi.
Oui, seigneur, car je parle à présent à mon roi,
Pour le trône cédé, cédez-moi Rodogune,
Et je n'envierai point votre haute fortune.
Ainsi notre destin n'aura rien de honteux,
Ainsi notre bonheur n'aura rien de douteux ;
Et nous mépriserons ce foible droit d'aînesse,
Vous, satisfait du trône, et moi, de la princesse.

ANTIOCHUS.
Hélas !

SÉLEUCUS.
Recevez-vous l'offre avec déplaisir ?

ANTIOCHUS.
Pouvez-vous nommer offre une ardeur de choisir,
Qui, de la même main qui me cède un empire,
M'arrache un bien plus grand, et le seul où j'aspire ?

SÉLEUCUS.
Rodogune ?

ANTIOCHUS.
Elle-même ; ils en sont les témoins.

SÉLEUCUS.
Quoi ! l'estimez-vous tant ?

ANTIOCHUS.
Quoi ! l'estimez-vous moins ?

SÉLEUCUS.
Elle vaut bien un trône, il faut que je le die.

ANTIOCHUS.
Elle vaut à mes yeux tout ce qu'en a l'Asie.

SÉLEUCUS.
Vous l'aimez donc, mon frère?
ANTIOCHUS.
Et vous l'aimez aussi :
C'est là tout mon malheur; c'est là tout mon souci.
J'espérois que l'éclat dont le trône se pare
Toucheroit vos desirs plus qu'un objet si rare;
Mais aussi bien qu'à moi son prix vous est connu,
Et dans ce juste choix vous m'avez prévenu.
Ah! déplorable prince!
SÉLEUCUS.
Ah! destin trop contraire!
ANTIOCHUS.
Que ne ferois-je point contre un autre qu'un frère!
SÉLEUCUS.
O mon cher frère! ô nom pour un rival trop doux!
Que ne ferois-je point contre un autre que vous!
ANTIOCHUS.
Où nous vas-tu réduire, amitié fraternelle!
SÉLEUCUS.
Amour, qui doit ici vaincre, de vous, ou d'elle?
ANTIOCHUS.
L'amour, l'amour doit vaincre; et la triste amitié
Ne doit être à tous deux qu'un objet de pitié.
Un grand cœur cède un trône, et le cède avec gloire;
Cet effort de vertu couronne sa mémoire :
Mais, lorsqu'un digne objet a pu nous enflammer,
Qui le cède est un lâche, et ne sait pas aimer.

De tous deux Rodogune a charmé le courage;
Cessons par trop d'amour de lui faire un outrage :
Elle doit épouser, non pas vous, non pas moi,
Mais de moi, mais de vous, quiconque sera roi.
La couronne entre nous flotte encore incertaine;
Mais sans incertitude elle doit être reine :
Cependant, aveuglés dans notre vain projet,
Nous la faisions tous deux la femme d'un sujet!
Régnons; l'ambition ne peut être que belle,
Et pour elle quittée, et reprise pour elle;
Et ce trône où tous deux nous osions renoncer,
Souhaitons-le tous deux afin de l'y placer :
C'est dans notre destin le seul conseil à prendre;
Nous pouvons nous en plaindre, et nous devons l'attendre.

SÉLEUCUS.

Il faut encor plus faire, il faut qu'en ce grand jour
Notre amitié triomphe aussi bien que l'amour.
Ces deux siéges fameux de Thèbes et de Troie,
Qui mirent l'une en sang, l'autre aux flammes en proie,
N'eurent pour fondement à leurs maux infinis
Que ceux que contre nous le sort a réunis.
Il sème entre nous deux toute la jalousie
Qui dépeupla la Grèce et saccagea l'Asie :
Un même espoir du sceptre est permis à tous deux;
Pour la même beauté nous faisons mêmes vœux.
Thèbes périt pour l'un, Troie a brûlé pour l'autre.
Tout va choir en ma main, ou tomber en la vôtre.
En vain notre amitié tâchoit à partager;

III. 3

Et, si j'ose tout dire, un titre assez léger,
Un droit d'aînesse obscur, sur la foi d'une mère,
Va combler l'un de gloire, et l'autre de misère.
Que de sujets de plainte en ce double intérêt
Aura le malheureux contre un si foible arrêt!
Que de sources de haine! Hélas! jugez le reste,
Craignez-en avec moi l'événement funeste;
Ou plutôt avec moi faites un digne effort
Pour armer votre cœur contre un si triste sort.
Malgré l'éclat du trône et l'amour d'une femme,
Faisons si bien régner l'amitié sur notre ame,
Qu'étouffant dans leur perte un regret suborneur,
Dans le bonheur d'un frère on trouve son bonheur.
Ainsi ce qui jadis perdit Thèbes et Troie
Dans nos cœurs mieux unis ne versera que joie;
Ainsi notre amitié, triomphante à son tour,
Vaincra la jalousie en cédant à l'amour,
Et, de notre destin bravant l'ordre barbare,
Trouvera des douceurs aux maux qu'il nous prépare.

ANTIOCHUS.

Le pourrez-vous, mon frère?

SÉLEUCUS.

Ah! que vous me pressez!
Je le voudrai du moins, mon frère, et c'est assez;
Et ma raison sur moi gardera tant d'empire,
Que je désavouerai mon cœur, s'il en soupire.

ANTIOCHUS.

J'embrasse comme vous ces nobles sentiments.

Mais allons leur donner le secours des serments,
Afin qu'étant témoins de l'amitié jurée,
Les dieux contre un tel coup assurent sa durée.
SÉLEUCUS.
Allons, allons l'étreindre, au pied de leurs autels,
Par des liens sacrés et des nœuds immortels.

SCÈNE VI.

LAONICE, TIMAGÈNE.

LAONICE.
Peut-on plus dignement mériter la couronne?
TIMAGÈNE.
Je ne suis point surpris de ce qui vous étonne,
Confident de tous deux, prévoyant leur douleur,
J'ai prévu leur constance, et j'ai plaint leur malheur.
Mais, de grace, achevez l'histoire commencée.
LAONICE.
Pour la reprendre donc où nous l'avons laissée,
Les Parthes au combat par les nôtres forcés,
Tantôt presque vainqueurs, tantôt presque enfoncés,
Sur l'une et l'autre armée également heureuse
Virent long-temps voler la victoire douteuse :
Mais la fortune enfin se tourna contre nous,
Si bien qu'Antiochus, percé de mille coups,
Près de tomber aux mains d'une troupe ennemie,

Lui voulut dérober les restes de sa vie;
Et, préférant aux fers la gloire de périr,
Lui-même par sa main acheva de mourir.
La reine, ayant appris cette triste nouvelle,
En reçut tôt après une autre plus cruelle;
Que Nicanor vivoit; que, sur un faux rapport,
De ce premier époux elle avoit cru la mort;
Que, piqué jusqu'au vif contre son hyménée,
Son ame à l'imiter s'étoit déterminée;
Et que, pour s'affranchir des fers de son vainqueur,
Il alloit épouser la princesse sa sœur.
C'est cette Rodogune où l'un et l'autre frère
Trouve encor les appas qu'avoit trouvés leur père.
La reine envoie en vain pour se justifier;
On a beau la défendre, on a beau le prier,
On ne rencontre en lui qu'un juge inexorable;
Et son amour nouveau la veut croire coupable :
Son erreur est un crime; et, pour l'en punir mieux,
Il veut même épouser Rodogune à ses yeux,
Arracher de son front le sacré diadême,
Pour ceindre une autre tête en sa présence même;
Soit qu'ainsi sa vengeance eût plus d'indignité,
Soit qu'ainsi cet hymen eût plus d'autorité,
Et qu'il assurât mieux, par cette barbarie,
Aux enfants qui naîtroient le trône de Syrie.
  Mais tandis qu'animé de colère et d'amour
Il vient déshériter ses fils par son retour,
Et qu'un gros escadron de Parthes pleins de joie

ACTE I, SCENE VI.

Conduit ces deux amants, et court comme à la proie,
La reine, au désespoir de n'en rien obtenir,
Se résout de se perdre, ou de le prévenir.
Elle oublie un mari qui veut cesser de l'être,
Qui ne veut plus la voir qu'en implacable maître;
Et, changeant à regret son amour en horreur,
Elle abandonne tout à sa juste fureur.
Elle-même leur dresse une embûche au passage,
Se mêle dans les coups, porte partout sa rage,
En pousse jusqu'au bout les furieux effets.
Que vous dirai-je enfin? les Parthes sont défaits;
Le roi meurt, et, dit-on, par la main de la reine;
Rodogune captive est livrée à sa haine.
Tous les maux qu'un esclave endure dans les fers,
Alors sans moi, mon frère, elle les eût soufferts.
La reine, à la gêner prenant mille délices,
Ne commettoit qu'à moi l'ordre de ses supplices;
Mais, quoi que m'ordonnât cette ame tout en feu,
Je promettois beaucoup, et j'exécutois peu.
Le Parthe cependant en jure la vengeance :
Sur nous à main armée il fond en diligence,
Nous surprend, nous assiége, et fait un tel effort,
Que, la ville aux abois, on lui parle d'accord.
Il veut fermer l'oreille, enflé de l'avantage;
Mais voyant parmi nous Rodogune en otage,
Enfin il craint pour elle, et nous daigne écouter.
Et c'est ce qu'aujourd'hui l'on doit exécuter.
 La reine, de l'Égypte a rappelé nos princes

Pour remettre à l'aîné son trône et ses provinces.
Rodogune a paru, sortant de sa prison,
Comme un soleil levant dessus notre horizon.
Le Parthe a décampé, pressé par d'autres guerres
Contre l'Arménien qui ravage ses terres :
D'un ennemi cruel il s'est fait notre appui.
La paix finit la haine; et, pour comble aujourd'hui,
Dois-je dire de bonne ou mauvaise fortune?
Nos deux princes tous deux adorent Rodogune.

TIMAGÈNE.

Sitôt qu'ils ont paru tous deux en cette cour,
Ils ont vu Rodogune, et j'ai vu leur amour :
Mais, comme étant rivaux nous les trouvons à plaindre,
Connoissant leur vertu je n'en vois rien à craindre.
Pour vous, qui gouvernez cet objet de leurs vœux....

LAONICE.

Je n'ai point encor vu qu'elle aime aucun des deux.

TIMAGÈNE.

Vous me trouvez mal propre à cette confidence,
Et, peut-être à dessein.... Je la vois qui s'avance.
Adieu : je dois au rang qu'elle est prête à tenir
Du moins la liberté de vous entretenir.

SCÈNE VII.

RODOGUNE, LAONICE.

RODOGUNE.
Je ne sais quel malheur aujourd'hui me menace,
Et coule dans ma joie une secrète glace :
Je tremble, Laonice, et te voulois parler,
Ou pour chasser ma crainte, ou pour m'en consoler.
LAONICE.
Quoi ! madame, en ce jour pour vous si plein de gloire !
RODOGUNE.
Ce jour m'en promet tant, que j'ai peine à tout croire.
La fortune me traite avec trop de respect ;
Et le trône, et l'hymen, tout me devient suspect.
L'hymen semble à mes yeux cacher quelque supplice,
Le trône sous mes pas creuser un précipice :
Je vois de nouveaux fers après les miens brisés,
Et je prends tous ces biens pour des maux déguisés ;
En un mot, je crains tout de l'esprit de la reine.
LAONICE.
La paix qu'elle a jurée en a calmé la haine.
RODOGUNE.
La haine entre les grands se calme rarement :
La paix souvent n'y sert que d'un amusement ;
Et dans l'état où j'entre, à te parler sans feinte,
Elle a lieu de me craindre, et je crains cette crainte.

Non qu'enfin je ne donne au bien des deux états
Ce que j'ai dû de haine à de tels attentats :
J'oublie, et pleinement, toute mon aventure.
Mais une grande offense est de cette nature
Que toujours son auteur impute à l'offensé
Un vif ressentiment dont il le croit blessé ;
Et quoiqu'en apparence on les réconcilie,
Il le craint, il le hait, et jamais ne s'y fie ;
Et, toujours alarmé de cette illusion,
Sitôt qu'il peut le perdre, il prend l'occasion.
Telle est pour moi la reine.

LAONICE.

Ah ! madame, je jure
Que par ce faux soupçon vous lui faites injure.
Vous devez oublier un désespoir jaloux
Où força son courage un infidèle époux,
Si, teinte de son sang et toute furieuse,
Elle vous traita lors en rivale odieuse,
L'impétuosité d'un premier mouvement
Engageoit sa vengeance à ce dur traitement :
Il falloit un prétexte à vaincre sa colère,
Il y falloit du temps ; et, pour ne vous rien taire,
Quand je me dispensois à lui mal obéir,
Quand en votre faveur je semblois la trahir,
Peut-être qu'en son cœur plus douce et repentie
Elle en dissimuloit la meilleure partie ;
Que, se voyant tromper, elle fermoit les yeux,
Et qu'un peu de pitié la satisfaisoit mieux.

ACTE I, SCENE VII.

A présent que l'amour succède à la colère,
Elle ne vous voit plus qu'avec des yeux de mère;
Et, si de cet amour je la voyois sortir,
Je jure de nouveau de vous en avertir:
Vous savez comme quoi je vous suis toute acquise.
Le roi souffriroit-il d'ailleurs quelque surprise?

RODOGUNE.

Qui que ce soit des deux qu'on couronne aujourd'hui,
Elle sera sa mère, et pourra tout sur lui.

LAONICE.

Qui que ce soit des deux, je sais qu'il vous adore:
Connoissant leur amour, pouvez-vous craindre encore?

RODOGUNE.

Oui, je crains leur hymen, et d'être à l'un des deux.

LAONICE.

Quoi! sont-ils des sujets indignes de vos feux?

RODOGUNE.

Comme ils ont même sang avec pareil mérite,
Un avantage égal pour eux me sollicite;
Mais il est malaisé dans cette égalité
Qu'un esprit combattu ne penche d'un côté.
Il est des nœuds secrets, il est des sympathies,
Dont par le doux rapport les ames assorties
S'attachent l'une à l'autre, et se laissent piquer
Par ces je ne sais quoi qu'on ne peut expliquer.
C'est par là que l'un d'eux obtient la préférence:
Je crois voir l'autre encore avec indifférence;
Mais cette indifférence est une aversion

Lorsque je la compare avec ma passion.
Étrange effet d'amour! incroyable chimère!
Je voudrois être à lui si je n'aimois son frère;
Et le plus grand des maux toutefois que je crains,
C'est que mon triste sort me livre entre ses mains.

LAONICE.

Ne pourrai-je servir une si belle flamme?

RODOGUNE.

Ne crois pas en tirer le secret de mon ame :
Quelque époux que le ciel veuille me destiner,
C'est à lui pleinement que je veux me donner.
De celui que je crains si je suis le partage,
Je saurai l'accepter avec même visage :
L'hymen me le rendra précieux à son tour,
Et le devoir fera ce qu'auroit fait l'amour,
Sans crainte qu'on reproche à mon humeur forcée
Qu'un autre qu'un mari règne sur ma pensée.

LAONICE.

Vous craignez que ma foi vous l'ose reprocher!

RODOGUNE.

Que ne puis-je à moi-même aussi bien le cacher!

LAONICE.

Quoi que vous me cachiez, aisément je devine;
Et, pour vous dire enfin ce que je m'imagine,
Le prince....

RODOGUNE.

Garde-toi de nommer mon vainqueur:
Ma rougeur trahiroit les secrets de mon cœur;

ACTE I, SCENE VII.

Et je te voudrois mal de cette violence
Que ta dextérité feroit à mon silence.
Même de peur qu'un mot, par hasard échappé,
Te fasse voir ce cœur, et quels traits l'ont frappé,
Je romps un entretien dont la suite me blesse :
Adieu; mais souviens-toi que c'est sur ta promesse
Que mon esprit reprend quelque tranquillité.

LAONICE.

Madame, assurez-vous sur ma fidélité.

FIN DU PREMIER ACTE.

ACTE SECOND.

SCÈNE I.

CLÉOPATRE.

Serments fallacieux, salutaire contrainte,
Que m'imposa la force et qu'accepta ma crainte,
Heureux déguisements d'un immortel courroux,
Vains fantômes d'états, évanouissez-vous :
Si d'un péril pressant la terreur vous fit naître,
Avec ce péril même il vous faut disparoître;
Semblables à ces vœux dans l'orage formés,
Qu'efface un prompt oubli quand les flots sont calmés.
Et vous qu'avec tant d'art cette feinte a voilée,
Recours des impuissants, haine dissimulée,
Digne vertu des rois, noble secret de cour,
Éclatez, il est temps, et voici notre jour :
Montrons-nous toutes deux, non plus comme sujettes,
Mais telle que je suis, et telle que vous êtes.
Le Parthe est éloigné, nous pouvons tout oser :
Nous n'avons rien à craindre et rien à déguiser;
Je hais, je règne encor. Laissons d'illustres marques
En quittant, s'il le faut, ce haut rang des monarques;

Faisons-en avec gloire un départ éclatant,
Et rendons-le funeste à celle qui l'attend.
C'est encor, c'est encor cette même ennemie
Qui cherchoit ses honneurs dedans mon infamie,
Dont la haine à son tour croit me faire la loi,
Et régner par mon ordre et sur vous et sur moi.
Tu m'estimes bien lâche, imprudente rivale,
Si tu crois que mon cœur jusque-là se ravale,
Qu'il souffre qu'un hymen, qu'on t'a promis en vain,
Te mette ta vengeance et mon sceptre à la main.
Vois jusqu'où m'emporta l'amour du diadême,
Vois quel sang il me coûte; et tremble pour toi-même :
Tremble, te dis-je; et songe, en dépit du traité,
Que, pour t'en faire un don, je l'ai trop acheté.

SCÈNE II.

CLÉOPATRE, LAONICE.

CLÉOPATRE.

Laonice, vois-tu que le peuple s'apprête
Au pompeux appareil de cette grande fête?

LAONICE.

La joie en est publique, et les princes tous deux
Des Syriens ravis emportent tous les vœux :
L'un et l'autre fait voir un mérite si rare,
Que le souhait confus entre les deux s'égare;
Et ce qu'en quelques-uns on voit d'attachement

N'est qu'un foible ascendant d'un premier mouvement.
Ils penchent d'un côté, prêts à tomber de l'autre :
Leur choix pour s'affermir attend encor le vôtre;
Et de celui qu'ils font ils sont si peu jaloux,
Que votre secret su les réunira tous.

CLÉOPATRE.

Sais-tu que mon secret n'est pas ce que l'on pense ?

LAONICE.

J'attends avec eux tous celui de leur naissance.

CLÉOPATRE.

Pour un esprit de cour, et nourri chez les grands,
Tes yeux dans leurs secrets sont bien peu pénétrants.
Apprends, ma confidente, apprends à me connoître.
 Si je cache en quel rang le ciel les a fait naître,
Vois, vois que, tant que l'ordre en demeure douteux,
Aucun des deux ne règne, et je règne pour eux :
Quoique ce soit un bien que l'un et l'autre attende,
De crainte de le perdre aucun ne le demande;
Cependant je possède, et leur droit incertain
Me laisse avec leur sort leur sceptre dans la main.
Voilà mon grand secret : sais-tu par quel mystère
Je les laissois tous deux en dépôt chez mon frère?

LAONICE.

J'ai cru qu'Antiochus les tenoit éloignés
Pour jouir des états qu'il avait regagnés.

CLÉOPATRE.

Il occupoit leur trône, et craignoit leur présence;
Et cette juste crainte assuroit ma puissance.

Mes ordres en étoient de point en point suivis,
Quand je le menaçois du retour de mes fils :
Voyant ce foudre prêt à suivre ma colère,
Quoi qu'il me plût oser, il n'osoit me déplaire;
Et, content malgré lui du vain titre de roi,
S'il régnoit au lieu d'eux, ce n'étoit que sous moi.
 Je te dirai bien plus. Sans violence aucune
J'aurois vu Nicanor épouser Rodogune,
Si, content de lui plaire et de me dédaigner,
Il eût vécu chez elle en me laissant régner.
Son retour me fâchoit plus que son hyménée,
Et j'aurois pu l'aimer s'il ne l'eût couronnée.
Tu vis comme il y fit des efforts superflus;
Je fis beaucoup alors, et ferois encor plus
S'il étoit quelque voie, infame ou légitime,
Que m'enseignât la gloire, ou que m'ouvrît le crime,
Qui pût me conserver un bien que j'ai chéri
Jusqu'à verser pour lui tout le sang d'un mari.
Dans l'état pitoyable où m'en réduit la suite,
Délice de mon cœur, il faut que je te quitte;
On m'y force, il le faut : mais on verra quel fruit
En recevra bientôt celle qui m'y réduit.
L'amour que j'ai pour toi tourne en haine pour elle :
Autant que l'un fut grand l'autre sera cruelle;
Et puisqu'en te perdant j'ai sur qui me venger,
Ma perte est supportable, et mon mal est léger.

LAONICE.

Quoi ! vous parlez encor de vengeance et de haine

Pour celle dont vous-même allez faire une reine !

CLÉOPATRE.

Quoi ! je ferois un roi pour être son époux,
Et m'exposer aux traits de son juste courroux !
N'apprendras-tu jamais, ame basse et grossière,
A voir par d'autres yeux que les yeux du vulgaire ?
Toi qui connois ce peuple, et sais qu'aux champs de Mars
Lâchement d'une femme il suit les étendards ;
Que, sans Antiochus, Tryphon m'eût dépouillée ;
Que sous lui son ardeur fut soudain réveillée ;
Ne saurois-tu juger que, si je nomme un roi,
C'est pour le commander, et combattre pour moi ?
J'en ai le choix en main avec le droit d'aînesse,
Et, puisqu'il en faut faire une aide à ma foiblesse,
Que la guerre sans lui ne peut se rallumer,
J'userai bien du droit que j'ai de le nommer.
On ne montera point au rang dont je dévale,
Qu'en épousant ma haine au lieu de ma rivale :
Ce n'est qu'en me vengeant qu'on me le peut ravir ;
Et je ferai régner qui me voudra servir.

LAONICE.

Je vous connoissois mal.

CLÉOPATRE.

                Connois-moi tout entière.
Quand je mis Rodogune en tes mains prisonnière,
Ce ne fut ni pitié, ni respect de son rang,
Qui m'arrêta le bras et conserva son sang.
La mort d'Antiochus me laissoit sans armée,

Et d'une troupe en hâte à me suivre animée
Beaucoup dans ma vengeance ayant fini leurs jours,
M'exposoient à son frère, et foible, et sans secours.
Je me voyois perdue à moins d'un tel otage.
Il vint, et sa fureur craignit pour ce cher gage :
Il m'imposa des lois, exigea des serments ;
Et moi, j'accordai tout pour obtenir du temps.
Le temps est un trésor plus grand qu'on ne peut croire :
J'en obtins, et je crus obtenir la victoire.
J'ai pu reprendre haleine ; et, sous de faux apprêts....
Mais voici mes deux fils que j'ai mandés exprès.
Écoute, et tu verras quel est cet hyménée
Où se doit terminer cette illustre journée.

SCÈNE III.

CLÉOPATRE, ANTIOCHUS, SÉLEUCUS, LAONICE.

CLÉOPATRE.

Mes enfants, prenez place. Enfin voici le jour
Si doux à mes souhaits, si cher à mon amour,
Où je puis voir briller sur une de vos têtes
Ce que j'ai conservé parmi tant de tempêtes,
Et vous remettre un bien, après tant de malheurs,
Qui m'a coûté pour vous tant de soins et de pleurs.
Il peut vous souvenir quelles furent mes larmes
Quand Tryphon me donna de si rudes alarmes,

Que, pour ne vous pas voir exposés à ses coups,
Il fallut me résoudre à me priver de vous.
Quelles peines depuis, grands dieux! n'ai-je souffertes!
Chaque jour redoubla mes douleurs et mes pertes.
Je vis votre royaume entre ces murs réduit.
Je crus mort votre père; et, sur un si faux bruit,
Le peuple mutiné voulut avoir un maître.
J'eus beau le nommer lâche, ingrat, parjure, traître,
Il fallut satisfaire à son brutal desir;
Et, de peur qu'il n'en prît, il m'en fallut choisir.
Pour vous sauver l'état que n'eussé-je pu faire?
Je choisis un époux avec des yeux de mère,
Votre oncle Antiochus, et j'espérois qu'en lui
Votre trône tombant trouveroit un appui.
Mais à peine son bras en relève la chute,
Que par lui de nouveau le sort me persécute;
Maître de votre état par sa valeur sauvé,
Il s'obstine à remplir ce trône relevé :
Qui lui parle de vous attire sa menace.
Il n'a défait Tryphon que pour prendre sa place;
Et, de dépositaire et de libérateur,
Il s'érige en tyran et lâche usurpateur.
Sa main l'en a puni : pardonnons à son ombre;
Aussi bien en un seul voici des maux sans nombre.
Nicanor votre père, et mon premier époux....
Mais pourquoi lui donner encor des noms si doux,
Puisque, l'ayant cru mort, il sembla ne revivre
Que pour s'en dépouiller afin de nous poursuivre?

ACTE II, SCENE III.

Passons; je ne me puis souvenir, sans trembler,
Du coup dont j'empêchai qu'il nous pût accabler :
Je ne sais s'il est digne ou d'horreur ou d'estime,
S'il plut aux dieux ou non, s'il fut justice ou crime ;
Mais, soit crime ou justice, il est certain, mes fils,
Que mon amour pour vous fit tout ce que je fis :
Ni celui des grandeurs, ni celui de la vie,
Ne jeta dans mon cœur cette aveugle furie.
J'étois lasse d'un trône où d'éternels malheurs
Me combloient chaque jour de nouvelles douleurs.
Ma vie est presque usée, et ce reste inutile
Chez mon frère avec vous trouvoit un sûr asyle :
Mais voir, après douze ans et de soins et de maux,
Un père vous ôter le fruit de mes travaux !
Mais voir votre couronne, après lui, destinée
Aux enfants qui naîtroient d'un second hyménée !
A cette indignité je ne connus plus rien ;
Je me crus tout permis pour garder votre bien.
Recevez donc, mes fils, de la main d'une mère
Un trône racheté par le malheur d'un père.
Je crus qu'il fit lui-même un crime en vous l'ôtant
Et si j'en ai fait un en vous le rachetant,
Daigne du juste ciel la bonté souveraine,
Vous en laissant le fruit, m'en réserver la peine,
Ne lancer que sur moi les foudres mérités,
Et n'épandre sur vous que des prospérités !

ANTIOCHUS.

Jusques ici, madame, aucun ne met en doute

Les longs et grands travaux que notre amour vous coûte;
Et nous croyons tenir des soins de cet amour
Ce doux espoir du trône aussi bien que le jour;
Le récit nous en charme, et nous fait mieux comprendre
Quelles graces tous deux nous vous en devons rendre :
Mais, afin qu'à jamais nous les puissions bénir,
Épargnez le dernier à notre souvenir.
Ce sont fatalités dont l'ame embarrassée
A plus qu'elle ne veut se voit souvent forcée.
Sur les noires couleurs d'un si triste tableau
Il faut passer l'éponge, ou tirer le rideau :
Un fils est criminel quand il les examine;
Et, quelque suite enfin que le ciel y destine,
J'en rejette l'idée, et crois qu'en ces malheurs
Le silence ou l'oubli nous sied mieux que les pleurs.
Nous attendons le sceptre avec même espérance;
Mais si nous l'attendons, c'est sans impatience;
Nous pouvons sans régner vivre tous deux contents;
C'est le fruit de vos soins, jouissez-en long-temps :
Il tombera sur nous quand vous en serez lasse;
Nous le recevrons lors de bien meilleure grace;
Et l'accepter sitôt semble nous reprocher
De n'être revenus que pour vous l'arracher.

SÉLEUCUS.

J'ajouterai, madame, à ce qu'a dit mon frère,
Que, bien qu'avec plaisir et l'un et l'autre espère,
L'ambition n'est pas notre plus grand desir.
Régnez, nous le verrons tous deux avec plaisir;

Et c'est bien la raison que, pour tant de puissance,
Nous vous rendions du moins un peu d'obéissance,
Et que celui de nous dont le ciel a fait choix
Sous votre illustre exemple apprenne l'art des rois.
CLÉOPATRE.
Dites tout, mes enfants : vous fuyez la couronne,
Non que son trop d'éclat ou son poids vous étonne;
L'unique fondement de cette aversion,
C'est la honte attachée à sa possession.
Elle passe à vos yeux pour la même infamie,
S'il faut la partager avec notre ennemie,
Et qu'un indigne hymen la fasse retomber
Sur celle qui venoit pour vous la dérober.
O nobles sentiments d'une ame généreuse!
O fils vraiment mes fils! ô mère trop heureuse!
Le sort de votre père est enfin éclairci;
Il étoit innocent, et je puis l'être aussi;
Il vous aima toujours, et ne fut mauvais père
Que charmé par la sœur, ou forcé par le frère;
Et dans cette embuscade où son effort fut vain,
Rodogune, mes fils, le tua par ma main.
Ainsi de cet amour la fatale puissance
Vous coûte votre père, à moi mon innocence;
Et si ma main pour vous n'avoit tout attenté,
L'effet de cet amour vous auroit tout coûté.
Ainsi vous me rendrez l'innocence et l'estime,
Lorsque vous punirez la cause de mon crime.
De cette même main qui vous a tout sauvé,

Dans son sang odieux je l'aurois bien lavé :
Mais comme vous aviez votre part aux offenses,
Je vous ai réservé votre part aux vengeances ;
Et, pour ne tenir plus en suspens vos esprits,
Si vous voulez régner, le trône est à ce prix.
Entre deux fils que j'aime avec même tendresse,
Embrasser ma querelle est le seul droit d'aînesse ;
La mort de Rodogune en nommera l'aîné.
    Quoi ! vous montrez tous deux un visage étonné !
Redoutez-vous son frère ? après la paix infame
Que, même en la jurant, je détestois dans l'ame,
J'ai fait lever des gens par des ordres secrets,
Qu'à vous suivre en tous lieux vous trouverez tout prêts,
Et, tandis qu'il fait tête aux princes d'Arménie,
Nous pouvons sans péril briser sa tyrannie.
Qui vous fait donc pâlir à cette juste loi ?
Est-ce pitié pour elle ? est-ce haine pour moi ?
Voulez-vous l'épouser afin qu'elle me brave,
Et mettre mon destin aux mains de mon esclave ?...
Vous ne répondez point ! Allez, enfants ingrats,
Pour qui je crus en vain conserver ces états :
J'ai fait votre oncle roi, j'en ferai bien un autre ;
Et mon nom peut encore ici plus que le vôtre.

SÉLEUCUS.

Mais, madame, voyez que pour premier exploit...

CLÉOPATRE.

Mais que chacun de vous pense à ce qu'il me doit.
Je sais bien que le sang qu'à vos mains je demande

N'est pas le digne essai d'une valeur bien grande;
Mais si vous me devez et le sceptre et le jour,
Ce doit être envers moi le sceau de votre amour :
Sans ce gage, ma haine à jamais s'en défie;
Ce n'est qu'en m'imitant que l'on me justifie.
Rien ne vous sert ici de faire les surpris;
Je vous le dis encor, le trône est à ce prix;
Je puis en disposer comme de ma conquête :
Point d'aîné, point de roi, qu'en m'apportant sa tête;
Et, puisque mon seul choix vous y peut élever,
Pour jouir de mon crime, il le faut achever.

SCÈNE IV.

SÉLEUCUS, ANTIOCHUS.

SÉLEUCUS.

Est-il une constance à l'épreuve du foudre
Dont ce cruel arrêt met notre espoir en poudre?

ANTIOCHUS.

Est-il un coup de foudre à comparer aux coups
Que ce cruel arrêt vient de lancer sur nous?

SÉLEUCUS.

O haines! ô fureurs dignes d'une Mégère!
O femme que je n'ose appeler encor mère!
Après que tes forfaits ont régné pleinement,
Ne saurois-tu souffrir qu'on règne innocemment?
Quels attraits penses-tu qu'ait pour nous la couronne,

S'il faut qu'un crime égal par ta main nous la donne?
Et de quelles horreurs nous doit-elle combler,
Si, pour monter au trône, il faut te ressembler!

ANTIOCHUS.

Gardons plus de respect aux droits de la nature,
Et n'imputons qu'au sort notre triste aventure.
Nous le nommions cruel; mais il nous étoit doux,
Quand il ne nous donnoit à combattre que nous.
Confidents tout ensemble et rivaux l'un de l'autre,
Nous ne concevions point de mal pareil au nôtre;
Cependant, à nous voir l'un de l'autre rivaux,
Nous ne concevions pas la moitié de nos maux.

SÉLEUCUS.

Une douleur si sage et si respectueuse,
Ou n'est guère sensible, ou guère impétueuse;
Et c'est en de tels maux avoir l'esprit bien fort,
D'en connoître la cause, et l'imputer au sort.
Pour moi, je sens les miens avec plus de foiblesse;
Plus leur cause m'est chère, et plus l'effet m'en blesse.
Non que pour m'en venger j'ose entreprendre rien;
Je donnerois encor tout mon sang pour le sien;
Je sais ce que je dois : mais dans cette contrainte,
Si je retiens mon bras, je laisse aller ma plainte;
Et j'estime qu'au point qu'elle nous a blessés
Qui ne fait que s'en plaindre a du respect assez.
Voyez-vous bien quel est le ministère infame
Qu'ose exiger de nous la haine d'une femme?
Voyez-vous qu'aspirant à des crimes nouveaux,

De deux princes ses fils elle fait ses bourreaux?
Si vous pouvez le voir, pouvez-vous vous en taire?
ANTIOCHUS.
Je vois bien plus encor, je vois qu'elle est ma mère;
Et plus je vois son crime indigne de ce rang,
Plus je lui vois souiller la source de mon sang.
J'en sens de ma douleur croître la violence;
Mais ma confusion m'impose le silence,
Lorsque dans ses forfaits sur nos fronts imprimés
Je vois les traits honteux dont nous sommes formés.
Je tâche à cet objet d'être aveugle ou stupide;
J'ose me déguiser jusqu'à son parricide;
Je me cache à moi-même un excès de malheur
Où notre ignominie égale ma douleur;
Et, détournant les yeux d'une mère cruelle,
J'impute tout au sort qui m'a fait naître d'elle.
Je conserve pourtant encore un peu d'espoir;
Elle est mère, et le sang a beaucoup de pouvoir;
Et le sort l'eût-il faite encor plus inhumaine,
Une larme d'un fils peut amollir sa haine.
SÉLEUCUS.
Ah! mon frère, l'amour n'est guère véhément
Pour des fils élevés dans un bannissement,
Et qu'ayant fait nourrir presque dans l'esclavage
Elle n'a rappelés que pour servir sa rage.
De ses pleurs tant vantés je découvre le fard :
Nous avons en son cœur vous et moi peu de part.
Elle fait bien sonner ce grand amour de mère;

Mais elle seule enfin s'aime et se considère;
Et, quoi que nous étale un langage si doux,
Elle a tout fait pour elle, et n'a rien fait pour nous.
Ce n'est qu'un faux amour que la haine domine :
Nous ayant embrassés, elle nous assassine,
En veut au cher objet dont nous sommes épris,
Nous demande son sang, met le trône à ce prix.
Ce n'est plus de sa main qu'il nous le faut attendre;
Il est, il est à nous, si nous osons le prendre :
Notre révolte ici n'a rien que d'innocent;
Il est à l'un de nous, si l'autre le consent.
Régnons, et son courroux ne sera que foiblesse;
C'est l'unique moyen de sauver la princesse :
Allons la voir, mon frère, et demeurons unis;
C'est l'unique moyen de voir nos maux finis.
Je forme un beau dessein que son amour m'inspire;
Mais il faut qu'avec lui notre union conspire.
Notre amour, aujourd'hui si digne de pitié,
Ne sauroit triompher que par notre amitié.

ANTIOCHUS.

Cet avertissement marque une défiance
Que la mienne pour vous souffre avec patience.
Allons, et soyez sûr que même le trépas
Ne peut rompre des nœuds que l'amour ne rompt pas.

FIN DU SECOND ACTE.

ACTE TROISIÈME.

SCÈNE I.

RODOGUNE, ORONTE, LAONICE.

RODOGUNE.

Voila comme l'amour succède à la colère,
Comme elle ne me voit qu'avec des yeux de mère,
Comme elle aime la paix, comme elle fait un roi,
Et comme elle use enfin de ses fils et de moi!
Et tantôt mes soupçons lui faisoient une offense?
Elle n'avoit rien fait qu'en sa juste défense?
Lorsque tu la trompois, elle fermoit les yeux?
Ah! que ma défiance en jugeoit beaucoup mieux!
Tu le vois, Laonice.

LAONICE.

              Et vous voyez, madame,
Quelle fidélité vous conserve mon ame,
Et qu'ayant reconnu sa haine et mon erreur,
Le cœur gros de soupirs, et frémissant d'horreur,
Je romps une foi due aux secrets de ma reine,
Et vous viens découvrir mon erreur et sa haine.

RODOGUNE.

Cet avis salutaire est l'unique secours
A qui je crois devoir le reste de mes jours.
Mais ce n'est pas assez de m'avoir avertie;
Il faut de ces périls m'aplanir la sortie;
Il faut que tes conseils m'aident à repousser...

LAONICE.

Madame, au nom des dieux, veuillez m'en dispenser;
C'est assez que pour vous je lui sois infidèle
Sans m'engager encore à des conseils contre elle.
Oronte est avec vous, qui, comme ambassadeur,
Devoit de cet hymen honorer la splendeur;
Comme c'est en ses mains que le roi votre frère
A déposé le soin d'une tête si chère,
Je vous laisse avec lui pour en délibérer.
Quoi que vous résolviez, laissez-moi l'ignorer.
Au reste assurez-vous de l'amour des deux princes;
Plutôt que de vous perdre ils perdront leurs provinces:
Mais je ne réponds pas que ce cœur inhumain
Ne veuille à leur refus s'armer d'une autre main.
Je vous parle en tremblant; si j'étois ici vue,
Votre péril croîtroit, et je serois perdue.
Fuyez, grande princesse, et souffrez cet adieu.

RODOGUNE.

Va, je reconnoîtrai ce service en son lieu.

SCÈNE II.

RODOGUNE, ORONTE.

RODOGUNE.

Que ferons-nous, Oronte, en ce péril extrême,
Où l'on fait de mon sang le prix d'un diadême?
Fuirons-nous chez mon frère? attendrons-nous la mort?
Ou ferons-nous contre elle un généreux effort?

ORONTE.

Notre fuite, madame, est assez difficile.
J'ai vu des gens de guerre épandus par la ville:
Si l'on veut votre perte, on vous fait observer;
Ou, s'il vous est permis encor de vous sauver,
L'avis de Laonice est sans doute une adresse;
Feignant de vous servir elle sert sa maîtresse.
La reine, qui surtout craint de vous voir régner,
Vous donne ces terreurs pour vous faire éloigner;
Et, pour rompre un hymen qu'avec peine elle endure,
Elle en veut à vous-même imputer la rupture.
Elle obtiendra par vous le but de ses souhaits,
Et vous accusera de violer la paix;
Et le roi, plus piqué contre vous que contre elle,
Vous voyant lui porter une guerre nouvelle,
Blâmera vos frayeurs et nos légèretés
D'avoir osé douter de la foi des traités,
Et peut-être pressé des guerres d'Arménie,
Vous laissera moquée, et la reine impunie.

A ces honteux moyens gardez de recourir.
C'est ici qu'il vous faut ou régner ou périr.
Le ciel pour vous ailleurs n'a point fait de couronne,
Et l'on s'en rend indigne alors qu'on l'abandonne.
RODOGUNE.
Ah! que de vos conseils j'aimerois la vigueur,
Si nous avions la force égale à ce grand cœur!
Mais pourrons-nous braver une reine en colère
Avec ce peu de gens que m'a laissés mon frère?
ORONTE.
J'aurois perdu l'esprit si j'osois me vanter
Qu'avec ce peu de gens nous puissions résister.
Nous mourrons à vos pieds, c'est toute l'assistance
Que vous peut en ces lieux offrir notre impuissance.
Mais pouvez-vous trembler, quand dans ces mêmes lieux
Vous portez le grand maître et des rois et des dieux?
L'Amour fera lui seul tout ce qu'il vous faut faire.
Faites-vous un rempart des fils contre la mère;
Ménagez bien leur flamme, ils voudront tout pour vous;
Et ces astres naissants sont adorés de tous.
Quoi que puisse en ces lieux une reine cruelle,
Pouvant tout sur ses fils, vous y pouvez plus qu'elle.
Cependant trouvez bon qu'en ces extrémités
Je tâche à rassembler nos Parthes écartés;
Ils sont peu, mais vaillants, et peuvent de sa rage
Empêcher la surprise et le premier outrage.
Craignez moins; et surtout, madame, en ce grand jour,
Si vous voulez régner, faites régner l'amour.

SCÈNE III.

RODOGUNE.

Quoi! je pourrois descendre à ce lâche artifice
D'aller de mes amants mendier le service,
Et, sous l'indigne appât d'un coup-d'œil affété,
J'irois jusqu'en leurs cœurs chercher ma sûreté!
Celles de ma naissance ont horreur des bassesses;
Leur sang tout généreux hait ces molles adresses.
Quel que soit le secours qu'ils me puissent offrir,
Je croirai faire assez de le daigner souffrir.
Je verrai leur amour, j'éprouverai sa force,
Sans flatter leurs desirs, sans leur jeter d'amorce;
Et, s'il est assez fort pour me servir d'appui,
Je le ferai régner, mais en régnant sur lui.

Sentiments étouffés de colère et de haine,
Rallumez vos flambeaux à celles de la reine,
Et d'un oubli contraint rompez la dure loi,
Pour rendre enfin justice aux mânes d'un grand roi;
Rapportez à mes yeux son image sanglante,
D'amour et de fureur encore étincelante,
Telle que je le vis quand tout percé de coups
Il me cria « Vengeance! adieu, je meurs pour vous!»
Chère ombre, hélas! bien loin de l'avoir poursuivie,
J'allois baiser la main qui t'arracha la vie,
Rendre un respect de fille à qui versa ton sang.

Mais pardonne aux devoirs que m'impose mon rang :
Plus la haute naissance approche des couronnes,
Plus cette grandeur même asservit nos personnes ;
Nous n'avons point de cœur pour aimer ni haïr ;
Toutes nos passions ne savent qu'obéir.
Après avoir armé pour venger cet outrage,
D'une paix mal conçue on m'a faite le gage ;
Et moi, fermant les yeux sur ce noir attentat,
Je suivois mon destin en victime d'état :
Mais aujourd'hui qu'on voit cette main parricide,
Des restes de ta vie insolemment avide,
Vouloir éncor percer ce sein infortuné
Pour y chercher le cœur que tu m'avois donné,
De la paix qu'elle rompt je ne suis plus le gage ;
Je brise avec honneur mon illustre esclavage ;
J'ose reprendre un cœur pour aimer et haïr,
Et ce n'est plus qu'à toi que je veux obéir.

Le consentiras-tu cet effort sur ma flamme,
Toi, son vivant portrait, que j'adore dans l'ame,
Cher prince, dont je n'ose en mès plus doux souhaits
Fier encor le nom aux murs de ce palais ?
Je sais quelles seront tes douleurs et tes craintes ;
Je vois déja tes maux, j'entends déja tes plaintes :
Mais pardonne aux devoirs qu'exige enfin un roi
A qui tu dois le jour qu'il a perdu pour moi.
J'aurai mêmes douleurs, j'aurai mêmes alarmes ;
S'il t'en coûte un soupir, j'en verserai des larmes.

Mais, dieux! que je me trouble en les voyant tous deux!

ACTE III, SCENE IV.

Amour, qui me confonds, cache du moins tes feux;
Et, content de mon cœur, dont je te fais le maître,
Dans mes regards surpris garde-toi de paroître.

SCÈNE IV.

ANTIOCHUS, SÉLEUCUS, RODOGUNE.

ANTIOCHUS.

Ne vous offensez pas, princesse, de nous voir
De vos yeux à vous-même expliquer le pouvoir.
Ce n'est pas d'aujourd'hui que nos cœurs en soupirent;
A vos premiers regards tous deux ils se rendirent:
Mais un profond respect nous fit taire et brûler;
Et ce même respect nous force de parler.
   L'heureux moment approche où votre destinée
Semble être aucunement à la nôtre enchaînée,
Puisque d'un droit d'aînesse incertain parmi nous
La nôtre attend un sceptre, et la vôtre un époux.
C'est trop d'indignité que notre souveraine
De l'un de ses captifs tienne le nom de reine;
Notre amour s'en offense, et, changeant cette loi,
Remet à notre reine à nous choisir un roi.
Ne vous abaissez plus à suivre la couronne;
Donnez-la sans souffrir qu'avec elle on vous donne;
Réglez notre destin qu'ont mal réglé les dieux;
Notre seul droit d'aînesse est de plaire à vos yeux.
L'ardeur qu'allume en nous une flamme si pure

Préfère votre choix au choix de la nature,
Et vient sacrifier à votre élection
Toute notre espérance et notre ambition.
  Prononcez donc, madame, et faites un monarque;
Nous cèderons sans honte à cette illustre marque;
Et celui qui perdra votre divin objet
Demeurera du moins votre premier sujet :
Son amour immortel saura toujours lui dire
Que ce rang près de vous vaut ailleurs un empire;
Il y mettra sa gloire, et, dans un tel malheur,
L'heur de vous obéir flattera sa douleur.

RODOGUNE.

Prince, je dois beaucoup à cette déférence
De votre ambition et de votre espérance;
Et j'en recevrois l'offre avec quelque plaisir
Si celles de mon rang avaient droit de choisir.
Comme sans leur avis les rois disposent d'elles
Pour affermir leur trône ou finir leurs querelles,
Le destin des états est arbitre du leur,
Et l'ordre des traités règle tout dans leur cœur.
C'est lui que suit le mien, et non pas la couronne :
J'aimerai l'un de vous, parce qu'il me l'ordonne;
Du secret révélé j'en prendrai le pouvoir,
Et mon amour pour naître attendra mon devoir.
N'attendez rien de plus, ou votre attente est vaine.
Le choix que vous m'offrez appartient à la reine :
J'entreprendrois sur elle à l'accepter de vous.
Peut-être on vous a tû jusqu'où va son courroux;

ACTE III, SCENE IV.

Mais je dois par épreuve assez bien le connoître
Pour fuir l'occasion de le faire renaître.
Que n'en ai-je souffert, et que n'a-t-elle osé!
Je veux croire avec vous que tout est apaisé;
Mais craignez avec moi que ce choix ne ranime
Cette haine mourante à quelque nouveau crime :
Pardonnez-moi ce mot qui viole un oubli
Que la paix entre nous doit avoir établi.
Le feu qui semble éteint souvent dort sous la cendre :
Qui l'ose réveiller peut s'en laisser surprendre;
Et je mériterois qu'il me pût consumer,
Si je lui fournissois de quoi se rallumer.

SÉLEUCUS.

Pouvez-vous redouter sa haine renaissante
S'il est en votre main de la rendre impuissante?
Faites un roi, madame, et régnez avec lui;
Son courroux désarmé demeure sans appui,
Et toutes ses fureurs sans effet rallumées
Ne pousseront en l'air que de vaines fumées.
Mais a-t-elle intérêt au choix que vous ferez,
Pour en craindre les maux que vous vous figurez?
La couronne est à nous; et, sans lui faire injure,
Sans manquer de respect aux droits de la nature,
Chacun de nous à l'autre en peut céder sa part,
Et rendre à votre choix ce qu'il doit au hasard.
Qu'un si foible scrupule en notre faveur cesse;
Votre inclination vaut bien un droit d'aînesse,
Dont vous seriez traitée avec trop de rigueur,

S'il se trouvoit contraire aux vœux de votre cœur.
On vous applaudiroit quand vous seriez à plaindre;
Pour vous faire régner ce seroit vous contraindre,
Vous donner la couronne en vous tyrannisant,
Et verser du poison sur ce noble présent.
Au nom de ce beau feu qui tous deux nous consume,
Princesse, à notre espoir ôtez cette amertume;
Et permettez que l'heur qui suivra votre époux
Se puisse redoubler à le tenir de vous.

RODOGUNE.

Ce beau feu vous aveugle autant comme il vous brûle;
Et, tâchant d'avancer, son effort vous recule.
Vous croyez que ce choix que l'un et l'autre attend
Pourra faire un heureux sans faire un mécontent;
Et moi, quelque vertu que votre cœur prépare,
Je crains d'en faire deux si le mien se déclare.
Non que de l'un et l'autre il dédaigne les vœux;
Je tiendrois à bonheur d'être à l'un de vous deux :
Mais souffrez que je suive enfin ce qu'on m'ordonne.
Je me mettrai trop haut, s'il faut que je me donne;
Quoique aisément je cède aux ordres de mon roi,
Il n'est pas bien aisé de m'obtenir de moi.
Savez-vous quels devoirs, quels travaux, quels services,
Voudront de mon orgueil exiger les caprices;
Par quels degrés de gloire on me peut mériter;
En quels affreux périls il faudra vous jeter?
Ce cœur vous est acquis après le diadême,
Prince; mais gardez-vous de le rendre à lui-même.

ACTE III, SCENE IV.

Vous y renoncerez peut-être pour jamais,
Quand je vous aurai dit à quel prix je le mets.

SÉLEUCUS.

Quels seront les devoirs, quels travaux, quels services,
Dont nous ne vous fassions d'amoureux sacrifices?
Et quels affreux périls pourrons-nous redouter,
Si c'est par ces degrés qu'on peut vous mériter?

ANTIOCHUS.

Princesse, ouvrez ce cœur, et jugez mieux du nôtre;
Jugez mieux du beau feu qui brûle l'un et l'autre;
Et dites hautement à quel prix votre choix
Veut faire l'un de nous le plus heureux des rois.

RODOGUNE.

Princes, le voulez-vous?

ANTIOCHUS.

C'est notre unique envie.

RODOGUNE.

Je verrai cette ardeur d'un repentir suivie.

SÉLEUCUS.

Avant ce repentir tous deux nous périrons.

RODOGUNE.

Enfin vous le voulez?

SÉLEUCUS.

Nous vous en conjurons.

RODOGUNE.

Hé bien donc, il est temps de me faire connoître.
J'obéis à mon roi; puisqu'un de vous doit l'être;
Mais quand j'aurai parlé, si vous vous en plaignez,

J'atteste tous les dieux que vous m'y contraignez,
Et que c'est malgré moi qu'à moi-même rendue
J'écoute une chaleur qui m'étoit défendue;
Qu'un devoir rappelé me rend un souvenir
Que la foi des traités ne doit plus retenir.
 Tremblez, princes, tremblez au nom de votre père;
Il est mort, et pour moi, par les mains d'une mère :
Je l'avois oublié, sujette à d'autres lois;
Mais libre, je lui rends enfin ce que je dois.
C'est à vous de choisir mon amour ou ma haine.
J'aime les fils du roi, je hais ceux de la reine :
Réglez-vous là-dessus, et, sans plus me presser,
Voyez auquel des deux vous voulez renoncer.
Il faut prendre parti; mon choix suivra le vôtre;
Je respecte autant l'un que je déteste l'autre :
Mais ce que j'aime en vous du sang de ce grand roi,
S'il n'est digne de lui, n'est pas digne de moi.
Ce sang que vous portez, ce trône qu'il vous laisse,
Valent bien que pour lui votre cœur s'intéresse :
Votre gloire le veut, l'amour vous le prescrit;
Qui peut contre elle et lui soulever votre esprit?
Si vous leur préférez une mère cruelle,
Soyez cruels, ingrats, parricides comme elle :
Vous devez la punir, si vous la condamnez;
Vous devez l'imiter, si vous la soutenez....
Quoi! cette ardeur s'éteint! l'un et l'autre soupire!
J'avois su le prévoir, j'avois su le prédire....

ANTIOCHUS.

Princesse....

RODOGUNE.

Il n'est plus temps, le mot en est lâché :
Quand j'ai voulu me taire, en vain je l'ai tâché.
Appelez ce devoir haine, rigueur, colère,
Pour gagner Rodogune il faut venger un père :
Je me donne à ce prix, osez me mériter ;
Et voyez qui de vous daignera m'accepter.
Adieu, princes.

SCÈNE V.

ANTIOCHUS, SÉLEUCUS.

ANTIOCHUS.

Hélas ! c'est donc ainsi qu'on traite
Les plus profonds respects d'une amour si parfaite !

SÉLEUCUS.

Elle nous fuit, mon frère, après cette rigueur !

ANTIOCHUS.

Elle fuit, mais en Parthe, en nous perçant le cœur.

SÉLEUCUS.

Que le ciel est injuste ! Une ame si cruelle
Méritoit notre mère, et devoit naître d'elle.

ANTIOCHUS.

Plaignons-nous sans blasphême.

SÉLEUCUS.

Ah ! que vous me gênez
Par cette retenue où vous vous obstinez !

Faut-il encor régner? faut-il l'aimer encore?
ANTIOCHUS.
Il faut plus de respect pour celle qu'on adore.
SÉLEUCUS.
C'est ou d'elle ou du trône être ardemment épris
Que vouloir ou l'aimer ou régner à ce prix.
ANTIOCHUS.
C'est et d'elle et de lui tenir bien peu de compte
Que faire une révolte et si pleine et si prompte.
SÉLEUCUS.
Lorsque l'obéissance a tant d'impiété,
La révolte devient une nécessité.
ANTIOCHUS.
La révolte, mon frère, est bien précipitée
Quand la loi qu'elle rompt peut être rétractée;
Et c'est à nos desirs trop de témérité
De vouloir de tels biens avec facilité.
Le ciel par les travaux veut qu'on monte à la gloire:
Pour gagner un triomphe, il faut une victoire.
Mais que je tâche en vain de flatter nos tourments!
Nos malheurs sont plus forts que ces déguisements.
Leur excès à mes yeux paroît un noir abyme
Où la haine s'apprête à couronner le crime,
Où la gloire est sans nom, la vertu sans honneur,
Où sans un parricide il n'est point de bonheur :
Et, voyant de ces maux l'épouvantable image,
Je me sens affoiblir quand je vous encourage;
Je frémis, je chancelle; et mon cœur abattu

ACTE III, SCENE V.

Suit tantôt sa douleur, et tantôt sa vertu.
Mon frère, pardonnez à des discours sans suite,
Qui font trop voir le trouble où mon ame est réduite.

SÉLEUCUS.

J'en ferois comme vous, si mon esprit troublé
Ne secouoit le joug dont il est accablé :
Dans mon ambition, dans l'ardeur de ma flamme,
Je vois ce qu'est un trône, et ce qu'est une femme ;
Et, jugeant par leur prix de leur possession,
J'éteins enfin ma flamme et mon ambition ;
Et je vous cèderois l'un et l'autre avec joie,
Si, dans la liberté que le ciel me renvoie,
La crainte de vous faire un funeste présent
Ne me jetoit dans l'ame un remords trop cuisant.
Dérobons-nous, mon frère, à ces ames cruelles,
Et laissons-les sans nous achever leurs querelles.

ANTIOCHUS.

Comme j'aime beaucoup, j'espère encore un peu :
L'espoir ne peut s'éteindre où brûle tant de feu ;
Et son reste confus me rend quelques lumières
Pour juger mieux que vous de ces ames si fières.
Croyez-moi, l'une et l'autre a redouté nos pleurs :
Leur fuite à nos soupirs a dérobé leurs cœurs ;
Et, si tantôt leur haine eût attendu nos larmes,
Leur haine à nos douleurs auroit rendu les armes.

SÉLEUCUS.

Pleurez donc à leurs yeux, gémissez, soupirez ;
Et je craindrai pour vous ce que vous espérez :

Quoi qu'en votre faveur vos pleurs obtiennent d'elles,
Il vous faudra parer leurs haines mutuelles,
Sauver l'une de l'autre; et peut-être leurs coups,
Vous trouvant au milieu, ne perceront que vous.
C'est ce qu'il faut pleurer : ni maîtresse, ni mère,
N'ont plus de choix ici, ni de lois à nous faire;
Quoi que leur rage exige ou de vous ou de moi,
Rodogune est à vous, puisque je vous fais roi.
Épargnez vos soupirs près de l'une et de l'autre.
J'ai trouvé mon bonheur, saisissez-vous du vôtre :
Je n'en suis point jaloux; et ma triste amitié
Ne le verra jamais que d'un œil de pitié.

SCÈNE VI.

ANTIOCHUS.

Que je serois heureux si je n'aimois un frère!
Lorsqu'il ne veut pas voir le mal qu'il se veut faire,
Mon amitié s'oppose à son aveuglement :
Elle agira pour vous, mon frère, également,
Et n'abusera point de cette violence
Que l'indignation fait à votre espérance.
La pesanteur du coup souvent nous étourdit :
On le croit repoussé quand il s'approfondit;
Et, quoiqu'un juste orgueil sur l'heure persuade,
Qui ne sent point son mal est d'autant plus malade;

ACTE III, SCENE VI.

Ces ombres de santé cachent mille poisons,
Et la mort suit de près ces fausses guérisons.
Daignent les justes dieux rendre vain ce présage !
Cependant allons voir si nous vaincrons l'orage,
Et si, contre l'effort d'un si puissant courroux,
La nature et l'amour voudront parler pour nous.

FIN DU TROISIÈME ACTE.

ACTE QUATRIÈME.

SCÈNE I.

ANTIOCHUS, RODOGUNE.

RODOGUNE.

Prince, qu'ai-je entendu, parce que je soupire,
Vous présumez que j'aime, et vous m'osez le dire !
Est-ce un frère, est-ce vous, dont la témérité
S'imagine... ?

ANTIOCHUS.

Apaisez ce courage irrité,
Princesse ; aucun de nous ne seroit téméraire
Jusqu'à s'imaginer qu'il eût l'heur de vous plaire :
Je vois votre mérite et le peu que je vaux,
Et ce rival si cher connoît mieux ses défauts.
Mais si tantôt ce cœur parloit par votre bouche,
Il veut que nous croyions qu'un peu d'amour le touche,
Et qu'il daigne écouter quelques uns de nos vœux,
Puisqu'il tient à bonheur d'être à l'un de nous deux.
Si c'est présomption de croire ce miracle,
C'est une impiété de douter de l'oracle,
Et mériter les maux où vous nous condamnez,

ACTE IV, SCENE I.

Qu'éteindre un bel espoir que vous nous ordonnez.
Princesse, au nom des dieux, au nom de cette flamme...

RODOGUNE.

Un mot ne fait pas voir jusques au fond d'une ame;
Et votre espoir trop prompt prend trop de vanité
Des termes obligeants de ma civilité.
Je l'ai dit, il est vrai; mais, quoi qu'il en puisse être,
Méritez cet amour que vous voulez connoître :
Lorsque j'ai soupiré, ce n'étoit pas pour vous;
J'ai donné ces soupirs aux mânes d'un époux;
Et ce sont les effets du souvenir fidèle
Que sa mort à toute heure en mon ame rappelle.
Princes, soyez ses fils, et prenez son parti.

ANTIOCHUS.

Recevez donc son cœur en nous deux réparti :
Ce cœur, qu'un saint amour rangea sous votre empire;
Ce cœur, pour qui le vôtre à tout moment soupire;
Ce cœur, en vous aimant indignement percé,
Reprend pour vous aimer le sang qu'il a versé;
Il le reprend en nous, il revit, il vous aime,
Et montre, en vous aimant, qu'il est encor le même.
Ah! princesse, en l'état où le sort nous a mis,
Pouvons-nous mieux montrer que nous sommes ses fils?

RODOGUNE.

Si c'est son cœur en vous qui revit, et qui m'aime,
Faites ce qu'il feroit, s'il vivoit en lui-même :
A ce cœur qu'il vous laisse osez prêter un bras;
Pouvez-vous le porter, et ne l'écouter pas?

S'il vous explique mal ce qu'il en doit attendre,
Il emprunte ma voix pour se mieux faire entendre;
Une seconde fois il vous le dit par moi :
Prince, il faut le venger.

ANTIOCHUS.

J'accepte cette loi.
Nommez les assassins, et j'y cours.

RODOGUNE.

Quel mystère
Vous fait, en l'acceptant, méconnoître une mère?

ANTIOCHUS.

Ah! si vous ne voulez voir finir nos destins,
Nommez d'autres vengeurs, ou d'autres assassins.

RODOGUNE.

Ah! je vois trop régner son parti dans votre ame;
Prince, vous le prenez?

ANTIOCHUS.

Oui, je le prends, madame;
Et j'apporte à vos pieds le plus pur de son sang,
Que la nature enferme en ce malheureux flanc.
Satisfaites vous-même à cette voix secrète
Dont la vôtre envers nous daigne être l'interprète :
Exécutez son ordre; et hâtez-vous sur moi
De punir une reine, et de venger un roi :
Mais, quitte par ma mort d'un devoir si sévère,
Écoutez-en un autre en faveur de mon frère.
De deux princes unis à soupirer pour vous,
Prenez l'un pour victime, et l'autre pour époux;

Punissez un des fils des crimes de la mère ;
Mais payez l'autre aussi des services du père ;
Et laissez un exemple à la postérité,
Et de rigueur entière, et d'entière équité.
Quoi! n'écouterez-vous ni l'amour ni la haine?
Ne pourrai-je obtenir ni salaire ni peine?
Ce cœur qui vous adore, et que vous dédaignez....

RODOGUNE.

Hélas! prince!

ANTIOCHUS.

Est-ce encor le roi que vous plaignez?
Ce soupir ne va-t-il que vers l'ombre d'un père?

RODOGUNE.

Allez, ou, pour le moins, rappelez votre frère.
Le combat pour mon ame étoit moins dangereux
Lorsque je vous avois à combattre tous deux :
Vous êtes plus fort seul que vous n'étiez ensemble ;
Je vous bravois tantôt, et maintenant je tremble.
J'aime ; n'abusez pas, prince, de mon secret :
Au milieu de ma haine il m'échappe à regret ;
Mais enfin il m'échappe, et cette retenue
Ne peut plus soutenir l'effort de votre vue.
Oui, j'aime un de vous deux malgré ce grand courroux,
Et ce dernier soupir dit assez que c'est vous.
 Un rigoureux devoir à cet amour s'oppose :
Ne m'en accusez point, vous en êtes la cause ;
Vous l'avez fait renaître en me pressant d'un choix
Qui rompt de vos traités les favorables lois.

D'un père mort pour moi voyez le sort étrange :
Si vous me laissez libre, il faut que je le venge;
Et mes feux dans mon ame ont beau s'en mutiner,
Ce n'est qu'à ce prix seul que je puis me donner.
Mais ce n'est pas de vous qu'il faut que je l'attende;
Votre refus est juste autant que ma demande.
A force de respect votre amour s'est trahi :
Je voudrois vous haïr, s'il m'avoit obéi;
Et je n'estime pas l'honneur d'une vengeance
Jusqu'à vouloir d'un crime être la récompense.
Rentrons donc sous les lois que m'impose la paix,
Puisque m'en affranchir c'est vous perdre à jamais.
Prince, en votre faveur je ne puis davantage :
L'orgueil de ma naissance enfle encor mon courage;
Et quelque grand pouvoir que l'amour ait sur moi,
Je n'oublierai jamais que je me dois un roi.
Oui, malgré mon amour, j'attendrai d'une mère
Que le trône me donne, ou vous, ou votre frère.
Attendant son secret vous aurez mes desirs;
Et, s'il le fait régner, vous aurez mes soupirs :
C'est tout ce qu'à mes feux ma gloire peut permettre,
Et tout ce qu'à vos feux les miens osent promettre.

ANTIOCHUS.

Que voudrois-je de plus? Son bonheur est le mien :
Rendez heureux ce frère, et je ne perdrai rien.
L'amitié le consent si l'amour l'appréhende :
Je bénirai le ciel d'une perte si grande;
Et, quittant les douceurs de cet espoir flottant,

ACTE IV, SCENE II.

Je mourrai de douleur, mais je mourrai content.

RODOGUNE.

Et moi, si mon destin entre ses mains me livre,
Pour un autre que vous s'il m'ordonne de vivre,
Mon amour... Mais, adieu, mon esprit se confond.
Prince, si votre flamme à la mienne répond,
Si vous n'êtes ingrat à ce cœur qui vous aime,
Ne me revoyez point qu'avec le diadême.

SCÈNE II.

ANTIOCHUS.

Les plus doux de mes vœux enfin sont exaucés.
Tu viens de vaincre, Amour : mais ce n'est pas assez ;
Si tu veux triompher en cette conjoncture,
Après avoir vaincu, fais vaincre la nature ;
Et prête-lui pour nous ces tendres sentiments
Que ton ardeur inspire aux cœurs des vrais amants,
Cette pitié qui force, et ces dignes foiblesses
Dont la vigueur détruit les fureurs vengeresses.
Voici la reine. Amour, nature, justes dieux,
Faites-la-moi fléchir, ou mourir à ses yeux.

SCÈNE III.

CLÉOPATRE, ANTIOCHUS, LAONICE.

CLÉOPATRE.

Hé bien! Antiochus, vous dois-je la couronne?

ANTIOCHUS.

Madame, vous savez si le ciel me la donnne.

CLÉOPATRE.

Vous savez mieux que moi si vous la méritez.

ANTIOCHUS.

Je sais que je péris, si vous ne m'écoutez.

CLÉOPATRE.

Un peu trop lent peut-être à servir ma colère,
Vous vous êtes laissé prévenir par un frère :
Il a su me venger quand vous délibériez,
Et je dois à son bras ce que vous espériez.
Je vous en plains, mon fils, ce malheur est extrême;
C'est périr en effet que perdre un diadême.
Je n'y sais qu'un remède, encore est-il fâcheux,
Étonnant, incertain, et triste pour tous deux;
Je périrai moi-même avant que de le dire :
Mais enfin on perd tout quand on perd un empire.

ANTIOCHUS.

Le remède à nos maux est tout en votre main,
Et n'a rien de fâcheux, d'étonnant, d'incertain :

Votre seule colère a fait notre infortune.
Nous perdons tout, madame, en perdant Rodogune :
Nous l'adorons tous deux; jugez en quels tourments
Nous jette la rigueur de vos commandements.
　L'aveu de cet amour sans doute vous offense :
Mais enfin nos malheurs croissent par le silence;
Et votre cœur, qu'aveugle un peu d'inimitié,
S'il ignore nos maux, n'en peut prendre pitié.
Au point où je les vois, c'en est le seul remède.

CLÉOPATRE.

Quelle aveugle fureur vous-même vous possède?
Avez-vous oublié que vous parlez à moi?
Ou si vous présumez être déja mon roi?

ANTIOCHUS.

Je tâche avec respect à vous faire connoître
Les forces d'un amour que vous avez fait naître.

CLÉOPATRE.

Moi! j'aurois allumé cet insolent amour?

ANTIOCHUS.

Et quel autre prétexte a fait notre retour?
Nous avez-vous mandés qu'afin qu'un droit d'aînesse
Donnât à l'un de nous le trône et la princesse?
Vous avez bien fait plus; vous nous l'avez fait voir,
Et c'étoit par vos mains nous mettre en son pouvoir.
Qui de nous deux, madame, eût osé s'en défendre,
Quand vous nous ordonniez à tous deux d'y prétendre?
Si sa beauté dès-lors n'eût allumé nos feux,
Le devoir auprès d'elle eût attaché nos vœux;

6.

Le desir de régner eût fait la même chose ;
Et, dans l'ordre des lois que la paix nous impose,
Nous devions aspirer à sa possession
Par amour, par devoir, ou par ambition.
Nous avons donc aimé, nous avons cru vous plaire :
Chacun de nous n'a craint que le bonheur d'un frère ;
Et, cette crainte enfin cédant à l'amitié,
J'implore pour tous deux un moment de pitié.
Avons-nous dû prévoir cette haine cachée,
Que la foi des traités n'avoit point arrachée ?

CLÉOPATRE.

Non ; mais vous avez dû garder le souvenir
Des hontes que pour vous j'avois su prévenir,
Et de l'indigne état où votre Rodogune,
Sans moi, sans mon courage, eût mis votre fortune.
Je croyois que vos cœurs, sensibles à ces coups,
En sauroient conserver un généreux courroux ;
Et je le retenois avec ma douceur feinte,
Afin que, grossissant sous un peu de contrainte,
Ce torrent de colère et de ressentiment
Fût plus impétueux en son débordement.
Je fais plus maintenant ; je presse, sollicite,
Je commande, menace ; et rien ne vous irrite :
Le sceptre, dont ma main vous doit récompenser,
N'a point de quoi vous faire un moment balancer ;
Vous ne considérez ni lui ni mon injure ;
L'amour étouffe en vous la voix de la nature.
Et je pourrois aimer des fils dénaturés !

ANTIOCHUS.
La nature et l'amour ont leurs droits séparés ;
L'un n'ôte point à l'autre une ame qu'il possède.
CLÉOPATRE.
Non, non ; où l'amour règne il faut que l'autre cède.
ANTIOCHUS.
Leurs charmes à nos cœurs sont également doux.
Nous périrons tous deux, s'il faut périr pour vous :
Mais aussi....
CLÉOPATRE.
Poursuivez, fils ingrat et rebelle.
ANTIOCHUS.
Nous périrons tous d'eux, s'il faut périr pour elle.
CLÉOPATRE.
Périssez ! périssez ! votre rébellion
Mérite plus d'horreur que de compassion ;
Mes yeux sauront le voir sans verser une larme,
Sans regarder en vous que l'objet qui vous charme ;
Et je triompherai, voyant périr mes fils,
De ses adorateurs et de mes ennemis.
ANTIOCHUS.
Hé bien ! triomphez-en ; que rien ne vous retienne.
Votre main tremble-t-elle ? y voulez-vous la mienne ?
Madame, commandez, je suis prêt d'obéir ;
Je percerai ce cœur qui vous ose trahir :
Heureux si par ma mort je puis vous satisfaire,
Et noyer dans mon sang toute votre colère !

Mais si la dureté de votre aversion
Nomme encor notre amour une rébellion,
Du moins souvenez-vous qu'elle n'a pris pour armes
Que de foibles soupirs et d'impuissantes larmes.

CLÉOPATRE.

Ah! que n'a-t-elle pris et la flamme et le fer!
Que bien plus aisément j'en saurois triompher!
Vos larmes dans mon cœur ont trop d'intelligence;
Elles ont presque éteint cette ardeur de vengeance :
Je ne puis refuser des soupirs à vos pleurs;
Je sens que je suis mère auprès de vos douleurs.
C'en est fait, je me rends, et ma colère expire :
Rodogune est à vous aussi bien que l'empire;
Rendez graces aux dieux qui vous ont fait l'aîné;
Possédez-la, régnez.

ANTIOCHUS.

O moment fortuné!
O trop heureuse fin de l'excès de ma peine!
Je rends graces aux dieux qui calment votre haine.
Madame, est-il possible?

CLÉOPATRE.

En vain j'ai résisté,
La nature est trop forte, et mon cœur s'est dompté.
Je ne vous dis plus rien : vous aimez votre mère,
Et votre amour pour moi taira ce qu'il faut taire.

ANTIOCHUS.

Quoi! je triomphe donc, sur le point de périr!
La main qui me blessoit a daigné me guérir!

CLÉOPATRE.

Oui, je veux couronner un flamme si belle.
Allez à la princesse en porter la nouvelle:
Son cœur comme le vôtre en deviendra charmé;
Vous n'aimeriez pas tant, si vous n'étiez aimé.

ANTIOCHUS.

Heureux Antiochus! heureuse Rodogune!
Oui, madame, entre nous la joie en est commune.

CLÉOPATRE.

Allez donc, ce qu'ici vous perdez de moments
Sont autant de larcins à vos contentements :
Et ce soir, destiné pour la cérémonie,
Fera voir pleinement si ma haine est finie.

ANTIOCHUS.

Et nous vous ferons voir tous nos desirs bornés
A vous donner en nous des sujets couronnés.

SCÈNE IV.

CLÉOPATRE, LAONICE.

LAONICE.

Enfin, ce grand courage a vaincu sa colère.

CLÉOPATRE.

Que ne peut point un fils sur le cœur d'une mère!

LAONICE.

Vos pleurs coulent encore, et ce cœur adouci....

CLÉOPATRE.

Envoyez-moi son frère, et nous laissez ici :
Sa douleur sera grande, à ce que je présume;
Mais j'en saurai sur l'heure adoucir l'amertume.
Ne lui témoignez rien : il lui sera plus doux
D'apprendre tout de moi, qu'il ne seroit de vous.

SCÈNE V.

CLÉOPATRE.

Que tu pénètres mal le fond de mon courage!
Si je verse des pleurs, ce sont des pleurs de rage;
Et ma haine, qu'en vain tu crois s'évanouir,
Ne les a fait couler qu'afin de t'éblouir.
Je ne veux plus que moi dedans ma confidence.
Et toi, crédule amant, que charme l'apparence,
Et dont l'esprit léger s'attache avidement
Aux attraits captieux de mon déguisement,
Va, triomphe en idée avec ta Rodogune,
Au sort des immortels préfère ta fortune,
Tandis que, mieux instruite en l'art de me venger,
En de nouveaux malheurs je saurai te plonger.
Ce n'est pas tout d'un coup que tant d'orgueil trébuche :
De qui se rend trop tôt on doit craindre une embûche;
Et c'est mal démêler le cœur d'avec le front,
Que prendre pour sincère un changement si prompt.
L'effet te fera voir comme je suis changée.

SCÈNE VI.

CLÉOPATRE, SÉLEUCUS.

CLÉOPATRE.
Savez-vous, Séleucus, que je me suis vengée ?
SÉLEUCUS.
Pauvre princesse, hélas !
CLÉOPATRE.
                Vous déplorez son sort !
Quoi ! l'aimiez-vous ?
SÉLEUCUS.
                Assez pour regretter sa mort.
CLÉOPATRE.
Vous lui pouvez servir encor d'amant fidèle :
Si j'ai su me venger, ce n'a pas été d'elle.
SÉLEUCUS.
O ciel ! et de qui donc, madame ?
CLÉOPATRE.
                           C'est de vous,
Ingrat, qui n'aspirez qu'à vous voir son époux ;
De vous, qui l'adorez en dépit d'une mère ;
De vous, qui dédaignez de servir ma colère ;
De vous, de qui l'amour, rebelle à mes desirs,
S'oppose à ma vengeance, et détruit mes plaisirs.
SÉLEUCUS.
De moi ?

CLÉOPATRE.

De toi, perfide! Ignore, dissimule
Le mal que tu dois craindre et le feu qui te brûle;
Et si, pour l'ignorer, tu crois t'en garantir,
Du moins, en l'apprenant, commence à le sentir.
　Le trône étoit à toi par le droit de naissance;
Rodogune avec lui tomboit en ta puissance;
Tu devois l'épouser, tu devois être roi :
Mais comme ce secret n'est connu que de moi,
Je puis, comme je veux, tourner le droit d'aînesse,
Et donne à ton rival ton sceptre et ta maîtresse.

SÉLEUCUS.

A mon frère?

CLÉOPATRE.

C'est lui que j'ai nommé l'aîné.

SÉLEUCUS.

Vous ne m'affligez point de l'avoir couronné;
Et, par une raison qui vous est inconnue,
Mes propres sentiments vous avoient prévenue :
Les biens que vous m'ôtez n'ont point d'attraits si doux
Que mon cœur n'ait donnés à ce frère avant vous;
Et si vous bornez là toute votre vengeance,
Vos desirs et les miens seront d'intelligence.

CLÉOPATRE.

C'est ainsi qu'on déguise un violent dépit;
C'est ainsi qu'une feinte au dehors l'assoupit,
Et qu'on croit amuser de fausses patiences
Ceux dont en l'ame on craint les justes défiances.

ACTE IV, SCENE VI.

SÉLEUCUS.

Quoi! je conserverois quelque courroux secret!

CLÉOPATRE.

Quoi! lâche! tu pourrois la perdre sans regret?
Elle de qui les dieux te donnoient l'hyménée!
Elle dont tu plaignois la perte imaginée!

SÉLEUCUS.

Considérer sa perte avec compassion,
Ce n'est pas aspirer à sa possession.

CLÉOPATRE.

Que la mort la ravisse, ou qu'un rival l'emporte,
La douleur d'un amant est également forte;
Et tel qui se console après l'instant fatal
Ne sauroit voir son bien aux mains de son rival :
Piqué jusques au vif, il tâche à le reprendre;
Il fait de l'insensible, afin de mieux surprendre;
D'autant plus animé, que ce qu'il a perdu
Par rang ou par mérite à sa flamme étoit dû.

SÉLEUCUS.

Peut-être : mais enfin par quel amour de mère
Pressez-vous tellement ma douleur contre un frère?
Prenez-vous intérêt à la faire éclater?

CLÉOPATRE.

J'en prends à la connoître, et la faire avorter;
J'en prends à conserver, malgré toi, mon ouvrage
Des jaloux attentats de ta secrète rage.

SÉLEUCUS.

Je le veux croire ainsi : mais quel autre intérêt

Nous fait tous deux aînés, quand et comme il vous plaît?
Qui des deux vous doit croire? et par quelle justice
Faut-il que sur moi seul tombe tout le supplice,
Et que du même amour dont nous sommes blessés
Il soit récompensé, quand vous m'en punissez?

CLÉOPATRE.

Comme reine, à mon choix, je fais justice ou grace;
Et je m'étonne fort d'où vous vient cette audace,
D'où vient qu'un fils, vers moi noirci de trahison,
Ose de mes faveurs me demander raison.

SÉLEUCUS.

Vous pardonnerez donc ces chaleurs indiscrètes :
Je ne suis point jaloux du bien que vous lui faites;
Et je vois quel amour vous avez pour tous deux,
Plus que vous ne pensez, et plus que je ne veux.
Le respect me défend d'en dire davantage :
Je n'ai ni faute d'yeux ni faute de courage,
Madame; mais enfin n'espérez voir en moi
Qu'amitié pour mon frère, et zèle pour mon roi.
Adieu.

SCÈNE VII.

CLÉOPATRE.

De quel malheur suis-je encore capable?
Leur amour m'offensoit, leur amitié m'accable;
Et contre mes fureurs je trouve en mes deux fils

ACTE IV, SCENE VII.

Deux enfants révoltés, et deux rivaux unis.
Quoi! sans émotion perdre trône et maîtresse!
Quel est ici ton charme, odieuse princesse?
Et par quel privilège, allumant de tels feux,
Peux-tu n'en prendre qu'un, et m'ôter tous les deux?
N'espère pas pourtant triompher de ma haine :
Pour régner sur deux cœurs tu n'es pas encor reine.
Je sais bien qu'en l'état où tous deux je les voi
Il me les faut percer pour aller jusqu'à toi :
Mais n'importe; mes mains sur le père enhardies
Pour un bras refusé sauront prendre deux vies.
Leurs jours également sont pour moi dangereux;
J'ai commencé par lui, j'achèverai par eux.

Sors de mon cœur, nature; ou fais qu'ils m'obéissent :
Fais-les servir ma haine; ou consens qu'ils périssent.
Mais déja l'un a vu que je les veux punir :
Souvent qui tarde trop se laisse prévenir.
Allons chercher le temps d'immoler nos victimes,
Et de me rendre heureuse à force de grands crimes.

FIN DU QUATRIÈME ACTE.

ACTE CINQUIÈME.

SCÈNE I.

CLÉOPATRE.

Enfin, graces aux dieux, j'ai moins d'un ennemi :
La mort de Séleucus m'a vengée à demi,
Son ombre, en attendant Rodogune et son frère,
Peut déja de ma part les promettre à son père;
Ils le suivront de près; et j'ai tout préparé
Pour réunir bientôt ce que j'ai séparé.
 O toi qui n'attends plus que la cérémonie
Pour jeter à mes pieds ma rivale punie,
Et par qui deux amants vont d'un seul coup du sort
Recevoir l'hyménée, et le trône, et la mort;
Poison, me sauras-tu rendre mon diadême?
Le fer m'a bien servie, en feras-tu de même?
Me seras-tu fidèle? Et toi, que me veux-tu,
Ridicule retour d'une sotte vertu,
Tendresse dangereuse autant comme importune?
Je ne veux point pour fils l'époux de Rodogune,
Et ne vois plus en lui les restes de mon sang,
S'il m'arrache du trône, et la met en mon rang.

ACTE V, SCENE I.

Reste du sang ingrat d'un époux infidèle,
Héritier d'une flamme envers moi criminelle,
Aime mon ennemie, et péris comme lui.
Pour la faire tomber j'abattrai son appui :
Aussi bien sous mes pas c'est creuser un abyme,
Que retenir ma main sur la moitié du crime;
Et, te faisant mon roi, c'est trop me négliger,
Que te laisser sur moi père et frère à venger.
Qui se venge à demi court lui-même à sa peine :
Il faut ou condamner ou couronner sa haine.
Dût le peuple en fureur pour ses maîtres nouveaux
De mon sang odieux arroser leurs tombeaux,
Dût le Parthe vengeur me trouver sans défense,
Dût le ciel égaler le supplice à l'offense,
Trône, à t'abandonner je ne puis consentir :
Par un coup de tonnerre il vaut mieux en sortir,
Il vaut mieux mériter le sort le plus étrange.
Tombe sur moi le ciel, pourvu que je me venge!
J'en recevrai le coup d'un visage remis :
Il est doux de périr après ses ennemis;
Et, de quelque rigueur que le destin me traite,
Je perds moins à mourir qu'à vivre leur sujette.
   Mais voici Laonice; il faut dissimuler
Ce que le seul effet doit bientôt révéler.

SCÈNE II.

CLÉOPATRE, LAONICE.

CLÉOPATRE.

Viennent-ils, nos amants ?

LAONICE.

Ils approchent, madame :
On lit dessus leur front l'alégresse de l'ame ;
L'amour s'y fait paroître avec la majesté ;
Et, suivant le vieil ordre en Syrie usité,
D'une grace en tous deux tout auguste et royale,
Ils viennent prendre ici la coupe nuptiale,
Pour s'en aller au temple, au sortir du palais,
Par les mains du grand-prêtre être unis à jamais :
C'est là qu'il les attend pour bénir l'alliance.
Le peuple tout ravi par ses vœux le devance,
Et pour eux à grands cris demande aux immortels
Tout ce qu'on leur souhaite au pied de leurs autels,
Impatient pour eux que la cérémonie
Ne commence bientôt, ne soit bientôt finie.
Les Parthes à la foule aux Syriens mêlés,
Tous nos vieux différents de leur ame exilés,
Font leur suite assez grosse, et d'une voix commune
Bénissent à l'envi le prince et Rodogune.
Mais je les vois déja : madame, c'est à vous
A commencer ici des spectacles si doux.

SCÈNE III.

CLÉOPATRE, ANTIOCHUS, RODOGUNE, ORONTE, LAONICE, TROUPE DE PARTHES ET DE SYRIENS.

CLÉOPATRE.

Approchez, mes enfants; car l'amour maternelle,
Madame, dans mon cœur vous tient déja pour telle;
Et je crois que ce nom ne vous déplaira pas.

RODOGUNE.

Je le chérirai même au-delà du trépas :
Il m'est trop doux, madame; et tout l'heur que j'espère,
C'est de vous obéir et respecter en mère.

CLÉOPATRE.

Aimez-moi seulement; vous allez être rois,
Et, s'il faut du respect, c'est moi qui vous le dois.

ANTIOCHUS.

Ah! si nous recevons la suprême puissance,
Ce n'est pas pour sortir de votre obéissance :
Vous régnerez ici quand nous y régnerons,
Et ce seront vos lois que nous y donnerons.

CLÉOPATRE.

J'ose le croire ainsi. Mais prenez votre place,
Il est temps d'avancer ce qu'il faut que je fasse.

(Ici Antiochus s'assied dans un fauteuil, Rodogune à sa gauche en même rang, et Cléopatre à sa droite, mais en rang inférieur, et qui marque quelque inégalité. Oronte s'assied aussi à la gauche de Rodogune, avec la même différence; et Cléopatre, pendant qu'ils prennent leurs places, parle à l'oreille de Laonice, qui s'en va quérir une coupe pleine de vin empoisonné.)

Peuples, qui m'écoutez, Parthes, et Syriens,
Sujets du roi son frère, ou qui fûtes les miens,
Voici de mes deux fils celui qu'un droit d'aînesse
Élève dans le trône, et donne à la princesse.
Je lui rends cet état que j'ai sauvé pour lui,
Je cesse de régner; il commence aujourd'hui.
Qu'on ne me traite plus ici de souveraine :
Voici votre roi, peuple, et voilà votre reine;
Vivez pour les servir, respectez-les tous deux,
Aimez-les, et mourez, s'il est besoin, pour eux.
Oronte, vous voyez avec quelle franchise
Je leur rends ce pouvoir dont je me suis démise :
Prêtez les yeux au reste, et voyez les effets
Suivre de point en point les traités de la paix.

(Laonice apporte une coupe.)

ORONTE.

Votre sincérité s'y fait assez paroître,
Madame, et j'en ferai récit au roi mon maître.

CLÉOPATRE.

L'hymen est maintenant notre plus cher souci.
L'usage veut, mon fils, qu'on le commence ici :
Recevez de ma main la coupe nuptiale,
Pour être après unis sous la foi conjugale :
Puisse-t-elle être un gage, envers votre moitié,

De votre amour ensemble et de mon amitié!

CLÉOPATRE.

ANTIOCHUS, *prenant la coupe.*

Ciel! que ne dois-je point aux bontés d'une mère!

CLÉOPATRE.

Le temps presse, et votre heur d'autant plus se diffère.

ANTIOCHUS, *à Rodogune.*

Madame, hâtons donc ces glorieux moments;
Voici l'heureux essai de nos contentements.
Mais si mon frère étoit le témoin de ma joie....

CLÉOPATRE.

C'est être trop cruel de vouloir qu'il la voie :
Ce sont des déplaisirs qu'il fait bien d'épargner;
Et sa douleur secrète a droit de l'éloigner.

ANTIOCHUS.

Il m'avoit assuré qu'il la verroit sans peine.
Mais n'importe, achevons.

SCÈNE IV.

CLÉOPATRE, ANTIOCHUS, RODOGUNE, ORONTE, TIMAGÈNE, LAONICE, TROUPE DE PARTHES ET DE SYRIENS.

TIMAGÈNE.

   Ah! seigneur!

CLÉOPATRE.

        Timagène,

Quelle est votre insolence!
TIMAGÈNE.
Ah! madame!
ANTIOCHUS, rendant la coupe à Laonice.
Parlez.
TIMAGÈNE.
Souffrez pour un moment que mes sens rappelés....
ANTIOCHUS.
Qu'est-il donc arrivé?
TIMAGÈNE.
Le prince votre frère....
ANTIOCHUS.
Quoi! se voudroit-il rendre à mon bonheur contraire?
TIMAGÈNE.
L'ayant cherché long-temps afin de divertir
L'ennui que de sa perte il pouvoit ressentir,
Je l'ai trouvé, seigneur, au bout de cette allée
Où la clarté du ciel semble toujours voilée.
Sur un lit de gazon, de foiblesse étendu,
Il sembloit déplorer ce qu'il avoit perdu;
Son ame à ce penser paroissoit attachée;
Sa tête sur un bras languissamment penchée,
Immobile, et rêveur en malheureux amant...
ANTIOCHUS.
Enfin, que faisoit-il? Achevez promptement.
TIMAGÈNE.
D'une profonde plaie en l'estomac ouverte
Son sang à gros bouillons sur cette couche verte....

ACTE V, SCENE IV.

CLÉOPATRE.

Il est mort ?

TIMAGÈNE.

Oui, madame.

CLÉOPATRE.

Ah ! destins ennemis,
Qui m'enviez le bien que je m'étois promis !
Voilà le coup fatal que je craignois dans l'ame ;
Voilà le désespoir où l'a réduit sa flamme.
Pour vivre en vous perdant il avoit trop d'amour,
Madame ; et de sa main il s'est privé du jour.

TIMAGÈNE, à Cléopatre.

Madame, il a parlé, sa main est innocente.

CLÉOPATRE, à Timagène.

La tienne est donc coupable ; et ta rage insolente,
Par une lâcheté qu'on ne peut égaler,
L'ayant assassiné le fait encor parler.

ANTIOCHUS.

Timagène, souffrez la douleur d'une mère,
Et les premiers soupçons d'une aveugle colère.
Comme ce coup fatal n'a point d'autres témoins,
J'en ferois autant qu'elle, à vous connoître moins.
Mais que vous a-t-il dit ? Achevez, je vous prie.

TIMAGÈNE.

Surpris d'un tel spectacle, à l'instant je m'écrie ;
Et soudain à mes cris ce prince, en soupirant,
Avec assez de peine entr'ouvre un œil mourant ;
Et ce reste égaré de lumière incertaine

Lui peignant son cher frère au lieu de Timagène,
Rempli de votre idée, il m'adresse pour vous
Ces mots, où l'amitié règne sur le courroux :
 « Une main qui nous fut bien chère
« Venge ainsi le refus d'un coup trop inhumain.
 « Régnez; et surtout, mon cher frère,
 « Gardez-vous de la même main;
« C'est.... » La parque à ce mot lui coupe la parole;
Sa lumière s'éteint, et son ame s'envole :
Et moi, tout effrayé d'un si tragique sort,
J'accours pour vous en faire un funeste rapport.

ANTIOCHUS.

Rapport vraiment funeste, et sort vraiment tragique,
Qui va changer en pleurs l'alégresse publique !
O frère plus aimé que la clarté du jour !
O rival aussi cher que m'étoit mon amour !
Je te perds, et je trouve en ma douleur extrême
Un malheur dans ta mort plus grand que ta mort même !
O de ses derniers mots fatale obscurité !
En quel gouffre d'horreur m'as-tu précipité ?
Quand j'y pense chercher la main qui l'assassine,
Je m'impute à forfait tout ce que j'imagine :
Mais aux marques enfin que tu m'en viens donner,
Fatale obscurité, qui dois-je en soupçonner ?
 « Une main qui nous fut bien chère ! »

 (à Rodogune.)

Madame, est-ce la vôtre, ou celle de ma mère ?
Vous vouliez toutes deux un coup trop inhumain;

Nous vous avons tous deux refusé notre main;
Qui de vous s'est vengée? est-ce l'une, est-ce l'autre,
Qui fait agir la sienne au défaut de la nôtre?
Est-ce vous qu'en coupable il me faut regarder?
Est-ce vous désormais dont je me dois garder?

CLÉOPATRE.

Quoi! vous me soupçonnez!

RODOGUNE.

Quoi! je vous suis suspecte!

ANTIOCHUS.

Je suis amant et fils, je vous aime et respecte;
Mais quoi que sur mon cœur puissent des noms si doux,
A ces marques enfin je ne connois que vous.
As-tu bien entendu? dis-tu vrai, Timagène?

TIMAGÈNE.

Avant qu'en soupçonner la princesse, ou la reine,
Je mourrois mille fois; mais enfin mon récit
Contient, sans rien de plus, ce que le prince a dit.

ANTIOCHUS.

D'un et d'autre côté l'action est si noire,
Que, n'en pouvant douter, je n'ose encor la croire.
O quiconque des deux avez versé son sang,
Ne vous préparez plus à me percer le flanc:
Nous avons mal servi vos haines mutuelles,
Aux jours l'une de l'autre également cruelles;
Mais si j'ai refusé ce détestable emploi,
Je veux bien vous servir toutes deux contre moi:
Qui que vous soyez donc, recevez une vie

Que déja vos fureurs m'ont à demi ravie.
(Il tire son épée, et veut se tuer.)
RODOGUNE.
Ah, seigneur! arrêtez.
TIMAGÈNE.
        Seigneur, que faites-vous?
ANTIOCHUS.
Je sers ou l'une ou l'autre, et je préviens ses coups.
CLÉOPATRE.
Vivez, régnez heureux.
ANTIOCHUS.
        Otez-moi donc de doute,
Et montrez-moi la main qu'il faut que je redoute,
Qui pour m'assassiner ose me secourir,
Et me sauve de moi pour me faire périr.
Puis-je vivre et traîner cette gêne éternelle,
Confondre l'innocente avec la criminelle,
Vivre, et ne pouvoir plus vous voir sans m'alarmer,
Vous craindre toutes deux, toutes deux vous aimer?
Vivre avec ce tourment, c'est mourir à toute heure;
Tirez-moi de ce trouble, ou souffrez que je meure,
Et que mon déplaisir, par un coup généreux,
Épargne un parricide à l'une de vous deux.
CLÉOPATRE.
Puisque, le même jour que ma main vous couronne,
Je perds un de mes fils, et l'autre me soupçonne;
Qu'au milieu de mes pleurs qu'il devroit essuyer,
Son peu d'amour me force à me justifier,

Si vous n'en pouvez mieux consoler une mère
Qu'en la traitant d'égale avec une étrangère,
Je vous dirai, seigneur (car ce n'est plus à moi
A nommer autrement et mon juge et mon roi),
Que vous voyez l'effet de cette vieille haine
Qu'en dépit de la paix me garde l'inhumaine,
Qu'en son cœur du passé soutient le souvenir,
Et que j'avois raison de vouloir prévenir.
Elle a soif de mon sang; elle a voulu l'épandre :
J'ai prévu d'assez loin ce que j'en viens d'apprendre ;
Mais je vous ai laissé désarmer mon courroux.
    (à Rodogune.)
Sur la foi de ses pleurs je n'ai rien craint de vous,
Madame; mais, ô dieux! quelle rage est la vôtre!
Quand je vous donne un fils, vous assassinez l'autre,
Et m'enviez soudain l'unique et foible appui
Qu'une mère opprimée eût pu trouver en lui!
Quand vous m'accablerez, où sera mon refuge?
Si je m'en plains au roi, vous possédez mon juge;
Et s'il m'ose écouter, peut-être, hélas! en vain
Il voudra se garder de cette même main.
Enfin je suis leur mère, et vous leur ennemie;
J'ai recherché leur gloire, et vous leur infamie;
Et si je n'eusse aimé ces fils que vous m'ôtez,
Votre abord en ces lieux les eût déshérités.
C'est à lui maintenant, en cette concurrence,
A régler ses soupçons sur cette différence,
A voir de qui des deux il doit se défier,

Si vous n'avez un charme à vous justifier.
RODOGUNE, à Cléopatre.
Je me défendrai mal : l'innocence étonnée
Ne peut s'imaginer qu'elle soit soupçonnée ;
Et n'ayant rien prévu d'un attentat si grand,
Qui l'en veut accuser sans peine la surprend.
Je ne m'étonne point de voir que votre haine,
Pour me faire coupable, a quitté Timagène.
Au moindre jour ouvert de tout jeter sur moi,
Son récit s'est trouvé digne de votre foi.
Vous l'accusiez pourtant, quand votre ame alarmée
Craignoit qu'en expirant ce fils vous eût nommée :
Mais de ses derniers mots voyant le sens douteux,
Vous avez pris soudain le crime entre nous deux.
Certes, si vous voulez passer pour véritable
Que l'une de nous deux de sa mort soit coupable,
Je veux bien par respect ne vous imputer rien :
Mais votre bras au crime est plus fait que le mien ;
Et qui sur un époux fit son apprentissage
A bien pu sur un fils achever son ouvrage.
Je ne dénierai point, puisque vous les savez,
De justes sentiments dans mon ame élevés :
Vous demandiez mon sang, j'ai demandé le vôtre ;
Le roi sait quels motifs ont poussé l'une et l'autre ;
Comme par sa prudence il a tout adouci,
Il vous connoît peut-être, et me connoît aussi.
(à Antiochus.)
Seigneur, c'est un moyen de vous être bien chère,

Que, pour don nuptial, vous immoler un frère :
On fait plus; on m'impute un coup si plein d'horreur,
Pour me faire un passage à vous percer le cœur.
   (à Cléopatre.)
Où fuirois-je de vous après tant de furie,
Madame? et que feroit toute votre Syrie,
Où, seule et sans appui contre mes attentats,
Je verrois...? Mais, seigneur, vous ne m'écoutez pas!
              ANTIOCHUS.
Non, je n'écoute rien; et dans la mort d'un frère
Je ne veux point juger entre vous et ma mère :
Assassinez un fils, massacrez un époux,
Je ne veux me garder ni d'elle ni de vous.
   Suivons aveuglément ma triste destinée;
Pour m'exposer à tout achevons l'hyménée.
Cher frère, c'est pour moi le chemin du trépas;
La main qui t'a percé ne m'épargnera pas;
Je cherche à te rejoindre, et non à m'en défendre,
Et lui veux bien donner tout lieu de me surprendre :
Heureux si sa fureur qui me prive de toi
Se fait bientôt connoître en achevant sur moi,
Et si du ciel trop lent à la réduire en poudre
Son crime redoublé peut arracher la foudre!
Donnez-moi.
       RODOGUNE, l'empêchant de prendre la coupe.
       Quoi! seigneur!
              ANTIOCHUS.
                    Vous m'arrêtez en vain :
Donnez.

RODOGUNE.
Ah! gardez-vous de l'une et l'autre main.
Cette coupe est suspecte; elle vient de la reine :
Craignez de toutes deux quelque secrète haine.
CLÉOPATRE.
Qui m'épargnoit tantôt ose enfin m'accuser!
RODOGUNE.
De toutes deux, madame, il doit tout refuser.
Je n'accuse personne, et vous tiens innocente;
Mais il en faut sur l'heure une preuve évidente.
Je veux bien à mon tour subir les mêmes lois.
On ne peut craindre trop pour le salut des rois.
Donnez donc cette preuve; et, pour toute réplique,
Faites faire un essai par quelque domestique.
CLÉOPATRE, prenant la coupe.
Je le ferai moi-même. Hé bien! redoutez-vous
Quelque sinistre effet encor de mon courroux?
J'ai souffert cet outrage avecque patience.
ANTIOCHUS, prenant la coupe des mains de Cléopatre après qu'elle a bu.
Pardonnez-lui, madame, un peu de défiance;
Comme vous l'accusez, elle fait son effort
A rejeter sur vous l'horreur de cette mort :
Et, soit amour pour moi, soit adresse pour elle,
Ce soin la fait paroître un peu moins criminelle.
Pour moi, qui ne vois rien, dans le trouble où je suis,
Qu'un gouffre de malheurs, qu'un abyme d'ennuis,
Attendant qu'en plein jour ces vérités paroissent,
J'en laisse la vengeance aux dieux qui les connoissent,

ACTE V, SCENE IV.

Et vais, sans plus tarder....

RODOGUNE.

Seigneur, voyez ses yeux
Déja tout égarés, troubles et furieux,
Cette affreuse sueur qui court sur son visage,
Cette gorge qui s'enfle. Ah! bons dieux! quelle rage!
Pour vous perdre après elle, elle a voulu périr.

ANTIOCHUS, rendant la coupe à Laonice.

N'importe, elle est ma mère, il faut la secourir.

CLÉOPATRE.

Va, tu me veux en vain rappeler à la vie;
Ma haine est trop fidèle, et m'a trop bien servie :
Elle a paru trop tôt pour te perdre avec moi;
C'est le seul déplaisir qu'en mourant je reçoi.
Mais j'ai cette douceur dedans cette disgrace,
De ne voir point régner ma rivale en ma place.
Règne; de crime en crime enfin te voilà roi.
Je t'ai défait d'un père, et d'un frère, et de moi :
Puisse le ciel tous deux vous prendre pour victimes,
Et laisser choir sur vous les peines de mes crimes!
Puissiez-vous ne trouver dedans votre union
Qu'horreur, que jalousie, et que confusion!
Et, pour vous souhaiter tous les malheurs ensemble,
Puisse naître de vous un fils qui me ressemble!

ANTIOCHUS.

Ah! vivez pour changer cette haine en amour.

CLÉOPATRE.

Je maudirois les dieux s'ils me rendoient le jour.
Qu'on m'emporte d'ici; je me meurs. Laonice,

Si tu veux m'obliger par un dernier service,
Après les vains efforts de mes inimitiés,
Sauve-moi de l'affront de tomber à leurs pieds.

(Elle s'en va, et Laonice lui aide à marcher.)

SCÈNE V.

RODOGUNE, ANTIOCHUS, ORONTE, TIMAGÈNE, TROUPE DE PARTHES ET DE SYRIENS.

ORONTE.

Dans les justes rigueurs d'un sort si déplorable,
Seigneur, le juste ciel vous est bien favorable ;
Il vous a préservé, sur le point de périr,
Du danger le plus grand que vous pussiez courir,
Et, par un digne effet de ses faveurs puissantes,
La coupable est punie, et vos mains innocentes.

ANTIOCHUS.

Oronte, je ne sais, dans son funeste sort,
Qui m'afflige le plus, ou sa vie, ou sa mort :
L'une et l'autre a pour moi des malheurs sans exemple ;
Plaignez mon infortune. Et vous, allez au temple
Y changer l'alégresse en un deuil sans pareil,
La pompe nuptiale en funèbre appareil ;
Et nous verrons après, par d'autres sacrifices,
Si les dieux voudront être à nos vœux plus propices.

FIN DE RODOGUNE.

EXAMEN DE RODOGUNE.

Le sujet de cette tragédie est tiré d'Appian Alexandrin, dont voici les paroles, sur la fin du livre qu'il a fait des guerres de Syrie : « Démétrius, surnommé
« Nicanor, entreprit la guerre contre les Parthes, et
« vécut quelque temps prisonnier dans la cour de leur
« roi Phraates, dont il épousa la sœur nommée Rodogune. Cependant Diodotus, domestique des rois
« précédents, s'empara du trône de Syrie, et y fit as-
« seoir un Alexandre encore enfant, fils d'Alexandre
« le Bâtard, et d'une fille de Ptolomée. Ayant gou-
« verné quelque temps comme tuteur, sous le nom
« de ce pupille, il s'en défit, et prit lui-même la cou-
« ronne, sous un nouveau nom de Tryphon qu'il se
« donna. Antiochus, frère du roi prisonnier, ayant
« appris sa captivité à Rhodes, et les troubles qui l'a-
« voient suivie, revint dans la Syrie, où, ayant dé-
« fait Tryphon, il le fit mourir. De là il porta ses ar-
« mes contre Phraates ; et, vaincu dans une bataille,
« il se tua lui-même. Démétrius, retournant dans son
« royaume, fut tué par sa femme Cléopatre, qui lui
« dressa des embûches sur le chemin, en haine de

« cette Rodogune qu'il avoit épousée, dont elle avoit
« conçu une telle indignation qu'elle avoit épousé ce
« même Antiochus, frère de son mari. Elle avoit deux
« fils de Démétrius, dont elle tua Séleucus, l'aîné,
« d'un coup de flèche, sitôt qu'il eut pris le diadême
« après la mort de son père, soit qu'elle craignît qu'il
« ne la voulût venger sur elle, soit que la même fu-
« reur l'emportât à ce nouveau parricide. Antiochus
« son frère lui succéda, et contraignit cette mère dé-
« naturée de prendre le poison qu'elle lui avoit pré-
« paré. »

Justin, en ses 36, 38, et 39ᵉ livres, raconte cette histoire plus au long, avec quelques autres circonstances. Le premier des Machabées, et Josèphe, au 13ᵉ des Antiquités judaïques, en disent aussi quelque chose qui ne s'accorde pas tout-à-fait avec Appian. C'est à lui que je me suis attaché pour la narration que j'ai mise au premier acte, et pour l'effet du cinquième, que j'ai adouci du côté d'Antiochus. J'en ai dit la raison ailleurs. Le reste sont des épisodes d'invention, qui ne sont pas incompatibles avec l'histoire, puisqu'elle ne dit point ce que devint Rodogune après la mort de Démétrius, qui vraisemblablement l'amenoit en Syrie prendre possession de sa couronne.

J'ai fait porter à la pièce le nom de cette princesse, plutôt que celui de Cléopatre, que je n'ai même osé nommer dans mes vers, de peur qu'on ne confondît cette reine de Syrie avec cette fameuse princesse d'Égypte, qui portoit même nom, et que l'idée de celle-ci, beaucoup plus connue que l'autre, ne semât une dangereuse préoccupation parmi les auditeurs.

On m'a souvent fait une question à la cour, quel étoit celui de mes poëmes que j'estimois le plus; et j'ai trouvé tous ceux qui me l'ont faite si prévenus en faveur de Cinna ou du Cid, que je n'ai jamais osé déclarer toute la tendresse que j'ai toujours eue pour celui-ci, à qui j'aurois volontiers donné mon suffrage, si je n'avois craint de manquer en quelque sorte au respect que je devois à ceux que je voyois pencher d'un autre côté. Cette préférence est peut-être en moi un effet de ces inclinations aveugles qu'ont beaucoup de pères pour quelques-uns de leurs enfants, plus que pour les autres : peut-être y entre-t-il un peu d'amour-propre, en ce que cette tragédie me semble être un peu plus à moi que celles qui l'ont précédée, à cause des incidents surprenants qui sont purement de mon invention, et n'avoient jamais été vus au théâtre; et peut-être enfin y a-t-il un peu de vrai mérite qui fait que cette inclination n'est pas tout-à-fait injuste. Je veux bien laisser chacun en liberté de ses sentiments; mais certainement on peut dire que mes autres pièces ont peu d'avantages qui ne se rencontrent en celle-ci. Elle a tout ensemble la beauté du sujet, la nouveauté des fictions, la force des vers, la facilité de l'expression, la solidité du raisonnement, la chaleur des passions, les tendresses de l'amour et de l'amitié; et cet heureux assemblage est ménagé de sorte qu'elle s'élève d'acte en acte : le second passe le premier, le troisième est au-dessus du second, et le dernier l'emporte sur tous les autres. L'action y est une, grande, complète. Sa durée ne va point, ou fort peu, au-delà de celle de la représentation. Le jour en est le plus illustre qu'on puisse imaginer; et l'unité de lieu s'y rencontre en la manière que je l'explique dans le troisième de mes discours, et avec l'indulgence que j'ai demandée pour le théâtre.

Ce n'est pas que je me flatte assez pour présumer qu'elle soit sans taches. On a fait tant d'objections contre la narration de Laonice au premier acte, qu'il est malaisé de ne donner pas les mains à quelques unes. Je ne la tiens pas toutefois si inutile qu'on la dit. Il est hors de doute que Cléopatre, dans le second, feroit connoître beaucoup de choses par sa confidence avec Laonice, et par le récit qu'elle en fait à ses deux fils, pour leur remettre devant les yeux combien ils lui ont d'obligation; mais ces deux scènes demeureroient assez obscures, si cette narration ne les avoit précédées; et du moins les justes défiances de Rodogune, à la fin du premier acte, et la peinture que Cléopatre fait d'elle-même dans son monologue qui ouvre le second, n'auroient pu se faire entendre sans ce secours.

J'avoue qu'elle est sans artifice, et qu'on la fait de sang-froid à un personnage protatique, qui se pourroit toutefois justifier par les deux exemples de Térence que j'ai cités sur ce sujet au premier discours. Timagène, qui l'écoute, n'est introduit que pour l'écouter, bien que je l'emploie au cinquième à faire celle de la mort de Séleucus, qui se pouvoit faire par un autre. Il l'écoute sans y avoir aucun intérêt notable, et par la simple curiosité d'apprendre ce qu'il pouvoit avoir su déja en la cour d'Égypte, où il était en assez bonne posture, étant gouverneur des neveux du roi, pour entendre des nouvelles assurées de tout ce qui se passoit dans la Syrie, qui en est voisine. D'ailleurs, ce qui ne peut recevoir d'excuse, c'est que, comme il y avoit déja quelque temps qu'il étoit de retour avec les princes, il n'y a pas d'apparence qu'il ait attendu ce grand jour de cérémonie pour s'informer de sa sœur comment se sont passés tous ces troubles qu'il dit ne savoir que confusément. Pollux, dans Médée, n'est qu'un personnage protatique qui écoute sans intérêt comme lui; mais sa surprise de voir Jason à Corinthe, où il vient d'arriver, et son séjour en Asie, que la mer en sépare, lui donnent juste sujet d'ignorer ce qu'il en apprend. La narration ne laisse pas de demeurer froide comme celle-ci, parce qu'il ne s'est encore rien passé dans la pièce, qui excite la curiosité de l'auditeur, ni qui lui puisse donner quelque émotion en l'écoutant. Mais si vous voulez réfléchir sur celle de Curiace, dans Horace, vous trouverez qu'elle fait un tout autre effet. Camille, qui l'écoute, a intérêt comme lui à savoir comment s'est faite une paix dont dépend leur mariage; et l'auditeur, que Sabine et elle n'ont entretenu que de leurs malheurs, et des appréhensions d'une bataille qui se va donner entre deux partis où elles voient leurs frères dans l'un et leur amour dans l'autre, n'a pas moins d'avidité qu'elle d'apprendre comment une paix si surprenante s'est pu conclure.

Ces défauts dans cette narration confirment ce que j'ai dit ailleurs, que, lorsque la tragédie a son fondement sur des guerres entre deux états, ou sur d'autres affaires publiques, il est très-malaisé d'introduire un acteur qui les ignore, et qui puisse recevoir le récit qui en doit instruire les spectateurs en parlant à lui.

J'ai déguisé quelque chose de la vérité historique en celui-ci. Cléopatre n'épousa Antiochus qu'en haine de ce que son mari avoit épousé Rodogune chez les Parthes; et je fais qu'elle ne l'épouse que par la nécessité de ses affaires, sur un faux bruit de la mort de Démétrius, tant pour ne la faire pas méchante sans nécessité, comme Ménélas, dans l'Oreste d'Euripide, que pour avoir lieu de feindre que Démétrius n'avoit pas encore épousé Rodogune, et venoit l'épouser dans son royaume pour la mieux établir en la place de l'autre, par le consentement de ses peuples, et assurer la couronne aux enfants qui naîtroient de ce mariage. Cette fiction m'étoit absolument nécessaire, afin qu'il fût tué avant que de l'avoir épousée, et que l'amour que ses deux fils ont pour elle ne fît point d'horreur aux spectateurs, qui n'auroient pas manqué d'en prendre une assez forte, s'ils les eussent vus amoureux de la veuve de leur père; tant cette affection incestueuse répugne à nos mœurs.

Cléopatre a lieu d'attendre ce jour-là à faire confidence à Laonice de ses desseins, et des véritables raisons de tout ce qu'elle a fait. Elle eût pu trahir son secret aux princes ou à Rodogune, si elle l'eût su plus tôt; et cette ambitieuse mère ne lui en fait part qu'au moment qu'elle veut bien qu'il éclate par la cruelle proposition qu'elle va faire à ses fils. On a trouvé celle que Rodogune leur fait à son tour indigne d'une personne vertueuse, comme je la peins; mais on n'a pas considéré qu'elle ne la fait pas, comme Cléopatre, avec espoir de la voir exécuter par les princes, mais seulement pour s'exempter d'en choisir aucun, et les attacher tous deux à sa protection par une espérance égale. Elle étoit avertie par Laonice de celle que la reine leur avoit faite, et devoit prévoir que, si elle se fût déclarée pour Antiochus qu'elle aimoit, son ennemie, qui avoit seule le secret de leur naissance, n'eût pas manqué de nommer Séleucus pour aîné, afin de les commettre l'un contre l'autre, et d'exciter une guerre civile qui eût pu causer sa perte. Ainsi elle devoit s'exempter de choisir, pour les contenir tous deux dans l'égalité de prétention; et elle n'en avoit point de meilleur moyen que de rappeler le souvenir de ce qu'elle devoit à la mémoire de leur père, qui avoit perdu la vie pour elle, et leur faire cette proposition qu'elle savoit bien qu'ils n'accepteroient pas. Si le traité de paix l'avoit forcée à se départir de ce juste sentiment de reconnoissance, la liberté qu'ils lui rendoient la rejetoit dans cette obligation. Il étoit de son devoir de venger cette mort; mais il étoit de celui des princes de ne se pas charger de cette vengeance. Elle avoue elle-même à Antiochus qu'elle les haïroit, s'ils lui avoient obéi; que, comme elle a fait ce qu'elle a dû par cette demande, ils font ce qu'ils doivent par leur refus; qu'elle aime trop la vertu pour vouloir être le prix d'un crime; et que la justice qu'elle demande de la mort de leur père seroit un parricide, si elle la recevoit de leurs mains.

Je dirai plus. Quand cette proposition seroit tout-à-fait condamnable en sa bouche, elle mériteroit quelque grace, et pour l'éclat que la nouveauté de l'invention a fait au théâtre, et pour l'embarras surprenant où elle jette les princes, et pour l'effet qu'elle produit dans le reste de la pièce, qu'elle conduit à l'actio historique. Elle est cause que Séleucus, par dépit, renonce au trône et à la possession de cette princesse; que la reine, le voulant animer contre son frère, n'en peut rien obtenir; et qu'enfin elle se résout par désespoir de les perdre tous deux plutôt que de se voir sujette de son ennemie.

Elle commence par Séleucus, tant pour suivre l'ordre de l'histoire, que parce que, s'il fût demeuré en vie après Antiochus et Rodogune, qu'elle vouloit empoisonner publiquement, il les auroit pu venger. Elle ne craint pas la même chose d'Antiochus pour son frère, d'autant qu'elle espère que le poison violent qu'elle lui a préparé fera un effet assez prompt pour le faire mourir avant qu'il ait pu rien savoir de cette autre mort, ou du moins avant qu'il l'en puisse convaincre; puisqu'elle a si bien pris son temps pour l'assassiner, que ce parricide n'a point eu de témoins. J'ai parlé ailleurs de l'adoucissement que j'ai apporté, pour empêcher qu'Antiochus n'en commît un en la forçant de prendre le poison qu'elle lui présente, et du peu d'apparence qu'il y avoit qu'un moment après qu'elle a expiré presque à sa vue il parlât d'amour et de mariage à Rodogune. Dans l'état où ils rentrent derrière le théâtre, ils peuvent le résoudre quand ils le jugeront à propos. L'action est complète, puisqu'ils sont hors de péril; et la mort de Séleucus m'a exempté de développer le secret du droit d'aînesse entre les deux frères, qui d'ailleurs n'eût jamais été croyable, ne pouvant être éclairci que par une bouche en qui l'on n'a pas vu assez de sincérité pour prendre aucune assurance sur son témoignage.

FIN DE L'EXAMEN DE RODOGUNE.

HÉRACLIUS,

EMPEREUR D'ORIENT,

TRAGÉDIE EN CINQ ACTES.

1647.

REMARQUE DE VOLTAIRE

SUR UN PASSAGE

CONCERNANT HÉRACLIUS.

Louis Racine, fils de l'admirable Jean Racine, a fait un traité de la poésie dramatique, avec des remarques sur les tragédies de son illustre père. Voici comme il s'explique sur l'*Héraclius* de Corneille.

« On croiroit devoir trouver quelque ressem-
« blance entre *Héraclius* et *Athalie*, parce qu'il
« s'agit dans ces pièces de remettre sur un trône
« usurpé un prince à qui ce trône appartient,
« et ce prince a été sauvé du carnage dans son
« enfance. Ces deux pièces n'ont cependant au-
« cune ressemblance entre elles, non seulement
« parce qu'il est bien différent de vouloir re-
« mettre sur le trône un prince en âge d'agir par
« lui-même, ou un enfant de huit ans, mais parce
« que Corneille a conduit son action d'une ma-

« nière si singulière et si compliquée, que ceux
« qui l'ont lue plusieurs fois, et même l'ont vu
« représenter, ont encore de la peine à l'entendre,
« et qu'on se lasse à la fin

D'un divertissement qui fait une fatigue.

« Dans *Héraclius*, sujet et incidents, tout est de
« l'invention du génie fécond de Corneille, qui,
« pour jeter de grands intérêts, a multiplié des
« incidents peu vraisemblables. Croira-t-on une
« mère capable de livrer son propre fils à la mort,
« pour élever sous ce nom le fils de l'empereur
« mort? Est-il vraisemblable que deux princes,
« se croyant toujours tous deux ce qu'ils ne sont
« pas, parce qu'ils ont été changés en nourrice,
« s'aiment tendrement, lorsque leur naissance
« les oblige à se détester, et même à se perdre?
« Ces choses ne sont pas impossibles; mais on
« aime mieux le merveilleux qui naît de la simpli-
« cité d'une action, que celui que peut produire
« cet amas confus d'incidents extraordinaires. Peu
« de personnes connoissent *Héraclius*; et qui ne
« connoît pas *Athalie*?

« Il y a d'ailleurs de grands défauts dans *Héra-
« clius*. Toute l'action est conduite par un per-
« sonnage subalterne qui n'intéresse point: c'est
« la reconnoissance qui fait le sujet, au lieu que

« la reconnoissance doit naître du sujet, et cau-
« ser la péripétie. Dans *Héraclius*, la péripétie
« précède la reconnoissance. La péripétie est la
« mort de Phocas : les deux princes ne sont re-
« connus qu'après cette mort ; et comme alors
« ils n'ont plus à le craindre, qu'importe au spec-
« tateur qui des deux soit Héraclius ? Il me paroît
« donc que le poëte qui s'est conformé aux prin-
« cipes d'Aristote, et qui a conduit sa pièce dans
« la simplicité des tragédies grecques, est celui
« qui a le mieux réussi. »

J'avoue que je ne suis pas de l'avis de M. Louis Racine en plusieurs points. Je crois qu'une mère peut livrer son fils à la mort pour sauver le fils de son empereur ; mais, pour rendre vraisemblable une action si peu naturelle, il faudrait que la mère eût été obligée d'en faire serment, qu'elle eût été forcée par la religion, par quelque motif supérieur à la nature : or, c'est ce qu'on ne trouve pas dans l'*Héraclius* de Pierre Corneille ; Léontine même est d'un caractère absolument incapable d'une piété si étrange ; c'est une intrigante, et même une très-méchante femme, qui réserve Héraclius à un inceste : de tels caractères ne sont pas capables d'une vertu surnaturelle.

REMARQUE

Je ne crois pas impossible qu'Héraclius et Martian aient de l'amitié l'un pour l'autre; je remarque seulement que cette amitié n'est guère théâtrale, et qu'elle ne produit aucun de ces grands mouvements nécessaires au théâtre.

A l'égard du dénouement, je crois que le critique a entièrement raison; mais je ne conçois pas comment il a voulu faire une comparaison d'*Athalie* et d'*Héraclius*, si ce n'est pour avoir une occasion de dire qu'*Héraclius* lui paraît un mauvais ouvrage.

Il faut bien pourtant qu'il y ait de grandes beautés dans *Héraclius*, puisqu'on le joue toujours avec applaudissement, quand il se trouve des acteurs convenables aux rôles.

Les lecteurs éclairés se sont aperçus sans doute qu'une tragédie écrite d'un style dur, inégal, rempli de solécismes, peut réussir au théâtre par les situations, et qu'au contraire une pièce parfaitement écrite peut n'être pas tolérée à la représentation. *Esther*, par exemple, est une preuve de cette vérité : rien n'est plus élégant, plus correct, que le style d'*Esther*; il est même quelquefois touchant et sublime : mais quand cette pièce fut jouée à Paris, elle ne fit aucun effet; le théâtre fut bientôt désert. C'est sans doute que le sujet est bien moins naturel, moins vraisemblable, moins intéressant que celui d'*Héraclius*. Quel roi qu'Assuérus, qui ne s'est pas fait informer, les six premiers mois de son mariage, de quel pays est sa femme; qui fait égorger toute une nation, parce qu'un homme de cette nation n'a pas fait la révérence à son visir; qui ordonne ensuite à ce visir de mener par la bride le cheval de ce même homme, etc.!

Le fond d'*Héraclius* est noble, théâtral, attachant; et le fond d'*Esther* n'était fait que pour des petites filles de couvent, et pour flatter madame de Maintenon.

A MONSEIGNEUR
SÉGUIER,
CHANCELIER DE FRANCE.

Monseigneur,

Je sais que cette tragédie n'est pas d'un genre assez relevé pour espérer légitimement que vous y daigniez jeter les yeux; et que, pour offrir quelque chose à votre grandeur, qui n'en fût pas entièrement indigne, j'aurois eu besoin d'une parfaite peinture de toute la vertu d'un Caton ou d'un Sénèque : mais comme je tâchois d'amasser des forces pour ce grand dessein, les nouvelles faveurs que j'ai reçues de vous m'ont donné une juste impatience de les publier; et les applaudissements qui ont suivi les représentations de ce poëme m'ont fait présumer que sa bonne fortune pourroit suppléer à son peu de mérite. La curiosité que son récit a laissée dans les esprits pour sa lecture m'a flatté aisément, jusqu'à me persuader que je ne pouvois prendre une plus heureuse occasion de leur faire savoir combien je vous suis redevable; et j'ai précipité ma reconnoissance, quand j'ai considéré qu'autant que je la différerois pour m'en acquitter plus dignement, autant je demeurerois dans les apparences d'une ingratitude inexcusable envers vous. Mais quand même les dernières obligations que je vous ai ne m'auroient pas fait cette glorieuse violence, il faut que je vous avoue ingénument que les intérêts de ma propre réputation m'en imposoient une très-pressante nécessité. Le bonheur de mes ouvrages ne la porte en aucun lieu où elle ne demeure fort douteuse, et où l'on ne se défie, avec raison, de ce qu'en dit la voix publique, parce qu'aucun d'eux n'y fait connoître l'honneur que j'ai d'être connu de vous. Cependant on sait par toute l'Europe l'accueil favorable que Votre Grandeur fait aux gens de lettres; que l'accès auprès de vous est ouvert et libre à tous ceux que les sciences ou les talents de l'esprit élèvent au-dessus du commun; que les caresses dont vous les honorez sont les marques les plus indubitables et les plus solides de ce qu'ils valent; et qu'enfin nos plus belles muses, que feu monseigneur le cardinal de Richelieu avoit choisies de sa main pour en composer un corps tout d'esprits, seroient encore inconsolables de sa perte, si elles n'avoient trouvé chez Votre Grandeur la même protection qu'elles rencontroient chez Son Éminence. Quelle apparence donc qu'en quelque climat où notre langue puisse avoir entrée on puisse croire qu'un homme mérite quelque véritable estime, si ses travaux n'y portent les assurances de l'état que vous en faites dans les hommages qu'il vous en doit? Trouvez bon, Monseigneur, que celui-ci, plus heureux que le reste des miens, affranchisse mon nom de la honte de ne vous en avoir point encore rendu, et que, pour affermir ce peu de réputation qu'ils m'ont acquis, il tire mes lecteurs d'un doute si légitime, en leur apprenant, non-seulement que je ne suis pas tout-à-fait inconnu, mais aussi même que votre bonté ne dédaigne pas de répandre sur moi votre bienveillance et vos graces; de sorte que, quand votre vertu ne me donneroit pas toutes les passions imaginables pour votre service, je serois le plus ingrat de tous les hommes, si je n'étois toute ma vie très-véritablement,

Monseigneur,

Votre très-humble, très-obéissant
et très-fidèle serviteur,
P. Corneille.

PRÉFACE
DE CORNEILLE.

Voici une hardie entreprise sur l'histoire, dont vous ne connoîtrez aucune chose dans cette tragédie que l'ordre de la succession des empereurs Tibère, Maurice, Phocas, et Héraclius. J'ai falsifié la naissance de ce dernier; mais ce n'a été qu'en sa faveur, et pour lui en donner une plus illustre, le faisant fils de l'empereur Maurice, bien qu'il ne le fût que d'un préteur d'Afrique de même nom que lui. J'ai prolongé la durée de l'empire de son prédécesseur de douze années, et lui ai donné un fils, quoique l'histoire n'en parle point, mais seulement d'une fille nommée Domitia, qu'il maria à un Priscus, ou Crispus. J'ai prolongé de même la vie de l'impératrice Constantine: comme j'ai fait régner ce tyran vingt ans au lieu de huit, je n'ai fait mourir cette princesse que dans la quinzième année de sa tyrannie, quoiqu'il l'eût sacrifiée à sa sûreté avec ses filles dès la cinquième. Je ne me mettrai pas en peine de justifier cette licence que j'ai prise; l'événement l'a assez justifiée, et les exemples des anciens que j'ai rapportés sur *Rodogune* semblent l'autoriser suffisamment : mais, à parler sans fard, je ne voudrois pas conseiller à personne de la tirer en exemple. C'est beaucoup hasarder, et l'on n'est pas toujours heureux; et, dans un dessein de cette nature, ce qu'un bon succès fait passer pour une ingénieuse hardiesse, un mauvais le fait prendre pour une témérité ridicule.

Baronius, parlant de la mort de l'empereur Maurice, et de celle de ses fils, que Phocas faisoit immoler à sa vue, rapporte une circonstance très-rare, dont j'ai pris l'occasion de former le nœud de cette tragédie, à qui elle sert de fondement. Cette nourrice eut tant de zèle pour ce malheureux prince, qu'elle exposa son propre fils au supplice, au lieu d'un des siens qu'on lui avoit donné à nourrir. Maurice reconnut l'échange, et l'empêcha, par une considération pieuse que cette extermination de toute sa famille étoit un juste jugement de Dieu, auquel il n'eût pas cru satisfaire, s'il eût souffert que le sang d'un autre eût payé pour celui d'un de ses fils. Mais quant à ce qui étoit de la mère, elle avoit surmonté l'affection maternelle en faveur de son prince, et l'on peut dire que son enfant étoit mort pour son regard. Comme j'ai cru que cette action étoit assez généreuse pour mériter une personne plus illustre à la produire, j'ai fait de cette nourrice une gouvernante. J'ai supposé que l'échange avoit eu son effet; et de cet enfant sauvé par la supposition d'un autre j'en ai fait Héraclius, le successeur de Phocas. Bien plus, j'ai feint que cette Léontine ne pouvoit cacher long-temps cet enfant que Maurice avoit commis à sa fidélité, vu la recherche exacte que Phocas en faisoit faire; et se voyant même déja soupçonnée, et prête à être découverte, se voulut mettre dans les bonnes grâces de ce tyran, en lui allant offrir ce petit prince dont il étoit en peine, au lieu duquel elle lui livra son propre fils Léonce. J'ai ajouté que par cette action Phocas fut tellement gagné, qu'il crut ne pouvoir remettre son fils Martian aux mains d'une personne qui lui fût plus acquise, d'autant que ce qu'elle venoit de faire l'avoit jetée, à ce qu'il croyoit, dans une haine irréconciliable avec les amis de Maurice, qu'il avoit seuls à craindre. Cette faveur où je la mets auprès de lui donne lieu à un second échange d'Héraclius, qu'elle nourrissoit comme son fils sous le nom de Léonce, avec Martian, que Phocas lui avoit confié. Je lui fais prendre l'occasion de l'éloignement de ce tyran, que j'arrête trois ans, sans revenir, à la guerre contre les Perses; et à son retour, je fais qu'elle lui donne Héraclius pour son fils, qui est dorénavant élevé auprès de lui sous le nom de Martian, pendant qu'elle retient le vrai Martian auprès d'elle, et le nourrit sous le nom de son Léonce, qu'elle avoit exposé pour l'autre. Comme ces deux princes sont grands, et que Phocas, abusé par ce dernier échange, presse Héraclius d'épouser Pulchérie, fille de Maurice, qu'il avoit réservée exprès seule de toute sa famille, afin qu'elle portât par ce mariage le droit et les titres de l'empire dans sa maison, Léontine, pour empêcher cette alliance incestueuse du frère et de la sœur, avertit Héraclius de sa naissance. Je serois trop long si je voulois ici toucher le reste des incidents d'un poëme si embarrassé, et me contenterai de vous avoir donné ces lumières, afin que vous en puissiez commencer la lecture avec moins d'obscurité. Vous vous souviendrez seulement qu'Héraclius passe pour Martian, fils de Phocas, et Martian pour Léonce, fils de Léontine, et qu'Héraclius sait qui il est, et qui est ce faux Léonce; mais que le vrai Martian, Phocas, ni Pulchérie, n'en savent rien, non plus que le reste des acteurs, hormis Léontine et sa fille Eudoxe.

On m'a fait quelque scrupule de ce qu'il n'est pas vraisemblable qu'une mère expose son fils à la mort pour en préserver un autre; à quoi j'ai deux réponses à faire: la première, que notre unique docteur Aristote nous permet de mettre quelquefois des choses qui même soient contre la raison et l'apparence, pourvu que ce soit hors de l'action, ou, pour me servir des termes latins de ses interprètes, *extra fabulam*, comme est ici cette supposition d'enfant, et nous donne pour exemple OEdipe, qui, ayant tué un roi de Thèbes, l'ignore encore vingt ans après; l'autre, que l'action étant vraie du côté de la mère, comme je l'ai remarqué tantôt, il ne faut plus s'informer si elle est vraisemblable, étant certain que toutes les vérités sont recevables dans la poésie, quoiqu'elle ne soit pas obligée à les suivre. La liberté qu'elle a de s'en écarter n'est pas une nécessité, et la vraisemblance n'est qu'une condition nécessaire à la disposition, et non pas au choix du sujet, ni des incidents qui sont appuyés de l'histoire. Tout ce qui entre dans le poëme doit être croyable; et il l'est, selon Aristote, par l'un de ces trois moyens, la vérité, la vraisemblance, ou l'opinion commune. J'irai plus outre; et, quoique peut-être on voudra prendre cette proposition pour un paradoxe, je ne craindrai point d'avancer que le sujet d'une belle tragédie doit n'être pas vraisemblable. La preuve en est aisée par le même Aristote, qui ne veut pas qu'on en compose une d'un ennemi qui tue son ennemi, parce que, bien que cela soit fort vraisemblable, il n'existe dans l'âme des spectateurs ni pitié ni crainte, qui sont les deux passions de la tragédie; mais il nous renvoie la choisir dans les évènements extraordinaires qui se passent entre personnes proches, comme d'un père qui tue son fils, une femme son mari, un frère sa sœur; ce qui, n'étant jamais vraisemblable, doit avoir l'autorité de l'histoire ou de l'opinion commune pour être cru : si bien qu'il n'est pas permis d'inventer un sujet de cette nature. C'est la raison qu'il donne de ce que les anciens traitoient presque les mêmes sujets, d'autant qu'ils rencontroient peu de familles où fussent arrivés de pareils désordres, qui font les belles et puissantes oppositions du devoir et de la passion.

Ce n'est pas le lieu de m'étendre ici plus au long sur cette matière : j'en ai dit ces deux mots en passant, par une nécessité de me défendre d'une objection qui détruiroit tout mon ouvrage, puisqu'elle va en saper le fondement, et non par ambition d'étaler mes maximes, qui peut-être ne sont pas généralement avouées des savants. Aussi ne donné-je ici mes opinions qu'à la mode de M. de Montaigne, non pour bonnes, mais pour miennes. Je m'en suis bien trouvé jusqu'à présent; mais je ne tiens pas impossible qu'on réussisse mieux en suivant les contraires.

PERSONNAGES.

PHOCAS, empereur d'Orient.
HÉRACLIUS, fils de l'empereur Maurice; cru Martian, fils de Phocas; amant d'Eudoxe.
MARTIAN, fils de Phocas, cru Léonce, fils de Léontine; amant de Pulchérie.
PULCHÉRIE, fille de l'empereur Maurice, maîtresse de Martian.
LÉONTINE, dame de Constantinople, autrefois gouvernante d'Héraclius et de Martian.
EUDOXE, fille de Léontine, et maîtresse d'Héraclius.
CRISPE, gendre de Phocas.
EXUPÈRE, patricien de Constantinople.
AMINTAS, ami d'Exupère.
Un page de Léontine.

La scène est à Constantinople.

HÉRACLIUS.

ACTE PREMIER.

SCÈNE I.

PHOCAS, CRISPE.

PHOCAS.

Crispe, il n'est que trop vrai; la plus belle couronne
N'a que de faux brillants dont l'éclat l'environne;
Et celui dont le ciel pour un sceptre fait choix,
Jusqu'à ce qu'il le porte, en ignore le poids.
Mille et mille douceurs y semblent attachées,
Qui ne sont qu'un amas d'amertumes cachées :
Qui croit les posséder les sent s'évanouir;
Et la peur de les perdre empêche d'en jouir.
Sur-tout, qui, comme moi, d'une obscure naissance
Monte par la révolte à la toute-puissance,
Qui de simple soldat à l'empire élevé
Ne l'a, que par le crime, acquis et conservé,
Autant que sa fureur s'est immolé de têtes,
Autant dessus la sienne il croit voir de tempêtes;

Et comme il n'a semé qu'épouvante et qu'horreur,
Il n'en recueille enfin que trouble et que terreur.
J'en ai semé beaucoup; et depuis quatre lustres
Mon trône n'est fondé que sur des morts illustres;
Et j'ai mis au tombeau pour régner sans effroi,
Tout ce que j'en ai vu de plus digne que moi.
Mais le sang répandu de l'empereur Maurice,
Ses cinq fils à ses yeux envoyés au supplice,
En vain en ont été les premiers fondements,
Si pour m'ôter le trône ils servent d'instruments.
On en fait revivre un au bout de vingt années.
Byzance ouvre, dis-tu, l'oreille à ces menées.
Et le peuple, amoureux de tout ce qui me nuit,
D'une croyance avide embrasse ce faux bruit,
Impatient déja de se laisser séduire
Au premier imposteur armé pour me détruire,
Qui, s'osant revêtir de ce fantôme aimé,
Voudra servir d'idole à son zèle charmé.
Mais sais-tu sous quel nom ce fâcheux bruit s'excite?

CRISPE.

Il nomme Héraclius celui qu'il ressuscite.

PHOCAS.

Quiconque en est l'auteur devoit mieux l'inventer.
Le nom d'Héraclius doit peu m'épouvanter :
Sa mort est trop certaine, et fut trop remarquable,
Pour craindre un grand effet d'une si vaine fable.
Il n'avoit que six mois; et, lui perçant le flanc,
On en fit dégoutter plus de lait que de sang.

Et ce prodige affreux, dont je tremblai dans l'ame,
Fut aussitôt suivi de la mort de ma femme.
Il me souvient encor qu'il fut deux jours caché,
Et que sans Léontine on l'eût long-temps cherché :
Il fut livré par elle, à qui pour récompense
Je donnai de mon fils à gouverner l'enfance,
Du jeune Martian, qui, d'âge presque égal,
Étoit resté sans mère en ce moment fatal.
Juge par là combien ce conte est ridicule.

CRISPE.

Tout ridicule, il plaît; et le peuple est crédule.
Mais avant qu'à ce conte il se laisse emporter,
Il vous est trop aisé de le faire avorter.
  Quand vous fîtes périr Maurice et sa famille,
Il vous en plut, seigneur, réserver une fille,
Et résoudre dès-lors qu'elle auroit pour époux
Ce prince destiné pour régner après vous.
Le peuple en sa personne aime encore et révère
Et son père Maurice et son aïeul Tibère,
Et vous verra sans trouble en occuper le rang,
S'il voit tomber leur sceptre au reste de leur sang.
Non, il ne courra plus après l'ombre du frère,
S'il voit monter la sœur dans le trône du père.
Mais pressez cet hymen : le prince aux champs de Mars,
Chaque jour, chaque instant, s'offre à mille hasards,
Et, n'eût été Léonce, en la dernière guerre
Ce dessein avec lui seroit tombé par terre,
Puisque, sans la valeur de ce jeune guerrier,

Martian demeuroit ou mort ou prisonnier.
Avant que d'y périr, s'il faut qu'il y périsse,
Qu'il vous laisse un neveu qui le soit de Maurice,
Et qui, réunissant l'une et l'autre maison,
Tire chez vous l'amour qu'on garde pour son nom.

PHOCAS.

Hélas! de quoi me sert ce dessein salutaire,
Si pour en voir l'effet tout me devient contraire?
Pulchérie et mon fils ne se trouvent d'accord
Qu'à fuir cet hyménée à l'égal de la mort;
Et les aversions entre eux deux mutuelles
Les font d'intelligence à se montrer rebelles.
La princesse sur-tout frémit à mon aspect;
Et, quoiqu'elle étudie un peu de faux respect,
Le souvenir des siens, l'orgueil de sa naissance,
L'emporte à tous moments à braver ma puissance.
Sa mère, que long-temps je voulus épargner,
Et qu'en vain par douceur j'espérai de gagner,
L'a de la sorte instruite; et ce que je vois suivre
Me punit bien du trop que je la laissai vivre.

CRISPE.

Il faut agir de force avec de tels esprits,
Seigneur; et qui les flatte endurcit leurs mépris :
La violence est juste où la douceur est vaine.

PHOCAS.

C'est par là qu'aujourd'hui je veux dompter sa haine :
Je l'ai mandée exprès, non plus pour la flatter,
Mais pour prendre mon ordre, et pour l'exécuter.

CRISPE.

Elle entre.

SCÈNE II.

PHOCAS, PULCHÉRIE, CRISPE.

PHOCAS.

Enfin, madame, il est temps de vous rendre :
Le besoin de l'état défend de plus attendre ;
Il lui faut des Césars ; et je me suis promis
D'en voir naître bientôt de vous et de mon fils.
Ce n'est pas exiger grande reconnoissance
Des soins que mes bontés ont pris de votre enfance,
De vouloir qu'aujourd'hui, pour prix de mes bienfaits,
Vous daigniez accepter les dons que je vous fais.
Ils ne font point de honte au rang le plus sublime ;
Ma couronne et mon fils valent bien quelque estime :
Je vous les offre encore après tant de refus :
Mais apprenez aussi que je n'en souffre plus ;
Que de force ou de gré je me veux satisfaire ;
Qu'il me faut craindre en maître, ou me chérir en père ;
Et que, si votre orgueil s'obstine à me haïr,
Qui ne peut être aimé se peut faire obéir.

PULCHÉRIE.

J'ai rendu jusqu'ici cette reconnoissance
A ces soins tant vantés d'élever mon enfance,
Que, tant qu'on m'a laissée en quelque liberté,

J'ai voulu me défendre avec civilité :
Mais puisqu'on use enfin d'un pouvoir tyrannique,
Je vois bien qu'à mon tour il faut que je m'explique,
Que je me montre entière à l'injuste fureur,
Et parle à mon tyran en fille d'empereur.
 Il falloit me cacher avec quelque artifice
Que j'étois Pulchérie, et fille de Maurice,
Si tu faisois dessein de m'éblouir les yeux,
Jusqu'à prendre tes dons pour des dons précieux.
Vois quels sont ces présents dont le refus t'étonne :
Tu me donnes, dis-tu, ton fils et ta couronne;
Mais que me donnes-tu, puisque l'une est à moi,
Et l'autre en est indigne étant sorti de toi?
Ta libéralité me fait peine à comprendre :
Tu parles de donner quand tu ne fais que rendre;
Et puisque avecque moi tu veux le couronner,
Tu ne me rends mon bien que pour te le donner.
Tu veux que cet hymen que tu m'oses prescrire
Porte dans ta maison les titres de l'empire,
Et de cruel tyran, d'infame ravisseur,
Te fasse vrai monarque et juste possesseur.
Ne reproche donc plus à mon ame indignée
Qu'en perdant tous les miens tu m'as seule épargnée :
Cette feinte douceur, cette ombre d'amitié,
Vint de ta politique, et non de ta pitié;
Ton intérêt dès-lors fit seul cette réserve :
Tu m'as laissé la vie afin qu'elle te serve;
Et, mal sûr dans un trône où tu crains l'avenir,

ACTE I, SCENE II.

Tu ne m'y veux placer que pour t'y maintenir;
Tu ne m'y fais monter que de peur d'en descendre.
Mais connois Pulchérie, et cesse de prétendre.
Je sais qu'il m'appartient ce trône où tu te sieds;
Que c'est à moi d'y voir tout le monde à mes pieds :
Mais comme il est encor teint du sang de mon père,
S'il n'est lavé du tien il ne sauroit me plaire;
Et ta mort, que mes vœux s'efforcent de hâter,
Est l'unique degré par où j'y veux monter.
Voilà quelle je suis, et quelle je veux être.
Qu'un autre t'aime en père, ou te redoute en maître,
Le cœur de Pulchérie est trop haut et trop franc
Pour craindre ou pour flatter le bourreau de son sang.

PHOCAS.

J'ai forcé ma colère à te prêter silence,
Pour voir à quel excès iroit ton insolence :
J'ai vu ce qui t'abuse et me fait mépriser,
Et t'aime encore assez pour te désabuser.

N'estime plus mon sceptre usurpé sur ton père,
Ni que pour l'appuyer ta main soit nécessaire.
Depuis vingt ans je règne, et je règne sans toi;
Et j'en eus tout le droit du choix qu'on fit de moi.
Le trône où je me sieds n'est pas un bien de race :
L'armée a ses raisons pour remplir cette place;
Son choix en est le titre; et tel est notre sort,
Qu'une autre élection nous condamne à la mort :
Celle qu'on fit de moi fut l'arrêt de Maurice :
J'en vis avec regret le triste sacrifice;

Au repos de l'état il fallut l'accorder;
Mon cœur, qui résistoit, fut contraint de céder.
Mais pour remettre un jour l'empire en sa famille
Je fis ce que je pus, je conservai sa fille;
Et, sans avoir besoin de titres ni d'appui,
Je te fais part d'un bien qui n'étoit plus à lui.

PULCHÉRIE.

Un chétif centenier des troupes de Mysie,
Qu'un gros de mutinés élut par fantaisie,
Oser arrogamment se vanter à mes yeux
D'être juste seigneur du bien de mes aïeux!
Lui qui n'a pour l'empire autre droit que ses crimes,
Lui qui de tous les miens fit autant de victimes,
Croire s'être lavé d'un si noir attentat
En imputant leur perte au repos de l'état!
Il fait plus, il me croit digne de cette excuse!
Souffre, souffre à ton tour que je te désabuse :
Apprends que, si jadis quelques séditions
Usurpèrent le droit de ces élections,
L'empire étoit chez nous un droit héréditaire;
Maurice ne l'obtint qu'en gendre de Tibère;
Et l'on voit depuis lui remonter mon destin
Jusqu'au grand Théodose, et jusqu'à Constantin.
Et je pourrois avoir l'ame assez abattue....

PHOCAS.

Hé bien! si tu le veux, je te le restitue
Cet empire, et consens encor que ta fierté
Impute à mes remords l'effet de ma bonté.

Dis que je te le rends, et te fais des caresses
Pour apaiser des tiens les ombres vengeresses,
Et tout ce qui pourra sous quelque autre couleur
Autoriser ta haine et flatter ta douleur :
Pour un dernier effort je veux souffrir la rage
Qu'allume dans ton cœur cette sanglante image.
Mais que t'a fait mon fils ? Étoit-il, au berceau,
Des tiens que je perdis le juge ou le bourreau ?
Tant de vertu qu'en lui le monde entier admire
Ne l'ont-elles pas fait trop digne de l'empire ?
En ai-je eu quelque espoir qu'il n'ait assez rempli ?
Et voit-on sous le ciel prince plus accompli ?
Un cœur comme le tien, si grand, si magnanime....

PULCHÉRIE.

Va, je ne confonds point ses vertus et ton crime ;
Comme ma haine est juste, et ne m'aveugle pas,
J'en vois assez en lui pour les plus grands états :
J'admire chaque jour les preuves qu'il en donne ;
J'honore sa valeur, j'estime sa personne ;
Et penche d'autant plus à lui vouloir du bien,
Que s'en voyant indigne il ne demande rien,
Que ses longues froideurs témoignent qu'il s'irrite
De ce qu'on veut de moi par-delà son mérite,
Et que de tes projets son cœur triste et confus
Pour m'en faire justice approuve mes refus.
Ce fils si vertueux d'un père si coupable,
S'il ne devoit régner, me pourroit être aimable ;
Et cette grandeur même où tu veux le porter

Est l'unique motif qui m'y fait résister.
Après l'assassinat de ma famille entière,
Quand tu ne m'as laissé père, mère, ni frère,
Que j'en fasse ton fils légitime héritier!
Que j'assure par là leur trône au meurtrier!
Non, non; si tu me crois le cœur si magnanime
Qu'il ose séparer ses vertus de ton crime,
Sépare tes présents, et ne m'offre aujourd'hui
Que ton fils sans le sceptre, ou le sceptre sans lui.
Avise; et si tu crains qu'il te fût trop infame
De remettre l'empire en la main d'une femme,
Tu peux dès aujourd'hui le voir mieux occupé :
Le ciel me rend un frère à ta rage échappé;
On dit qu'Héraclius est tout prêt de paroître,
Tyran, descends du trône, et fais place à ton maître.

PHOCAS.

A ce compte, arrogante, un fantôme nouveau,
Qu'un murmure confus fait sortir du tombeau,
Te donne cette audace et cette confiance!
Ce bruit s'est fait déja digne de ta croyance!
Mais...

PULCHÉRIE.

   Je sais qu'il est faux; pour t'assurer ce rang
Ta rage eut trop de soin de verser tout mon sang :
Mais la soif de ta perte en cette conjoncture
Me fait aimer l'auteur d'une belle imposture.
Au seul nom de Maurice il te fera trembler :
Puisqu'il se dit son fils, il veut lui ressembler;

Et cette ressemblance où son courage aspire
Mérite mieux que toi de gouverner l'empire.
J'irai par mon suffrage affermir cette erreur,
L'avouer pour mon frère et pour mon empereur,
Et dedans son parti jeter tout l'avantage
Du peuple convaincu par mon premier hommage.
  Toi, si quelque remords te donne un juste effroi,
Sors du trône, et te laisse abuser comme moi :
Prends cette occasion de te faire justice.

PHOCAS.

Oui, je me la ferai bientôt par ton supplice;
Ma bonté ne peut plus arrêter mon devoir :
Ma patience a fait par-delà son pouvoir :
Qui se laisse outrager mérite qu'on l'outrage;
Et l'audace impunie enfle trop un courage.
Tonne, menace, brave, espère en de faux bruits;
Fortifie, affermis ceux qu'ils auront séduits;
Dans ton ame à ton gré change ma destinée :
Mais choisis pour demain la mort ou l'hyménée.

PULCHÉRIE.

Il n'est pas pour ce choix besoin d'un grand effort
A qui hait l'hyménée et ne craint point la mort.

PHOCAS.

Dis, si tu veux encor, que ton cœur la souhaite.

SCÈNE III.

PHOCAS, PULCHÉRIE, HÉRACLIUS, CRISPE.

(Dans cette scène et la suivante Héraclius passe pour Martian, et Martian pour Léonce. Héraclius se connoît, mais Martian ne se connoît pas.)

PHOCAS, à Héraclius.

Approche, Martian, que je te le répète.
Cette ingrate furie, après tant de mépris,
Conspire encor la perte et du père et du fils.
Elle-même a semé cette erreur populaire
D'un faux Héraclius qu'elle accepte pour frère;
Mais quoi qu'à ces mutins elle puisse imposer,
Demain ils la verront mourir ou t'épouser.

HÉRACLIUS.

Seigneur...

PHOCAS.

Garde sur toi d'attirer ma colère.

HÉRACLIUS.

Dussé-je mal user de cet amour de père,
Étant ce que je suis, je me dois quelque effort
Pour vous dire, seigneur, que c'est vous faire tort,
Et que c'est trop montrer d'injuste défiance
De ne pouvoir régner que par son alliance :
Sans prendre un nouveau droit du nom de son époux,
Ma naissance suffit pour régner après vous.
J'ai du cœur, et tiendrois l'empire même infame,
S'il falloit le tenir de la main d'une femme.

PHOCAS.
Hé bien! elle mourra : tu n'en as pas besoin.
HÉRACLIUS.
De vous-même, seigneur, daignez mieux prendre soin :
Le peuple aime Maurice; en perdre ce qui reste
Nous rendroit ce tumulte au dernier point funeste.
Au nom d'Héraclius à demi soulevé,
Vous verriez par sa mort le désordre achevé.
Il vaut mieux la priver du rang qu'elle rejette,
Faire régner une autre, et la laisser sujette;
Et d'un parti plus bas punissant son orgueil...
PHOCAS.
Quand Maurice peut tout du creux de son cercueil,
A ce fils supposé dont il me faut défendre
Tu parles d'ajouter un véritable gendre!
HÉRACLIUS.
Seigneur, j'ai des amis chez qui cette moitié...
PHOCAS.
A l'épreuve d'un sceptre il n'est point d'amitié,
Point qui ne s'éblouisse à l'éclat de sa pompe,
Point qu'après son hymen sa haine ne corrompe.
Elle mourra, te dis-je.
PULCHÉRIE.
     Ah! ne m'empêchez pas
De rejoindre les miens par un heureux trépas.
La vapeur de mon sang ira grossir le foudre
Que Dieu tient déja prêt à le réduire en poudre;
Et ma mort en servant de comble à tant d'horreurs...

PHOCAS.

Par ses remerciements juge de ses fureurs.
J'ai prononcé l'arrêt, il faut que l'effet suive.
Résous-la de t'aimer, si tu veux qu'elle vive;
Sinon, j'en jure encore, et ne t'écoute plus,
Son trépas dès demain punira ses refus.

SCÈNE IV.
PULCHÉRIE, HÉRACLIUS, MARTIAN.
HÉRACLIUS.

En vain il se promet que sous cette menace
J'espère en votre cœur surprendre quelque place;
Votre refus est juste, et j'en sais les raisons.
Ce n'est pas à nous deux d'unir les deux maisons;
D'autres destins, madame, attendent l'un et l'autre;
Ma foi m'engage ailleurs aussi bien que la vôtre;
Vous aurez en Léonce un digne possesseur;
Je serai trop heureux d'en posséder la sœur.
Ce guerrier vous adore, et vous l'aimez de même;
Je suis aimé d'Eudoxe autant comme je l'aime :
Léontine leur mère est propice à nos vœux;
Et quelque effort qu'on fasse à rompre ces beaux nœuds,
D'un amour si parfait les chaînes sont si belles,
Que nos captivités doivent être éternelles.

PULCHÉRIE.

Seigneur, vous connoissez ce cœur infortuné :
Léonce y peut beaucoup; vous me l'avez donné;

ACTE I, SCENE IV.

Et votre main illustre augmente le mérite
Des vertus dont l'éclat pour lui me sollicite.
Mais à d'autres pensers il me faut recourir :
Il n'est plus temps d'aimer alors qu'il faut mourir;
Et quand à ce départ une ame se prépare...

HÉRACLIUS.

Redoutez un peu moins les rigueurs d'un barbare.
Pardonnez-moi ce mot; pour vous servir d'appui,
J'ai peine à reconnoître encore un père en lui.
Résolu de périr pour vous sauver la vie,
Je sens tous mes respects céder à cette envie :
Je ne suis plus son fils, s'il en veut à vos jours;
Et mon cœur tout entier vole à votre secours.

PULCHÉRIE.

C'est donc avec raison que je commence à craindre,
Non la mort, non l'hymen, où l'on veut me contraindre,
Mais ce péril extrême où, pour me secourir,
Je vois votre grand cœur aveuglément courir.

MARTIAN.

Ah, mon prince! ah, madame! il vaut mieux vous résoudre
Par un heureux hymen à dissiper ce foudre.
Au nom de votre amour, et de votre amitié,
Prenez de votre sort tous deux quelque pitié.
Que la vertu du fils, si pleine et si sincère,
Vainque la juste horreur que vous avez du père;
Et pour mon intérêt n'exposez pas tous deux...

HÉRACLIUS.

Que me dis-tu, Léonce? et qu'est-ce que tu veux?

Tu m'as sauvé la vie; et pour reconnoissance
Je voudrois à tes feux ôter leur récompense;
Et, ministre insolent d'un prince furieux,
Couvrir de cette honte un nom si glorieux :
Ingrat à mon ami, perfide à ce que j'aime,
Cruel à la princesse, odieux à moi-même!
 Je te connois, Léonce, et mieux que tu ne crois;
Je sais ce que tu vaux, et ce que je te dois.
Son bonheur est le mien, madame; et je vous donne
Léonce et Martian en la même personne;
C'est Martian en lui que vous favorisez.
Opposons la constance aux périls opposés.
Je vais près de Phocas essayer la prière;
Et si je n'en obtiens la grace tout entière,
Malgré le nom de père et le titre de fils,
Je deviens le plus grand de tous ses ennemis.
Oui, si sa cruauté s'obstine à votre perte,
J'irai pour l'empêcher jusqu'à la force ouverte;
Et puisse, si le ciel m'y voit rien épargner,
Un faux Héraclius en ma place régner!
Adieu, madame.

SCÈNE V.

PULCHÉRIE, MARTIAN.

PULCHÉRIE.

 Adieu, prince trop magnanime,
Prince digne en effet d'un trône acquis sans crime,

Digne d'un autre père. Ah! Phocas! ah! tyran!
Se peut-il que ton sang ait formé Martian?
Mais allons, cher Léonce, admirant son courage,
Tâcher de notre part à repousser l'orage.
Tu t'es fait des amis, je sais des mécontents;
Le peuple est ébranlé, ne perdons point de temps :
L'honneur te le commande, et l'amour t'y convie.
MARTIAN.
Pour otage en ses mains ce tigre a votre vie;
Et je n'oserai rien qu'avec un juste effroi
Qu'il ne venge sur vous ce qu'il craindra de moi.
PULCHÉRIE.
N'importe; à tout oser le péril doit contraindre :
Il ne faut craindre rien quand on a tout à craindre.
Allons examiner pour ce coup généreux
Les moyens les plus prompts et les moins dangereux.

FIN DU PREMIER ACTE.

ACTE SECOND.

SCÈNE I.

LÉONTINE, EUDOXE.

LÉONTINE.

Voila ce que j'ai craint de son ame enflammée.
EUDOXE.
S'il m'eût caché son sort, il m'auroit mal aimée.
LÉONTINE.
Avec trop d'imprudence il vous l'a révélé.
Vous êtes fille, Eudoxe, et vous avez parlé :
Vous n'avez pu savoir cette grande nouvelle
Sans le dire à l'oreille à quelque ame infidèle,
A quelque esprit léger, ou de votre heur jaloux,
A qui ce grand secret a pesé comme à vous.
C'est par là qu'il est su, c'est par là qu'on publie
Ce prodige étonnant d'Héraclius en vie ;
C'est par là qu'un tyran plus instruit que troublé
De l'ennemi secret qui l'auroit accablé,
Ajoutera bientôt sa mort à tant de crimes,
Et se sacrifiera pour nouvelles victimes
Ce prince dans son sein pour son fils élevé,

Vous qu'adore son ame, et moi qui l'ai sauvé.
Voyez combien de maux pour n'avoir su vous taire!

EUDOXE.

Madame, mon respect souffre tout d'une mère,
Qui, pour peu qu'elle veuille écouter la raison,
Ne m'accusera plus de cette trahison :
Car c'en est une enfin bien digne de supplice,
Qu'avoir d'un tel secret donné le moindre indice.

LÉONTINE.

Et qui donc aujourd'hui le fait connoître à tous?
Est-ce le prince, ou moi?

EUDOXE.

Ni le prince, ni vous.
De grace, examinez ce bruit qui vous alarme.
On dit qu'il est en vie, et son nom seul les charme;
On ne dit point comment vous trompâtes Phocas,
Livrant un de vos fils pour ce prince au trépas;
Ni comme après, du sien étant la gouvernante,
Par une tromperie encor plus importante,
Vous en fîtes l'échange, et, prenant Martian,
Vous laissâtes pour fils ce prince à son tyran :
En sorte que le sien passe ici pour mon frère,
Cependant que de l'autre il croit être le père,
Et voit en Martian Léonce qui n'est plus,
Tandis que sous ce nom il aime Héraclius.
On diroit tout cela si, par quelque imprudence,
Il m'étoit échappé d'en faire confidence :
Mais, pour toute nouvelle, on dit qu'il est vivant;

Aucun n'ose pousser l'histoire plus avant.
Comme ce sont pour tous des routes inconnues,
Il semble à quelques uns qu'il doit tomber des nues;
Et j'en sais tel qui croit, dans sa simplicité,
Que pour punir Phocas Dieu l'a ressuscité.
Mais le voici.

SCÈNE II.

HÉRACLIUS, LÉONTINE, EUDOXE.

HÉRACLIUS.

Madame, il n'est plus temps de taire
D'un si profond secret le dangereux mystère;
Le tyran, alarmé du bruit qui le surprend,
Rend ma crainte trop juste et le péril trop grand:
Non que de ma naissance il fasse conjecture;
Au contraire il prend tout pour grossière imposture,
Et me connoît si peu, que, pour la renverser,
A l'hymen qu'il souhaite il prétend me forcer.
Il m'oppose à mon nom qui le vient de surprendre:
Je suis fils de Maurice, il m'en veut faire gendre,
Et s'acquérir les droits d'un prince si chéri
En me donnant moi-même à ma sœur pour mari.
En vain nous résistons à son impatience,
Elle par haine aveugle, et moi par connoissance;
Lui, qui ne conçoit rien de l'obstacle éternel
Qu'oppose la nature à ce nœud criminel,

Menace Pulchérie au refus obstinée,
Lui propose à demain la mort ou l'hyménée.
J'ai fait pour le fléchir un inutile effort :
Pour éviter l'inceste elle n'a que la mort.
Jugez s'il n'est pas temps de montrer qui nous sommes,
De cesser d'être fils du plus méchant des hommes,
D'immoler mon tyran aux périls de ma sœur,
Et de rendre à mon père un juste successeur.

LÉONTINE.

Puisque vous ne craignez que sa mort, ou l'inceste,
Je rends graces, seigneur, à la bonté céleste
De ce qu'en ce grand bruit le sort nous est si doux,
Que nous n'avons encor rien à craindre pour vous.
Votre courage seul nous donne lieu de craindre :
Modérez-en l'ardeur, daignez vous y contraindre ;
Et puisque aucun soupçon ne dit rien à Phocas,
Soyez encor son fils, et ne vous montrez pas.
De quoi que ce tyran menace Pulchérie,
J'aurai trop de moyens d'arrêter sa furie,
De rompre cet hymen, ou de le retarder,
Pourvu que vous vouliez ne vous point hasarder.
Répondez-moi de vous, et je vous réponds d'elle.

HÉRACLIUS.

Jamais l'occasion ne s'offrira si belle.
Vous voyez un grand peuple à demi révolté,
Sans qu'on sache l'auteur de cette nouveauté.
Il semble que de Dieu la main appesantie,
Se faisant du tyran l'effroyable partie,

Veuille avancer par là son juste châtiment;
Que, par un si grand bruit semé confusément,
Il dispose les cœurs à prendre un nouveau maître,
Et presse Héraclius de se faire connoître.
C'est à nous de répondre à ce qu'il en prétend :
Montrons Héraclius au peuple qui l'attend;
Évitons le hasard qu'un imposteur l'abuse,
Et qu'après s'être armé d'un nom que je refuse,
De mon trône, à Phocas, sous ce titre, arraché,
Il puisse me punir de m'être trop caché.
Il ne sera pas temps, madame, de lui dire
Qu'il me rende mon nom, ma naissance, et l'empire,
Quand il se prévaudra de ce nom déjà pris
Pour me joindre au tyran dont je passe pour fils.

LÉONTINE.

Sans vous donner pour chef à cette populace,
Je romprai bien encor ce coup, s'il vous menace.
Mais gardons jusqu'au bout ce secret important;
Fiez-vous plus à moi qu'à ce peuple inconstant.
Ce que j'ai fait pour vous depuis votre naissance
Semble digne, seigneur, de cette confiance.
Je ne laisserai point mon ouvrage imparfait;
Et bientôt mes desseins auront leur plein effet :
Je punirai Phocas, je vengerai Maurice :
Mais aucun n'aura part à ce grand sacrifice.
J'en veux toute la gloire, et vous me la devez :
Vous régnerez par moi, si par moi vous vivez.
Laissez entre mes mains mûrir vos destinées,

ACTE II, SCENE II.

Et ne hasardez point le fruit de vingt années.

EUDOXE.

Seigneur, si votre amour peut écouter mes pleurs,
Ne vous exposez point au dernier des malheurs.
La mort de ce tyran, quoique trop légitime,
Aura, dedans vos mains, l'image d'un grand crime :
Le peuple pour miracle osera maintenir
Que le ciel par son fils l'aura voulu punir;
Et sa haine obstinée après cette chimère
Vous croira parricide en vengeant votre père;
La vérité n'aura ni le nom ni l'effet
Que d'un adroit mensonge à couvrir ce forfait;
Et d'une telle erreur l'ombre sera trop noire
Pour ne pas obscurcir l'éclat de votre gloire.
Je sais bien que l'ardeur de venger vos parents....

HÉRACLIUS.

Vous en êtes aussi, madame, et je me rends;
Je n'examine rien, et n'ai pas la puissance
De combattre l'amour et la reconnoissance.
Le secret est à vous, et je serois ingrat
Si, sans votre congé, j'osois en faire éclat,
Puisque, sans votre aveu, toute mon aventure
Passeroit pour un songe, ou pour une imposture.
Je dirai plus; l'empire est plus à vous qu'à moi,
Puisqu'à Léonce mort tout entier je le doi :
C'est le prix de son sang; c'est pour y satisfaire
Que je rends à la sœur ce que je tiens du frère.
Non que pour m'acquitter par cette élection

Mon devoir ait forcé mon inclination :
Il présenta mon cœur aux yeux qui le charmèrent,
Il prépara mon ame au feu qu'ils allumèrent;
Et ces yeux tout divins, par un soudain pouvoir,
Achevèrent sur moi l'effet de ce devoir.
Oui, mon cœur, chère Eudoxe, à ce trône n'aspire
Que pour vous voir bientôt maîtresse de l'empire.
Je ne me suis voulu jeter dans le hasard
Que par la seule soif de vous en faire part;
C'étoit là tout mon but. Pour éviter l'inceste
Je n'ai qu'à m'éloigner de ce climat funeste;
Mais si je me dérobe au rang qui vous est dû,
Ce sera pour moi seul que vous l'aurez perdu;
Seul je vous ôterai ce que je vous dois rendre.
Disposez des moyens et du temps de le prendre;
Quand vous voudrez régner, faites-m'en possesseur :
Mais comme enfin j'ai lieu de craindre pour ma sœur,
Tirez-la dans ce jour de ce péril extrême,
Ou demain je ne prends conseil que de moi-même.

LÉONTINE.

Reposez-vous sur moi, seigneur, de tout son sort,
Et n'en appréhendez ni l'hymen ni la mort.

SCÈNE III.

LÉONTINE, EUDOXE.

LÉONTINE.

Ce n'est plus avec vous qu'il faut que je déguise;
A ne vous rien cacher son amour m'autorise :
Vous saurez les desseins de tout ce que j'ai fait,
Et pourrez me servir à presser leur effet.
  Notre vrai Martian adore la princesse :
Animons toutes deux l'amant pour la maîtresse;
Faisons que son amour nous venge de Phocas,
Et de son propre fils arme pour nous le bras.
Si j'ai pris soin de lui, si je l'ai laissé vivre,
Si je perdis Léonce, et ne le fis pas suivre,
Ce fut sur l'espoir seul qu'un jour pour s'agrandir
A ma pleine vengeance il pourroit s'enhardir.
Je ne l'ai conservé que pour ce parricide.

EUDOXE.

Ah, madame!

LÉONTINE.

  Ce mot déja vous intimide!
C'est à de telles mains qu'il nous faut recourir;
C'est par là qu'un tyran est digne de périr;
Et le courroux du ciel, pour en purger la terre,
Nous doit un parricide au refus du tonnerre.
C'est à nous qu'il remet de l'y précipiter :
Phocas le commettra, s'il le peut éviter;

Et nous immolerons au sang de votre frère
Le père par le fils, ou le fils par le père.
L'ordre est digne de nous, le crime est digne d'eux :
Sauvons Héraclius au péril de tous deux.

EUDOXE.

Je sais qu'un parricide est digne d'un tel père.
Mais faut-il qu'un tel fils soit en péril d'en faire ?
Et sachant sa vertu, pouvez-vous justement
Abuser jusque-là de son aveuglement ?

LÉONTINE.

Dans le fils d'un tyran l'odieuse naissance
Mérite que l'erreur arrache l'innocence,
Et que, de quelque éclat qu'il se soit revêtu,
Un crime qu'il ignore en souille la vertu.

SCÈNE IV.

LÉONTINE, EUDOXE, UN PAGE.

LE PAGE.

Exupère, madame, est là qui vous demande.

LÉONTINE.

Exupère ! A ce nom que ma surprise est grande !
Qu'il entre. A quel dessein vient-il parler à moi,
Lui que je ne vois point, qu'à peine je connoi ?
Dans l'ame il hait Phocas, qui s'immola son père ;
Et sa venue ici cache quelque mystère.
Je vous l'ai déja dit, votre langue nous perd.

SCÈNE V.

EXUPÈRE, LÉONTINE, EUDOXE.

EXUPÈRE.

Madame, Héraclius vient d'être découvert.

LÉONTINE, à Eudoxe.

Hé bien!

EUDOXE.

Si...

LÉONTINE.

(à Eudoxe.)   (à Exupère.)

Taisez-vous... Depuis quand?

EXUPÈRE.

Tout-à-l'heure.

LÉONTINE.

Et déja l'empereur a commandé qu'il meure?

EXUPÈRE.

Le tyran est bien loin de s'en voir éclairci.

LÉONTINE.

Comment?

EXUPÈRE.

Ne craignez rien, madame, le voici.

LÉONTINE.

Je ne vois que Léonce.

EXUPÈRE.

Ah! quittez l'artifice.

SCÈNE VI.

MARTIAN, LÉONTINE, EXUPÈRE, EUDOXE.

MARTIAN.

Madame, dois-je croire un billet de Maurice?
Voyez si c'est sa main, ou s'il est contrefait;
Dites s'il me détrompe, ou m'abuse en effet,
Si je suis votre fils, ou s'il étoit mon père :
Vous en devez connoître encor le caractère.

LÉONTINE lit le billet.

Léontine a trompé Phocas,
Et, livrant pour mon fils un des siens au trépas,
Dérobe à sa fureur l'héritier de l'empire.
O vous, qui me restez de fidèles sujets,
Honorez son grand zèle, appuyez ses projets.
Sous le nom de Léonce Héraclius respire.

MAURICE.

(Elle rend le billet à Exupère.)

Seigneur, il vous dit vrai; vous étiez en mes mains
Quand on ouvrit Byzance au pire des humains.
Maurice m'honora de cette confiance;
Mon zèle y répondit par-delà sa croyance.
Le voyant prisonnier et ses quatre autres fils,
Je cachai quelques jours ce qu'il m'avoit commis;
Mais enfin, toute prête à me voir découverte,
Ce zèle sur mon sang détourna votre perte.
J'allai pour vous sauver vous offrir à Phocas;

Mais j'offris votre nom, et ne vous donnai pas.
La généreuse ardeur de sujette fidèle
Me rendit pour mon prince à moi-même cruelle;
Mon fils fut pour mourir le fils de l'empereur;
J'éblouis le tyran, je trompai sa fureur;
Léonce au lieu de vous lui servit de victime.
(Elle fait un soupir.)
Ah! pardonnez, de grace; il m'échappe sans crime.
J'ai pris pour vous sa vie, et lui rends un soupir;
Ce n'est pas trop, seigneur, pour un tel souvenir :
A cet illustre effort par mon devoir réduite,
J'ai dompté la nature, et ne l'ai pas détruite.
Phocas, ravi de joie à cette illusion,
Me combla de faveurs avec profusion,
Et nous fit de sa main cette haute fortune
Dont il n'est pas besoin que je vous importune.

Voilà ce que mes soins vous laissoient ignorer;
Et j'attendois, seigneur, à vous le déclarer,
Que par vos grands exploits votre rare vaillance
Pût faire à l'univers croire votre naissance,
Et qu'une occasion pareille à ce grand bruit
Nous pût de son aveu promettre quelque fruit.
Car, comme j'ignorois que notre grand monarque
En eût pu rien savoir, ou laisser quelque marque,
Je doutois qu'un secret n'étant su que de moi
Sous un tyran si craint pût trouver quelque foi.

EXUPÈRE.
Comme sa cruauté, pour mieux gêner Maurice,

Le forçoit de ses fils à voir le sacrifice,
Ce prince vit l'échange et l'alloit empêcher,
Mais l'acier des bourreaux fut plus prompt à trancher :
La mort de votre fils arrêta cette envie,
Et prévint d'un moment le refus de sa vie.
Maurice, à quelque espoir se laissant trop flatter,
S'en ouvrit à Félix qui vint le visiter,
Et trouva les moyens de lui donner ce gage
Qui vous en pût un jour rendre un plein témoignage.
Félix est mort, madame, et naguère en mourant
Il remit ce dépôt à son plus cher parent;
Et m'ayant tout conté, « Tiens, dit-il, Exupère,
 Sers ton prince, et venge ton père. »
Armé d'un tel secret, seigneur, j'ai voulu voir
Combien parmi le peuple il auroit de pouvoir :
J'ai fait semer ce bruit sans vous faire connoître;
Et, voyant tous les cœurs vous souhaiter pour maître,
J'ai ligué du tyran les secrets ennemis,
Mais sans leur découvrir plus qu'il ne m'est permis.
Ils aiment votre nom, sans savoir davantage,
Et cette seule joie anime leur courage,
Sans qu'autres que les deux qui vous parloient là-bas
De tout ce qu'elle a fait sachent plus que Phocas.
Vous venez de savoir ce que vous vouliez d'elle;
C'est à vous de répondre à son généreux zèle.
Le peuple est mutiné, nos amis assemblés,
Le tyran effrayé, ses confidents troublés :
Donnez l'aveu du prince à sa mort qu'on apprête,

Et ne dédaignez pas d'ordonner de sa tête.
MARTIAN.
Surpris des nouveautés d'un tel événement,
Je demeure à vos yeux muet d'étonnement.
　Je sais ce que je dois, madame, au grand service
Dont vous avez sauvé l'héritier de Maurice.
Je croyois comme fils devoir tout à vos soins,
Et je vous dois bien plus lorsque je vous suis moins :
Mais pour vous expliquer toute ma gratitude,
Mon ame a trop de trouble et trop d'inquiétude.
J'aimois, vous le savez, et mon cœur enflammé
Trouve enfin une sœur dedans l'objet aimé.
Je perds une maîtresse en gagnant un empire;
Mon amour en murmure, et mon cœur en soupire;
Et de mille pensers mon esprit agité
Paroît enseveli dans la stupidité.
Il est temps d'en sortir, l'honneur nous le commande.
Il faut donner un chef à votre illustre bande :
Allez, brave Exupère, allez, je vous rejoins;
Souffrez que je lui parle un moment sans témoins.
Disposez cependant vos amis à bien faire :
Surtout sauvons le fils en immolant le père;
Il n'eut rien du tyran qu'un peu de mauvais sang,
Dont la dernière guerre a trop purgé son flanc.
EXUPÈRE.
Nous vous rendrons, seigneur, entière obéissance,
Et vous allons attendre avec impatience.

SCÈNE VII.

MARTIAN, LÉONTINE, EUDOXE.

MARTIAN.

Madame, pour laisser toute sa dignité
A ce dernier effort de générosité,
Je crois que les raisons que vous m'avez données
M'en ont seules caché le secret tant d'années.
D'autres soupçonneroient qu'un peu d'ambition,
Du prince Martian voyant la passion,
Pour lui voir sur le trône élever votre fille,
Auroit voulu laisser l'empire en sa famille,
Et me faire trouver un tel destin bien doux
Dans l'éternelle erreur d'être sorti de vous ;
Mais je tiendrois à crime une telle pensée.
Je me plains seulement d'une ardeur insensée,
D'un détestable amour que pour ma propre sœur
Vous-même vous avez allumé dans mon cœur.
Quel dessein faisiez-vous sur cet aveugle inceste ?

LÉONTINE.

Je vous aurois tout dit avant ce nœud funeste ;
Et je le craignois peu, trop sûre que Phocas
Ayant d'autres desseins ne le souffriroit pas.
Je voulois donc, seigneur, qu'une flamme si belle
Portât votre courage aux vertus dignes d'elle,
Et que, votre valeur l'ayant su mériter,

Le refus du tyran vous pût mieux irriter.
Vous n'avez pas rendu mon espérance vaine :
J'ai vu dans votre amour une source de haine;
Et j'ose dire encor qu'un bras si renommé
Peut-être auroit moins fait, si le cœur n'eût aimé.
Achevez donc, seigneur; et, puisque Pulchérie
Doit craindre l'attentat d'une aveugle furie...

MARTIAN.

Peut-être il vaudroit mieux moi-même la porter
A ce que le tyran témoigne en souhaiter.
Son amour, qui pour moi résiste à sa colère,
N'y résistera plus quand je serai son frère.
Pourrois-je lui trouver un plus illustre époux ?

LÉONTINE.

Seigneur, qu'allez-vous faire ? et que me dites-vous ?

MARTIAN.

Que peut-être pour rompre un si digne hyménée
J'expose à tort sa tête avec ma destinée,
Et fais d'Héraclius un chef de conjurés
Dont je vois les complots encor mal assurés.
Aucun d'eux du tyran n'approche la personne;
Et quand même l'issue en pourroit être bonne,
Peut-être il m'est honteux de reprendre l'état
Par l'infame succès d'un lâche assassinat.
Peut-être il vaudroit mieux en tête d'une armée
Faire parler pour moi toute ma renommée,
Et trouver à l'empire un chemin glorieux
Pour venger mes parents d'un bras victorieux.

C'est dont je vais résoudre avec cette princesse,
Pour qui non plus l'amour mais le sang m'intéresse.
Vous, avec votre Eudoxe...

LÉONTINE.

Ah, seigneur! écoutez.

MARTIAN.

J'ai besoin de conseils dans ces difficultés :
Mais, à parler sans fard, pour écouter les vôtres,
Outre mes intérêts vous en avez trop d'autres.
Je ne soupçonne point vos vœux ni votre foi ;
Mais je ne veux d'avis que d'un cœur tout à moi.
Adieu.

SCÈNE VIII.

LÉONTINE, EUDOXE.

LÉONTINE.

Tout me confond, tout me devient contraire.
Je ne fais rien du tout quand je pense tout faire ;
Et, lorsque le hasard me flatte avec excès,
Tout mon dessein avorte au milieu du succès :
Il semble qu'un démon, funeste à sa conduite,
Des beaux commencements empoisonne la suite.
Ce billet dont je vois Martian abusé
Fait plus en ma faveur que je n'aurois osé ;
Il arme puissamment le fils contre le père :
Mais comme il a levé le bras en qui j'espère,

Sur le point de frapper je vois avec regret
Que la nature y forme un obstacle secret.
La vérité le trompe, et ne peut le séduire;
Il sauve en reculant ce qu'il croit mieux détruire :
Il doute; et du côté que je le vois pencher,
Il va presser l'inceste au lieu de l'empêcher.

EUDOXE.

Madame, pour le moins vous avez connoissance
De l'auteur de ce bruit, et de mon innocence.
Mais je m'étonne fort de voir à l'abandon
Du prince Héraclius les droits avec le nom.
Ce billet, confirmé par votre témoignage,
Pour monter dans le trône est un grand avantage.
Si Martian le peut sous ce titre occuper,
Pensez-vous qu'il se laisse aisément détromper,
Et qu'au premier moment qu'il vous verra dédire
Aux mains de son vrai maître il remette l'empire?

LÉONTINE.

Vous êtes curieuse, et voulez trop savoir.
N'ai-je pas déja dit que j'y saurai pourvoir?
Tâchons sans plus tarder à revoir Exupère,
Pour prendre en ce désordre un conseil salutaire.

FIN DU SECOND ACTE.

ACTE TROISIÈME.

SCÈNE I.

MARTIAN, PULCHÉRIE.

MARTIAN.

Je veux bien l'avouer, madame, car mon cœur
A de la peine encore à vous nommer ma sœur,
Quand, malgré ma fortune à vos pieds abaissée,
J'osai jusques à vous élever ma pensée,
Plus plein d'étonnement que de timidité,
J'interrogeois ce cœur sur sa témérité;
Et dans ses mouvements pour secrète réponse
Je sentois quelque chose au-dessus de Léonce,
Dont, malgré ma raison, l'impérieux effort
Emportoit mes desirs au-delà de mon sort.

PULCHÉRIE.

Moi-même assez souvent j'ai senti dans mon ame
Ma naissance en secret me reprocher ma flamme.
Mais quoi! l'impératrice, à qui je dois le jour,
Avoit innocemment fait naître cet amour.
J'approchois de quinze ans, alors qu'empoisonnée
Pour avoir contredit mon indigne hyménée

ACTE III, SCENE I.

Elle mêla ces mots à ses derniers soupirs :
« Le tyran veut surprendre ou forcer vos desirs,
Ma fille ; et sa fureur à son fils vous destine :
Mais prenez un époux des mains de Léontine ;
Elle garde un trésor qui vous sera bien cher. »
Cet ordre en sa faveur me sut si bien toucher,
Qu'au lieu de la haïr d'avoir livré mon frère,
J'en tins le bruit pour faux, elle me devint chère ;
Et, confondant ces mots de trésor et d'époux,
Je crus les bien entendre, expliquant tout de vous :
J'opposois de la sorte à ma fière naissance
Les favorables lois de mon obéissance ;
Et je m'imputois même à trop de vanité
De trouver entre nous quelque inégalité.
La race de Léonce étant patricienne,
L'éclat de vos vertus l'égaloit à la mienne ;
Et je me laissois dire en mes douces erreurs :
« C'est de pareils héros qu'on fait les empereurs ;
Tu peux bien sans rougir aimer un grand courage
A qui le monde entier peut rendre un juste hommage. »
J'écoutois sans dédain ce qui m'autorisoit ;
L'amour pensoit le dire, et le sang le disoit ;
Et de ma passion la flatteuse imposture
S'emparoit dans mon cœur des droits de la nature.

MARTIAN.

Ah, ma sœur ! puisqu'enfin mon destin éclairci
Veut que je m'accoutume à vous nommer ainsi,
Qu'aisément l'amitié jusqu'à l'amour nous mène !

C'est un penchant si doux, qu'on y tombe sans peine :
Mais quand il faut changer l'amour en amitié,
Que l'ame qui s'y force est digne de pitié !
Et qu'on doit plaindre un cœur qui, n'osant s'en défendre,
Se laisse déchirer avant que de se rendre !
Ainsi donc la nature à l'espoir le plus doux
Fait succéder l'horreur, et l'horreur d'être à vous !
Ce que je suis m'arrache à ce que j'aimois d'être !
Ah ! s'il m'étoit permis de ne me pas connoître,
Qu'un si charmant abus seroit à préférer
A l'âpre vérité qui vient de m'éclairer !

PULCHÉRIE.

J'eus pour vous trop d'amour pour ignorer ses forces,
Je sais quelle amertume aigrit de tels divorces ;
Et la haine à mon gré les fait plus doucement
Que quand il faut aimer, mais aimer autrement.
J'ai senti comme vous une douleur bien vive
En brisant les beaux fers qui me tenoient captive ;
Mais j'en condamnerois le plus doux souvenir
S'il avoit à mon cœur coûté plus d'un soupir.
Ce grand coup m'a surprise, et ne m'a point troublée :
Mon ame l'a reçu sans en être accablée ;
Et comme tous mes feux n'avoient rien que de saint,
L'honneur les alluma, le devoir les éteint.
Je ne vois plus d'amant où je rencontre un frère ;
L'un ne me peut toucher, ni l'autre me déplaire ;
Et je tiendrai toujours mon bonheur infini,
Si les miens sont vengés, et le tyran puni.

Vous, que va sur le trône élever la naissance,
Régnez sur votre cœur avant que sur Byzance ;
Et, domptant comme moi ce dangereux mutin,
Commencez à répondre à ce noble destin.

MARTIAN.

Ah ! vous fûtes toujours l'illustre Pulchérie,
En fille d'empereur dès le berceau nourrie ;
Et ce grand nom sans peine a pu vous enseigner
Comment dessus vous-même il vous falloit régner.
Mais pour moi, qui, caché sous une autre aventure,
D'une ame plus commune ai pris quelque teinture,
Il n'est pas merveilleux si ce que je me crus
Mêle un peu de Léonce au cœur d'Héraclius.
A mes confus regrets soyez donc moins sévère ;
C'est Léonce qui parle, et non pas votre frère :
Mais si l'un parle mal, l'autre va bien agir,
Et l'un ni l'autre enfin ne vous fera rougir.
Je vais des conjurés embrasser l'entreprise,
Puisqu'une ame si haute à frapper m'autorise,
Et tient que pour répandre un si coupable sang
L'assassinat est noble et digne de mon rang.
Pourrai-je cependant vous faire une prière ?

PULCHÉRIE.

Prenez sur Pulchérie une puissance entière.

MARTIAN.

Puisqu'un amant si cher ne peut plus être à vous,
Ni vous, mettre l'empire en la main d'un époux,
Épousez Martian comme un autre moi-même ;

Ne pouvant être à moi, soyez à ce que j'aime.
PULCHÉRIE.
Ne pouvant être à vous, je pourrois justement
Vouloir n'être à personne, et fuir tout autre amant;
Mais on pourroit nommer cette fermeté d'ame
Un reste mal éteint d'incestueuse flamme.
Afin donc qu'à ce choix j'ose tout accorder,
Soyez mon empereur pour me le commander.
Martian vaut beaucoup, sa personne m'est chère;
Mais purgez sa vertu des crimes de son père,
Et donnez à mes feux pour légitime objet
Dans le fils du tyran votre premier sujet.
MARTIAN.
Vous le voyez, j'y cours; mais enfin s'il arrive
Que l'issue en devienne ou funeste ou tardive,
Votre perte est jurée; et d'ailleurs nos amis
Au tyran immolé voudront joindre ce fils.
Sauvez d'un tel péril et sa vie et la vôtre;
Par cet heureux hymen, conservez l'un et l'autre;
Garantissez ma sœur des fureurs de Phocas,
Et mon ami de suivre un tel père au trépas.
Faites qu'en ce grand jour la troupe d'Exupère
Dans un sang odieux respecte mon beau-frère;
Et donnez au tyran, qui n'en pourra jouir,
Quelques moments de joie afin de l'éblouir.
PULCHÉRIE.
Mais durant ces moments, unie à sa famille,
Il deviendra mon père, et je serai sa fille;

Je lui devrai respect, amour, fidélité;
Ma haine n'aura plus d'impétuosité;
Et tous mes vœux pour vous seront mous et timides,
Quand mes vœux contre lui seront des parricides.
Outre que le succès est encore à douter,
Que l'on peut vous trahir, qu'il peut vous résister;
Si vous y succombez, pourrai-je me dédire
D'avoir porté chez lui les titres de l'empire?
Ah! combien ces moments de quoi vous me flattez
Alors pour mon supplice auroient d'éternités!
Votre haine voit peu l'erreur de sa tendresse;
Comme elle vient de naître, elle n'est que foiblesse :
La mienne a plus de force, et les yeux mieux ouverts;
Et, se dût avec moi perdre tout l'univers,
Jamais un seul moment, quoi que l'on puisse faire,
Le tyran n'aura droit de me traiter de père.
Je ne refuse au fils ni mon cœur ni ma foi;
Vous l'aimez, je l'estime, il est digne de moi :
Tout son crime est un père à qui le sang l'attache;
Quand il n'en aura plus, il n'aura plus de tache;
Et cette mort, propice à former ces beaux nœuds,
Purifiant l'objet, justifiera mes feux.
Allez donc préparer cette heureuse journée;
Et du sang du tyran signez cet hyménée.
Mais quel mauvais démon devers nous le conduit?

MARTIAN.

Je suis trahi, madame, Exupère le suit.

SCÈNE II.

PHOCAS, EXUPÈRE, AMINTAS, MARTIAN, PULCHÉRIE, CRISPE.

PHOCAS.

Quel est votre entretien avec cette princesse ?
Des noces que je veux ?

MARTIAN.

C'est de quoi je la presse.

PHOCAS.

Et vous l'avez gagnée en faveur de mon fils ?

MARTIAN.

Il sera son époux, elle me l'a promis.

PHOCAS.

C'est beaucoup obtenu d'une ame si rebelle.
Mais quand ?

MARTIAN.

C'est un secret que je n'ai pas su d'elle.

PHOCAS.

Vous pouvez m'en dire un dont je suis plus jaloux.
On dit qu'Héraclius est fort connu de vous :
Si vous aimez mon fils, faites-le-moi connoître.

MARTIAN.

Vous le connoissez trop, puisque je vois ce traître.

EXUPÈRE.

Je sers mon empereur, et je sais mon devoir.

MARTIAN.
Chacun te l'avouera; tu le fais assez voir.
PHOCAS.
De grace, éclaircissez ce que je vous propose :
Ce billet à demi m'en dit bien quelque chose;
Mais, Léonce, c'est peu si vous ne l'achevez.
MARTIAN.
Nommez-moi par mon nom, puisque vous le savez;
Dites Héraclius, il n'est plus de Léonce;
Et j'entends mon arrêt sans qu'on me le prononce.
PHOCAS.
Tu peux bien t'y résoudre après ton vain effort
Pour m'arracher le sceptre et conspirer ma mort.
MARTIAN.
J'ai fait ce que j'ai dû. Vivre sous ta puissance
C'eût été démentir mon nom et ma naissance,
Et ne point écouter le sang de mes parents,
Qui ne crie en mon cœur que la mort des tyrans.
Quiconque pour l'empire eut la gloire de naître
Renonce à cet honneur s'il peut souffrir un maître :
Hors le trône, ou la mort, il doit tout dédaigner;
C'est un lâche s'il n'ose ou se perdre ou régner.
J'entends donc mon arrêt sans qu'on me le prononce.
Héraclius mourra comme a vécu Léonce,
Bon sujet, meilleur prince; et ma vie et ma mort
Rempliront dignement et l'un et l'autre sort.
La mort n'a rien d'affreux pour une ame bien née :
A mes côtés pour toi je l'ai cent fois traînée;

Et mon dernier exploit contre tes ennemis
Fut d'arrêter son bras qui tomboit sur ton fils.
PHOCAS.
Tu prends pour me toucher un mauvais artifice.
Héraclius n'eut point de part à ce service;
J'en ai payé Léonce, à qui seul étoit dû
L'inestimable honneur de me l'avoir rendu.
Mais, sous des noms divers à soi-même contraire,
Qui conserva le fils attente sur le père;
Et, se désavouant d'un aveugle secours,
Sitôt qu'il se connoît il en veut à mes jours :
Je te devois sa vie, et je me dois justice;
Léonce est effacé par le fils de Maurice.
Contre un tel attentat rien n'est à balancer;
Et je saurai punir comme récompenser.
MARTIAN.
Je sais trop qu'un tyran est sans reconnoissance,
Pour en avoir conçu la honteuse espérance;
Et suis trop au-dessus de cette indignité
Pour te vouloir piquer de générosité.
Que ferois-tu pour moi de me laisser la vie,
Si pour moi sans le trône elle n'est qu'infamie?
Héraclius vivroit pour te faire la cour?
Rends-lui, rends-lui son sceptre, ou prive-le du jour.
Pour ton propre intérêt sois juge incorruptible :
Ta vie avec la sienne est trop incompatible;
Un si grand ennemi ne peut être gagné;
Et je te punirois de m'avoir épargné.

Si de ton fils sauvé j'ai rappelé l'image,
J'ai voulu de Léonce étaler le courage,
Afin qu'en le voyant tu ne doutasses plus
Jusques où doit aller celui d'Héraclius.
Je me tiens plus heureux de périr en monarque
Que de vivre en éclat sans en porter la marque ;
Et puisque pour jouir d'un si glorieux sort
Je n'ai que ce moment qu'on destine à ma mort,
Je la rendrai si belle, et si digne d'envie,
Que ce moment vaudra la plus illustre vie.
M'y faisant donc conduire, assure ton pouvoir,
Et délivre mes yeux de l'horreur de te voir.

PHOCAS.

Nous verrons la vertu de cette ame hautaine.
Faites-le retirer en la chambre prochaine,
Crispe ; et qu'on me l'y garde, attendant que mon choix,
Pour punir son forfait, vous donne d'autres lois.

MARTIAN, à Pulchérie.

Adieu, madame, adieu. Je n'ai pu davantage.
Ma mort vous va laisser encor dans l'esclavage.
Le ciel par d'autres mains vous en daigne affranchir !

SCÈNE III.

PHOCAS, PULCHÉRIE, EXUPÈRE, AMINTAS.

PHOCAS.

Et toi, n'espère pas désormais me fléchir.

Je tiens Héraclius, et n'ai plus rien à craindre,
Plus lieu de te flatter, plus lieu de me contraindre.
Ce frère, et ton espoir, vont entrer au cercueil,
Et j'abattrai d'un coup sa tête et ton orgueil.
Mais ne te contrains point dans ces rudes alarmes;
Laisse aller tes soupirs, laisse couler tes larmes.

PULCHÉRIE.

Moi pleurer! moi gémir, tyran! J'aurois pleuré
Si quelques lâchetés l'avoient déshonoré,
S'il n'eût pas emporté sa gloire tout entière,
S'il m'avoit fait rougir par la moindre prière,
Si quelque infame espoir qu'on lui dût pardonner
Eût mérité la mort que tu lui vas donner.
Sa vertu jusqu'au bout ne s'est point démentie;
Il n'a point pris le ciel ni le sort à partie,
Point querellé le bras qui fait ces lâches coups,
Point daigné contre lui perdre un juste courroux.
Sans te nommer ingrat, sans trop le nommer traître,
De tous deux, de soi-même, il s'est montré le maître;
Et dans cette surprise il a bien su courir
A la nécessité qu'il voyoit de mourir.
Je goûtois cette joie en un sort si contraire.
Je l'aimai comme amant, je l'aime comme frère;
Et dans ce grand revers je l'ai vu hautement
Digne d'être mon frère, et d'être mon amant.

PHOCAS.

Explique, explique mieux le fond de ta pensée;
Et, sans plus te parer d'une vertu forcée,

Pour apaiser le père, offre le cœur au fils,
Et tâche à racheter ce cher frère à ce prix.
PULCHÉRIE.
Crois-tu que sur la foi de tes fausses promesses
Mon ame ose descendre à de telles bassesses?
Prends mon sang pour le sien; mais, s'il y faut mon cœur,
Périsse Héraclius avec sa triste sœur!
PHOCAS.
Hé bien! il va périr; ta haine en est complice.
PULCHÉRIE.
Et je verrai du ciel bientôt choir ton supplice:
Dieu, pour le réserver à ses puissantes mains,
Fait avorter exprès tous les moyens humains;
Il veut frapper le coup sans notre ministère.
Si l'on t'a bien donné Léonce pour mon frère,
Les quatre autres, peut-être, à tes yeux abusés,
Ont été comme lui des Césars supposés.
L'état, qui dans leur mort voyoit trop sa ruine,
Avoit des généreux autres que Léontine;
Ils trompoient d'un barbare aisément la fureur,
Qui n'avoit jamais vu la cour ni l'empereur.
Crains, tyran, crains encor: tous les quatre peut-être
L'un après l'autre enfin se vont faire paroître;
Et, malgré tous tes soins, malgré tout ton effort,
Tu ne les connoîtras qu'en recevant la mort.
Moi-même à leur défaut je serai la conquête
De quiconque à mes pieds apportera ta tête:
L'esclave le plus vil qu'on puisse imaginer

Sera digne de moi, s'il peut t'assassiner.
Va perdre Héraclius, et quitte la pensée
Que je me pare ici d'une vertu forcée;
Et, sans m'importuner de répondre à tes vœux,
Si tu prétends régner, défais-toi de tous deux.

SCÈNE IV.

PHOCAS, EXUPÈRE, AMINTAS.

PHOCAS.

J'écoute avec plaisir ces menaces frivoles;
Je ris d'un désespoir qui n'a que des paroles;
Et, de quelque façon qu'elle m'ose outrager,
Le sang d'Héraclius m'en doit assez venger.
Vous donc, mes vrais amis, qui me tirez de peine,
Vous dont je vois l'amour quand j'en craignois la haine,
Vous qui m'avez livré mon secret ennemi,
Ne soyez point vers moi fidèles à demi;
Résolvez avec moi des moyens de sa perte :
La ferons-nous secrète, ou bien à force ouverte?
Prendrons-nous le plus sûr, ou le plus glorieux?

EXUPÈRE.

Seigneur, n'en doutez point, le plus sûr vaut le mieux;
Mais le plus sûr pour vous est que sa mort éclate,
De peur qu'en l'ignorant le peuple ne se flatte,
N'attende encor ce prince, et n'ait quelque raison
De courir en aveugle à qui prendra son nom.

PHOCAS.
Donc, pour ôter tout doute à cette populace,
Nous enverrons sa tête au milieu de la place?
EXUPÈRE.
Mais si vous la coupez dedans votre palais,
Ces obtinés mutins ne le croiront jamais;
Et, sans que pas un d'eux à son erreur renonce,
Ils diront qu'on impute un faux nom à Léonce,
Qu'on en fait un fantôme afin de les tromper,
Prêts à suivre toujours qui voudra l'usurper.
PHOCAS.
Lors nous leur ferons voir ce billet de Maurice.
EXUPÈRE.
Ils le tiendront pour faux et pour un artifice :
Seigneur, après vingt ans vous espérez en vain
Que ce peuple ait des yeux pour connoître sa main.
Si vous voulez calmer toute cette tempête,
Il faut en pleine place abattre cette tête,
Et qu'il dise, en mourant, à ce peuple confus :
« Peuple, n'en doute point, je suis Héraclius. »
PHOCAS.
Il le faut, je l'avoue; et déja je destine
A ce même échafaud l'infame Léontine.
Mais si ces insolents l'arrachent de nos mains?
EXUPÈRE.
Qui l'osera, seigneur?
PHOCAS.
   Ce peuple que tu crains.

EXUPÈRE.

Ah! souvenez-vous mieux des désordres qu'enfante
Dans un peuple sans chef la première épouvante.
Le seul bruit de ce prince au palais arrêté
Dispersera soudain chacun de son côté ;
Les plus audacieux craindront votre justice,
Et le reste en tremblant ira voir son supplice.
Mais ne leur donnez pas, tardant trop à punir,
Le temps de se remettre et de se réunir :
Envoyez des soldats à chaque coin des rues ;
Saisissez l'Hippodrome avec ses avenues ;
Dans tous les lieux publics rendez-vous le plus fort.
Pour nous, qu'un tel indice intéresse à sa mort,
De peur que d'autres mains ne se laissent séduire,
Jusques à l'échafaud laissez-nous le conduire :
Nous aurons trop d'amis pour en venir à bout ;
J'en réponds sur ma tête, et j'aurai l'œil à tout.

PHOCAS.

C'en est trop, Exupère : allez, je m'abandonne
Aux fidèles conseils que votre ardeur me donne.
C'est l'unique moyen de dompter nos mutins,
Et d'éteindre à jamais ces troubles intestins.
Je vais, sans différer, pour cette grande affaire
Donner à tous mes chefs un ordre nécessaire.
Vous, pour répondre aux soins que vous m'avez promis,
Allez de votre part assembler vos amis ;
Et croyez qu'après moi, jusqu'à ce que j'expire,
Ils seront, eux et vous, les maîtres de l'empire.

SCÈNE V.

EXUPÈRE, AMINTAS.

EXUPÈRE.

Nous sommes en faveur, ami; tout est à nous :
L'heur de notre destin va faire des jaloux.

AMINTAS.

Quelque alégresse ici que vous fassiez paroître,
Trouvez-vous doux les noms de perfide et de traître?

EXUPÈRE.

Je sais qu'aux généreux ils doivent faire horreur;
Ils m'ont frappé l'oreille, ils m'ont blessé le cœur;
Mais bientôt, par l'effet que nous devons attendre,
Nous serons en état de ne les plus entendre.
Allons; pour un moment qu'il faut les endurer,
Ne fuyons pas les biens qu'ils nous font espérer.

FIN DU TROISIÈME ACTE.

ACTE QUATRIÈME.

SCÈNE I.

HÉRACLIUS, EUDOXE.

HÉRACLIUS.

Vous avez grand sujet d'appréhender pour elle :
Phocas au dernier point la tiendra criminelle ;
Et je le connois mal, ou, s'il la peut trouver,
Il n'est moyen humain qui puisse la sauver.
Je vous plains, chère Eudoxe, et non pas votre mère ;
Elle a bien mérité ce qu'a fait Exupère ;
Il trahit justement qui vouloit me trahir.

EUDOXE.

Vous croyez qu'à ce point elle ait pu vous haïr,
Vous pour qui son amour a forcé la nature ?

HÉRACLIUS.

Comment voulez-vous donc nommer son imposture ?
M'empêcher d'entreprendre, et, par un faux rapport,
Confondre en Martian et mon nom et mon sort,
Abuser d'un billet que le hasard lui donne,
Attacher de sa main mes droits à sa personne,
Et le mettre en état, dessous sa bonne foi,

ACTE IV, SCENE I.

De régner en ma place, ou de périr pour moi,
Madame, est-ce en effet me rendre un grand service?

EUDOXE.

Eût-elle démenti ce billet de Maurice?
Et l'eût-elle pu faire, à moins que révéler
Ce que surtout alors il lui falloit celer?
Quand Martian par là n'eût pas connu son père,
C'étoit vous hasarder sur la foi d'Exupère :
Elle en doutoit, seigneur; et, par l'événement,
Vous voyez que son zèle en doutoit justement.
Sûre en soi des moyens de vous rendre l'empire,
Qu'à vous-même jamais elle n'a voulu dire,
Elle a sur Martian tourné le coup fatal
De l'épreuve d'un cœur qu'elle connoissoit mal.
Seigneur, où seriez-vous sans ce nouveau service?

HÉRACLIUS.

Qu'importe qui des deux on destine au supplice?
Qu'importe, Martian, vu ce que je te doi,
Qui trahisse mon sort, d'Exupère, ou de moi?
Si l'on ne me découvre, il faut que je m'expose;
Et l'un et l'autre enfin ne sont que même chose,
Sinon qu'étant trahi je mourrois malheureux,
Et que, m'offrant pour toi, je mourrai généreux.

EUDOXE.

Quoi! pour désabuser une aveugle furie,
Rompre votre destin, et donner votre vie!

HÉRACLIUS.

Vous êtes plus aveugle encore en votre amour.

Périra-t-il pour moi, quand je lui dois le jour?
Et lorsque sous mon nom il se livre à sa perte,
Tiendrai-je sous le sien ma fortune couverte?
S'il s'agissoit ici de le faire empereur,
Je pourrais lui laisser mon nom et son erreur :
Mais conniver en lâche à ce nom qu'on me vole,
Quand son père à mes yeux au lieu de moi l'immole!
Souffrir qu'il se trahisse aux rigueurs de mon sort!
Vivre par son supplice, et régner par sa mort!

EUDOXE.

Ah! ce n'est pas, seigneur, ce que je vous demande;
De cette lâcheté l'infamie est trop grande.
Montrez-vous pour sauver ce héros du trépas;
Mais montrez-vous en maître, et ne vous perdez pas :
Rallumez cette ardeur où s'opposoit ma mère;
Garantissez le fils par la perte du père;
Et, prenant à l'empire un chemin éclatant,
Montrez Héraclius au peuple qui l'attend.

HÉRACLIUS.

Il n'est plus temps, madame; un autre a pris ma place.
Sa prison a rendu le peuple tout de glace.
Déja préoccupé d'un autre Héraclius,
Dans l'effroi qui le trouble il ne me croira plus;
Et, ne me regardant que comme un fils perfide,
Il aura de l'horreur de suivre un parricide.
Mais quand même il voudroit seconder mes desseins,
Le tyran tient déja Martian en ses mains.
S'il voit qu'en sa faveur je marche à force ouverte,

Piqué de ma révolte, il hâtera sa perte,
Et croira qu'en m'ôtant l'espoir de le sauver,
Il m'ôtera l'ardeur qui me fait soulever.
N'en parlons plus : en vain votre amour me retarde,
Le sort d'Héraclius tout entier me regarde ;
Soit qu'il faille régner, soit qu'il faille périr,
Au tombeau, comme au trône, on me verra courir.
Mais voici le tyran, et son traître Exupère.

SCÈNE II.

PHOCAS, HÉRACLIUS, EXUPÈRE, EUDOXE,
TROUPE DE GARDES.

PHOCAS, montrant Eudoxe à ses gardes.

Qu'on la tienne en lieu sûr en attendant sa mère.

HÉRACLIUS.

A-t-elle quelque part...?

PHOCAS.

Nous verrons à loisir :
Il est bon cependant de la faire saisir.

EUDOXE, s'en allant.

Seigneur, ne croyez rien de ce qu'il vous va dire.

PHOCAS, à Eudoxe.

Je croirai ce qu'il faut pour le bien de l'empire.

SCÈNE III.

PHOCAS, HÉRACLIUS, EXUPÈRE, GARDES.

PHOCAS, à Héraclius.

Ses pleurs pour ce coupable imploroient ta pitié?

HÉRACLIUS.

Seigneur...

PHOCAS.

Je sais pour lui quelle est ton amitié;
Mais je veux que toi-même, ayant bien vu son crime,
Tiennes ton zèle injuste, et sa mort légitime.
Qu'on le fasse venir. Pour en tirer l'aveu
Il ne sera besoin ni du fer ni du feu :
Loin de s'en repentir l'orgueilleux en fait gloire.
Mais que me diras-tu qu'il ne me faut pas croire?
Eudoxe m'en conjure, et l'avis me surprend.
Aurois-tu découvert quelque crime plus grand?

HÉRACLIUS.

Oui, sa mère a plus fait contre votre service
Que ne sait Exupère, et que n'a vu Maurice.

PHOCAS.

La perfide! ce jour lui sera le dernier.
Parle.

HÉRACLIUS.

J'achèverai devant le prisonnier :
Trouvez bon qu'un secret d'une telle importance,
Puisque vous le mandez, s'explique en sa présence.

PHOCAS.
Le voici. Mais surtout ne me dis rien pour lui.

SCÈNE IV.

PHOCAS, HÉRACLIUS, MARTIAN, EXUPÈRE,
TROUPE DE GARDES.

HÉRACLIUS.
Je sais qu'en ma prière il auroit peu d'appui;
Et, loin de me donner une inutile peine,
Tout ce que je demande à votre juste haine,
C'est que de tels forfaits ne soient pas impunis.
Perdez Héraclius, et sauvez votre fils :
Voilà tout mon souhait et toute ma prière.
M'en refuserez-vous?

PHOCAS.
Tu l'obtiendras entière :
Ton salut en effet est douteux sans sa mort.

MARTIAN.
Ah, prince! j'y courois sans me plaindre du sort;
Son indigne rigueur n'est pas ce qui me touche :
Mais en ouïr l'arrêt sortir de votre bouche!
Je vous ai mal connu jusques à mon trépas.

HÉRACLIUS.
Et même en ce moment tu ne me connois pas.
Écoute, père aveugle, et toi, prince crédule,
Ce que l'honneur défend que plus je dissimule.

Phocas, connois ton sang, et tes vrais ennemis :
Je suis Héraclius, et Léonce est ton fils.
MARTIAN.
Seigneur, que dites-vous ?
HÉRACLIUS.
Que je ne puis plus taire
Que deux fois Léontine osa tromper ton père,
Et, semant de nos noms un insensible abus,
Fit un faux Martian du jeune Héraclius.
PHOCAS.
Maurice te dément, lâche ! tu n'as qu'à lire :
« Sous le nom de Léonce Héraclius respire. »
Tu fais après cela des contes superflus.
HÉRACLIUS.
Si ce billet fut vrai, seigneur, il ne l'est plus.
J'étois Léonce alors, et j'ai cessé de l'être
Quand Maurice immolé n'en a pu rien connoître.
S'il laissa par écrit ce qu'il avoit pu voir,
Ce qui suivit sa mort fut hors de son pouvoir.
Vous portâtes soudain la guerre dans la Perse,
Où vous eûtes, trois ans, la fortune diverse.
Cependant Léontine, étant dans le château
Reine de nos destins et de notre berceau,
Pour me rendre le rang qu'occupoit votre race,
Prit Martian pour elle, et me mit en sa place.
Ce zèle en ma faveur lui succéda si bien,
Que vous-même au retour vous n'en connûtes rien ;
Et ces informes traits qu'à six mois a l'enfance

ACTE IV, SCENE IV.

Ayant mis entre nous fort peu de différence,
Le foible souvenir en trois ans s'en perdit;
Vous prîtes aisément ce qu'elle vous rendit.
Nous vécûmes tous deux sous le nom l'un de l'autre;
Il passa pour son fils, je passai pour le vôtre,
Et je ne jugeois pas ce chemin criminel
Pour remonter sans meurtre au trône paternel.
Mais voyant cette erreur fatale à cette vie
Sans qui déja la mienne auroit été ravie,
Je me croirois, seigneur, coupable infiniment,
Si je souffrois encore un tel aveuglement.
Je viens reprendre un nom qui seul a fait son crime;
Conservez votre haine, et changez de victime :
Je ne demande rien que ce qui m'est promis;
Perdez Héraclius, et sauvez votre fils.

MARTIAN, à Phocas.

Admire de quel fils le ciel t'a fait le père,
Admire quel effort sa vertu vient de faire,
Tyran; et ne prends pas pour une vérité
Ce qu'invente pour moi sa générosité.

(à Héraclius.)

C'est trop, prince, c'est trop, pour ce petit service
Dont honora mon bras ma fortune propice :
Je vous sauvai la vie, et ne la perdis pas;
Et pour moi vous cherchez un assuré trépas!
Ah! si vous m'en devez quelque reconnoissance,
Prince, ne m'ôtez pas l'honneur de ma naissance.
Avoir tant de pitié d'un sort si glorieux,

De crainte d'être ingrat, c'est m'être injurieux.
PHOCAS.
En quel trouble me jette une telle dispute!
A quels nouveaux malheurs m'expose-t-elle en butte!
Lequel croire, Exupère? et lequel démentir?
Tombé-je dans l'erreur, ou si j'en vais sortir?
Si ce billet est vrai, le reste est vraisemblable.
EXUPÈRE.
Mais qui sait si ce reste est faux ou véritable?
PHOCAS.
Léontine deux fois a pu tromper Phocas.
EXUPÈRE.
Elle a pu les changer, et ne les changer pas :
Et plus que vous, seigneur, dedans l'inquiétude,
Je ne vois que du trouble et de l'incertitude.
HÉRACLIUS.
Ce n'est pas d'aujourd'hui que je sais qui je suis :
Vous voyez quels effets en ont été produits :
Depuis plus de quatre ans vous voyez quelle adresse
J'apporte à rejeter l'hymen de la princesse,
Où sans doute aisément mon cœur eût consenti,
Si Léontine alors ne m'en eût averti.
MARTIAN.
Léontine?
HÉRACLIUS.
    Elle-même.
MARTIAN.
              Ah! ciel! quelle est sa ruse!

ACTE IV, SCENE IV.

Martian aime Eudoxe, et sa mère l'abuse.
Par l'horreur d'un hymen qu'il croit incestueux,
De ce prince à sa fille elle assure les vœux;
Et son ambition, adroite à le séduire,
Le plonge en une erreur dont elle attend l'empire.
Ce n'est que d'aujourd'hui que je sais qui je suis;
Mais de mon ignorance elle espéroit ces fruits,
Et me tiendroit encor la vérité cachée,
Si tantôt ce billet ne l'en eût arrachée.

PHOCAS, à Exupère.

La méchante l'abuse aussi bien que Phocas.

EXUPÈRE.

Elle a pu l'abuser, ou ne l'abuser pas.

PHOCAS.

Tu vois comme la fille a part au stratagême.

EXUPÈRE.

Et que la mère a pu l'abuser elle-même.

PHOCAS.

Que de pensers divers! que de soucis flottants!

EXUPÈRE.

Je vous en tirerai, seigneur, dans peu de temps.

PHOCAS.

Dis-moi, tout est-il prêt pour ce juste supplice?

EXUPÈRE.

Oui, si nous connoissions le vrai fils de Maurice.

HÉRACLIUS.

Pouvez-vous en douter après ce que j'ai dit?

MARTIAN.

Donnez-vous à l'erreur encor quelque crédit?

HÉRACLIUS.

Ami, rends-moi mon nom : la faveur n'est pas grande;
Ce n'est que pour mourir que je te le demande.
Reprends ce triste jour que tu m'as racheté,
Ou rends-moi cet honneur que tu m'as presque ôté.

MARTIAN.

Pourquoi, de mon tyran volontaire victime,
Précipiter vos jours pour me noircir d'un crime?
Prince, qui que je sois, j'ai conspiré sa mort,
Et nos noms au dessein donnent un divers sort:
Dedans Héraclius il a gloire solide,
Et dedans Martian il devient parricide.
Puisqu'il faut que je meure illustre ou criminel,
Couvert, ou de louange, ou d'opprobre éternel,
Ne souillez point ma mort, et ne veuillez pas faire
Du vengeur de l'empire un assassin d'un père.

HÉRACLIUS.

Mon nom seul est coupable; et, sans plus disputer,
Pour te faire innocent tu n'as qu'à le quitter;
Il conspira lui seul, tu n'en es point complice.
Ce n'est qu'Héraclius qu'on envoie au supplice.
Sois son fils, tu vivras.

MARTIAN.

Si je l'avois été,
Seigneur, ce traître en vain m'auroit sollicité:
Et, lorsque contre vous il m'a fait entreprendre,

ACTE IV, SCENE IV.

La nature en secret auroit su m'en défendre.
HÉRACLIUS.
Apprends donc qu'en secret mon cœur t'a prévenu.
J'ai voulu conspirer, mais on m'a retenu;
Et dedans mon péril Léontine timide...
MARTIAN.
N'a pu voir Martian commettre un parricide.
HÉRACLIUS.
Toi, que de Pulchérie elle a fait amoureux,
Juge sous les deux noms ton dessein et tes feux.
Elle a rendu pour toi l'un et l'autre funeste,
Martian parricide, Héraclius inceste,
Et n'eût pas eu pour moi d'horreur d'un grand forfait,
Puisque dans ta personne elle en pressoit l'effet.
Mais elle m'empêchoit de hasarder ma tête,
Espérant par ton bras me livrer ma conquête.
Ce favorable aveu dont elle t'a séduit
T'exposoit aux périls pour m'en donner le fruit;
Et c'étoit ton succès qu'attendoit sa prudence
Pour découvrir au peuple ou cacher ma naissance.
PHOCAS.
Hélas! je ne puis voir qui des deux est mon fils;
Et je vois que tous deux ils sont mes ennemis.
En ce piteux état quel conseil dois-je suivre?
J'ai craint un ennemi, mon bonheur me le livre;
Je sais que de mes mains il ne se peut sauver;
Je sais que je le vois, et ne puis le trouver.
La nature tremblante, incertaine, étonnée,

D'un nuage confus couvre sa destinée :
L'assassin sous cette ombre échappe à ma rigueur,
Et, présent à mes yeux, il se cache en mon cœur.
Martian! A ce nom aucun ne veut répondre,
Et l'amour paternel ne sert qu'à me confondre.
Trop d'un Héraclius en mes mains est remis;
Je tiens mon ennemi, mais je n'ai plus de fils.
Que veux-tu donc, nature? et que prétends-tu faire?
Si je n'ai plus de fils, puis-je encore être père?
De quoi parle à mon cœur ton murmure imparfait?
Ne me dis rien du tout, ou parle tout-à-fait.
Qui que ce soit des deux que mon sang ait fait naître,
Ou laisse-moi le perdre, ou fais-le-moi connoître.
 O toi, qui que tu sois, enfant dénaturé,
Et trop digne du sort que tu t'es procuré,
Mon trône est-il pour toi plus honteux qu'un supplice?
O malheureux Phocas! ô trop heureux Maurice!
Tu recouvres deux fils pour mourir après toi;
Et je n'en puis trouver pour régner après moi!
Qu'aux honneurs de ta mort je dois porter envie,
Puisque mon propre fils les préfère à sa vie!

SCÈNE V.

PHOCAS, HÉRACLIUS, MARTIAN, CRISPE,
EXUPÈRE, LÉONTINE, GARDES.

CRISPE, à Phocas.

Seigneur, ma diligence enfin a réussi;
J'ai trouvé Léontine, et je l'amène ici.

PHOCAS, à Léontine.

Approche, malheureuse!

HÉRACLIUS, à Léontine.

Avouez tout, madame.
J'ai tout dit.

LÉONTINE, à Héraclius.

Quoi, seigneur!

PHOCAS.

Tu l'ignores, infame!
Qui des deux est mon fils?

LÉONTINE.

Qui vous en fait douter?

HÉRACLIUS, à Léontine.

Le nom d'Héraclius que son fils veut porter.
Il en croit ce billet et votre témoignage:
Mais ne le laissez pas dans l'erreur davantage.

PHOCAS.

N'attends pas les tourments, ne me déguise rien.
M'as-tu livré ton fils? as-tu changé le mien?

LÉONTINE.

Je t'ai livré mon fils, et j'en aime la gloire.
Si je parle du reste, oseras-tu m'en croire?
Et qui t'assurera que pour Héraclius,
Moi qui t'ai tant trompé, je ne te trompe plus?

PHOCAS.

N'importe, fais-nous voir quelle haute prudence
En des temps si divers leur en fait confidence,
A l'un depuis quatre ans, à l'autre d'aujourd'hui.

LÉONTINE, en montrant les deux princes.

Le secret n'en est su ni de lui, ni de lui;
Tu n'en sauras non plus les véritables causes :
Devine, si tu peux, et choisis, si tu l'oses.

L'un des deux est ton fils; l'autre, ton empereur.
Tremble dans ton amour, tremble dans ta fureur.
Je te veux toujours voir, quoi que ta rage fasse,
Craindre ton ennemi dedans ta propre race,
Toujours aimer ton fils dedans ton ennemi,
Sans être ni tyran ni père qu'à demi.
Tandis qu'autour des deux tu perdras ton étude,
Mon ame jouira de ton inquiétude;
Je rirai de ta peine, ou, si tu m'en punis,
Tu perdras avec moi le secret de ton fils.

PHOCAS.

Et si je les punis tous deux sans les connoître,
L'un comme Héraclius, l'autre pour vouloir l'être?

LÉONTINE.

Je m'en consolerai quand je verrai Phocas

Croire affermir son sceptre en se coupant le bras,
Et de la même main son ordre tyrannique
Venger Héraclius dessus son fils unique.

PHOCAS.

Quelle reconnoissance, ingrate, tu me rends
Des bienfaits répandus sur toi, sur tes parents,
De t'avoir confié ce fils que tu me caches,
D'avoir mis en tes mains ce cœur que tu m'arraches,
D'avoir mis à tes pieds ma cour qui t'adoroit!
Rends-moi mon fils, ingrate.

LÉONTINE.

Il m'en désavoueroit;
Et ce fils, quel qu'il soit, que tu ne peux connoître,
A le cœur assez bon pour ne vouloir pas l'être.
Admire sa vertu qui trouble ton repos.
C'est du fils d'un tyran que j'ai fait ce héros;
Tant ce qu'il a reçu d'heureuse nourriture
Dompte ce mauvais sang qu'il eut de la nature!
C'est assez dignement répondre à tes bienfaits
Que d'avoir dégagé ton fils de tes forfaits.
Séduit par ton exemple et par sa complaisance,
Il t'auroit ressemblé, s'il eût su sa naissance;
Il seroit lâche, impie, inhumain comme toi!
Et tu me dois ainsi plus que je ne te doi.

EXUPÈRE.

L'impudence et l'orgueil suivent les impostures.
Ne vous exposez plus à ce torrent d'injures,
Qui, ne faisant qu'aigrir votre ressentiment,

Vous donne peu de jour pour ce discernement.
Laissez-la-moi, seigneur, quelques moments en garde:
Puisque j'ai commencé, le reste me regarde;
Malgré l'obscurité de son illusion,
J'espère démêler cette confusion.
Vous savez à quel point l'affaire m'intéresse.

PHOCAS.

Achève, si tu peux, par force ou par adresse,
Exupère; et sois sûr que je te devrai tout,
Si l'ardeur de ton zèle en peut venir à bout.
Je saurai cependant prendre à part l'un et l'autre;
Et peut-être qu'enfin nous trouverons le nôtre.
Agis de ton côté; je la laisse avec toi:
Gêne, flatte, surprends. Vous autres, suivez-moi.

SCÈNE VI.

EXUPÈRE, LÉONTINE.

EXUPÈRE.

On ne peut nous entendre. Il est juste, madame,
Que je vous ouvre enfin jusqu'au fond de mon ame:
C'est passer trop long-temps pour traître auprès de vous.
Vous haïssez Phocas, nous le haïssons tous...

LÉONTINE.

Oui, c'est bien lui montrer ta haine et ta colère,

ACTE IV, SCENE VI.

Que lui vendre ton prince et le sang de ton père !
EXUPÈRE.
L'apparence vous trompe ; et je suis en effet..
LÉONTINE.
L'homme le plus méchant que la nature ait fait.
EXUPÈRE.
Ce qui passe à vos yeux pour une perfidie...
LÉONTINE.
Cache une intention fort noble et fort hardie !
EXUPÈRE.
Pouvez-vous en juger, puisque vous l'ignorez ?
Considérez l'état de tous nos conjurés :
Il n'est aucun de nous à qui sa violence
N'ait donné trop de lieu d'une juste vengeance ;
Et, nous en croyant tous dans notre ame indignés,
Le tyran du palais nous a tous éloignés.
Il y falloit rentrer par quelque grand service.
LÉONTINE.
Et tu crois m'éblouir avec cet artifice ?
EXUPÈRE.
Madame, apprenez tout. Je n'ai rien hasardé.
Vous savez de quel nombre il est toujours gardé ;
Pouvions-nous le surprendre, ou forcer les cohortes
Qui de jour et de nuit tiennent toutes ses portes ?
Pouvions-nous mieux sans bruit nous approcher de lui ?
Vous voyez la posture où j'y suis aujourd'hui :
Il me parle, il m'écoute, il me croit ; et lui-même

Se livre entre mes mains, aide à mon stratagême.
C'est par mes seuls conseils qu'il veut publiquement
Du prince Héraclius faire le châtiment,
Que sa milice éparse à chaque coin des rues
A laissé du palais les portes presque nues :
Je puis en un moment m'y rendre le plus fort;
Mes amis sont tous prêts : c'en est fait, il est mort;
Et j'userai si bien de l'accès qu'il me donne,
Qu'aux pieds d'Héraclius je mettrai sa couronne.
Mais après mes desseins pleinement découverts,
De grace, faites-moi connoître qui je sers;
Et ne le cachez plus à ce cœur qui n'aspire
Qu'à le rendre aujourd'hui maître de tout l'empire.

LÉONTINE.

Esprit lâche et grossier, quelle brutalité
Te fait juger en moi tant de crédulité?
Va, d'un piége si lourd l'appât est inutile,
Traître; et si tu n'as pas de ruse plus subtile...

EXUPÈRE.

Je vous dis vrai, madame; et vous dirai de plus...

LÉONTINE.

Ne me fais point ici de contes superflus :
L'effet à tes discours ôte toute croyance.

EXUPÈRE.

Hé bien! demeurez donc dans votre défiance.
Je ne demande plus et ne vous dis plus rien;
Gardez votre secret, je garderai le mien.

ACTE IV, SCENE VI.

Puisque je passe encor pour homme à vous séduire,
Venez dans la prison où je vais vous conduire;
Si vous ne me croyez, craignez ce que je puis :
Avant la fin du jour vous saurez qui je suis.

FIN DU QUATRIÈME ACTE.

ACTE CINQUIÈME.

SCÈNE I.

HÉRACLIUS.

Quelle confusion étrange
De deux princes fait un mélange
Qui met en discord deux amis!
Un père ne sait où se prendre;
Et plus tous deux s'osent défendre
Du titre infame de son fils,
Plus eux-mêmes cessent d'entendre
Les secrets qu'on leur a commis.

Léontine avec tant de ruse
Ou me favorise ou m'abuse,
Qu'elle brouille tout notre sort;
Ce que j'en eus de connoissance
Brave une orgueilleuse puissance
Qui n'en croit pas mon vain effort;
Et je doute de ma naissance
Quand on me refuse la mort.

Ce fier tyran qui me caresse

ACTE V, SCÈNE I.

Montre pour moi tant de tendresse,
Que mon cœur s'en laisse alarmer :
Lorsqu'il me prie et me conjure,
Son amitié paroît si pure,
Que je ne saurois présumer
Si c'est par instinct de nature,
Ou par coutume de m'aimer.

Dans cette croyance incertaine,
J'ai pour lui des transports de haine
Que je ne conserve pas bien.
Cette grace qu'il veut me faire
Étonne et trouble ma colère ;
Et je n'ose résoudre rien
Quand je trouve un amour de père
En celui qui m'ôta le mien.

Retiens, grande ombre de Maurice,
Mon ame au bord du précipice
Que cette obscurité lui fait ;
Et m'aide à faire mieux connoître
Qu'en ton fils Dieu n'a pas fait naître
Un prince à ce point imparfait,
Ou que je méritois de l'être,
Si je ne le suis en effet.

Soutiens ma haine qui chancelle ;
Et redoublant pour ta querelle

HÉRACLIUS.
Cette noble ardeur de mourir,
Fais voir... Mais il m'exauce, on vient me secourir.

SCÈNE II.

HÉRACLIUS, PULCHÉRIE.

HÉRACLIUS.

Oh ciel! quel bon démon devers moi vous envoie,
Madame?

PULCHÉRIE.

Le tyran, qui veut que je vous voie,
Et met tout en usage afin de s'éclaircir.

HÉRACLIUS.

Par vous-même en ce trouble il pense réussir!

PULCHÉRIE.

Il le pense, seigneur; et ce brutal espère,
Mieux qu'il ne trouve un fils, que je découvre un frère:
Comme si j'étois fille à ne lui rien celer
De tout ce que le sang pourroit me révéler.

HÉRACLIUS.

Puisse-t-il par un trait de lumière fidèle
Vous le mieux révéler qu'il ne me le révèle!
Aidez-moi cependant, madame, à repousser
Les indignes frayeurs dont je me sens presser...

PULCHÉRIE.

Ah, prince! il ne faut point d'assurance plus claire;
Si vous craignez la mort, vous n'êtes point mon frère:

Ces indignes frayeurs vous ont trop découvert.
HÉRACLIUS.
Moi, la craindre, madame! Ah! je m'y suis offert.
Qu'il me traite en tyran, qu'il m'envoie au supplice,
Je suis Héraclius, je suis fils de Maurice :
Sous ces noms précieux je cours m'ensevelir,
Et m'étonne si peu que je l'en fais pâlir.
Mais il me traite en père, il me flatte, il m'embrasse;
Je n'en puis arracher une seule menace :
J'ai beau faire et beau dire afin de l'irriter,
Il m'écoute si peu qu'il me force à douter.
Malgré moi, comme fils toujours il me regarde;
Au lieu d'être en prison, je n'ai pas même un garde.
Je ne sais qui je suis, et crains de le savoir;
Je veux ce que je dois, et cherche mon devoir :
Je crains de le haïr, si j'en tiens la naissance;
Je le plains de m'aimer, si je m'en dois vengeance;
Et mon cœur, indigné d'une telle amitié,
En frémit de colère, et tremble de pitié.
De tous ses mouvements mon esprit se défie;
Il condamne aussitôt tout ce qu'il justifie.
La colère, l'amour, la haine, et le respect,
Ne me présentent rien qui ne me soit suspect :
Je crains tout, je fuis tout; et, dans cette aventure,
Des deux côtés en vain j'écoute la nature.
Secourez donc un frère en ces perplexités.
PULCHÉRIE.
Ah! vous ne l'êtes point, puisque vous en doutez.

Celui qui, comme vous, prétend à cette gloire,
D'un courage plus ferme en croit ce qu'il doit croire;
Comme vous on le flatte, il y sait résister;
Rien ne le touche assez pour le faire douter :
Et le sang, par un double et secret artifice,
Parle en vous pour Phocas, comme en lui pour Maurice.

HÉRACLIUS.

A ces marques en lui connoissez Martian;
Il a le cœur plus dur étant fils d'un tyran.
La générosité suit la belle naissance;
La pitié l'accompagne, et la reconnoissance.
Dans cette grandeur d'ame un vrai prince affermi
Est sensible aux malheurs même d'un ennemi;
La haine qu'il lui doit ne sauroit le défendre,
Quand il s'en voit aimé, de s'en laisser surprendre;
Et trouve assez souvent son devoir arrêté
Par l'effort naturel de sa propre bonté.
Cette digne vertu de l'ame la mieux née,
Madame, ne doit pas souiller ma destinée.
Je doute; et si ce doute a quelque crime en soi,
C'est assez m'en punir que douter comme moi;
Et mon cœur, qui sans cesse en sa faveur se flatte,
Cherche qui le soutienne, et non pas qui l'abatte :
Il demande secours pour mes sens étonnés,
Et non le coup mortel dont vous m'assassinez.

PULCHÉRIE.

L'œil le plus éclairé sur de telles matières
Peut prendre de faux jours pour de vives lumières;

Et comme notre sexe ose assez promptement
Suivre l'impression d'un premier mouvement,
Peut-être qu'en faveur de ma première idée
Ma haine pour Phocas m'a trop persuadée.
Son amour est pour vous un poison dangereux;
Et quoique la pitié montre un cœur généreux,
Celle qu'on a pour lui de ce rang dégénère.
Vous le devez haïr, et fût-il votre père :
Si ce titre est douteux, son crime ne l'est pas.
Qu'il vous offre sa grace, ou vous livre au trépas,
Il n'est pas moins tyran quand il vous favorise,
Puisque c'est ce cœur même alors qu'il tyrannise,
Et que votre devoir, par là mieux combattu,
Prince, met en péril jusqu'à votre vertu.
Doutez, mais haïssez; et, quoi qu'il exécute,
Je douterai d'un nom qu'un autre vous dispute :
En douter lorsqu'en moi vous cherchez quelque appui,
Si c'est trop peu pour vous, c'est assez contre lui.
L'un de vous est mon frère, et l'autre y peut prétendre :
Entre tant de vertus mon choix se peut méprendre;
Mais je ne puis faillir, dans votre sort douteux,
A chérir l'un et l'autre, et vous plaindre tous deux.
J'espère encor pourtant : on murmure, on menace;
Un tumulte, dit-on, s'élève dans la place;
Exupère est allé fondre sur ces mutins;
Et peut-être de là dépendent nos destins.
Mais Phocas entre.

SCÈNE III.

PHOCAS, HÉRACLIUS, MARTIAN, PULCHÉRIE, GARDES.

PHOCAS.
Eh bien ! se rendra-t-il, madame ?
PULCHÉRIE.
Quelque effort que je fasse à lire dans son ame,
Je n'en vois que l'effet que je m'étois promis :
Je trouve trop d'un frère, et vous trop peu d'un fils.
PHOCAS.
Ainsi le ciel vous veut enrichir de ma perte.
PULCHÉRIE.
Il tient en ma faveur leur naissance couverte :
Ce frère qu'il me rend seroit déja perdu,
Si dedans votre sang il ne l'eût confondu.
PHOCAS, à Pulchérie.
Cette confusion peut perdre l'un et l'autre.
En faveur de mon sang je ferai grace au vôtre :
Mais je veux le connoître ; et ce n'est qu'à ce prix
Qu'en lui donnant la vie il me rendra mon fils.
(à Héraclius.)
Pour la dernière fois, ingrat, je t'en conjure ;
Car enfin c'est vers toi que penche la nature ;
Et je n'ai point pour lui ces doux empressements
Qui d'un cœur paternel font les vrais mouvements :

ACTE V, SCENE III.

Ce cœur s'attache à toi par d'invincibles charmes.
En crois-tu mes soupirs? en croiras-tu mes larmes?
Songe avec quel amour mes soins t'ont élevé,
Avec quelle valeur son bras t'a conservé;
Tu nous dois à tous deux.

HÉRACLIUS.

Et, pour reconnoissance,
Je vous rends votre fils, je lui rends sa naissance.

PHOCAS.

Tu me l'ôtes, cruel, et le laisses mourir.

HÉRACLIUS.

Je meurs pour vous le rendre, et pour le secourir.

PHOCAS.

C'est me l'ôter assez que ne vouloir plus l'être.

HÉRACLIUS.

C'est vous le rendre assez que le faire connoître.

PHOCAS.

C'est me l'ôter assez que me le supposer.

HÉRACLIUS.

C'est vous le rendre assez que vous désabuser.

PHOCAS.

Laisse-moi mon erreur, puisqu'elle m'est si chère.
Je t'adopte pour fils, accepte-moi pour père :
Fais vivre Héraclius sous l'un ou l'autre sort;
Pour moi, pour toi, pour lui, fais-toi ce peu d'effort.

HÉRACLIUS.

Ah! c'en est trop enfin, et ma gloire blessée
Dépouille un vieux respect où je l'avois forcée.

De quelle ignominie osez-vous me flatter ?
Toutes les fois, tyran, qu'on se laisse adopter,
On veut une maison illustre autant qu'amie ;
On cherche de la gloire, et non de l'infamie ;
Et ce seroit un monstre horrible à vos états
Que le fils de Maurice adopté par Phocas.

PHOCAS.

Va, cesse d'espérer la mort que tu mérites ;
Ce n'est que contre lui, lâche, que tu m'irrites :
Tu te veux rendre en vain indigne de ce rang ;
Je m'en prends à la cause, et j'épargne mon sang.
Puisque ton amitié de ma foi se défie
Jusqu'à prendre son nom pour lui sauver la vie,
Soldats, sans plus tarder, qu'on l'immole à ses yeux ;
Et sois, après sa mort, mon fils si tu le veux.

HÉRACLIUS.

Perfides, arrêtez.

MARTIAN.

Ah ! que voulez-vous faire,
Prince ?

HÉRACLIUS.

Sauver le fils de la fureur du père.

MARTIAN.

Conservez-lui ce fils qu'il ne cherche qu'en vous ;
Ne troublez point un sort qui lui semble si doux.
C'est avec assez d'heur qu'Héraclius expire,
Puisque c'est en vos mains que tombe son empire.
Le ciel daigne bénir votre sceptre et vos jours !

ACTE V, SCENE III.

PHOCAS.

C'est trop perdre de temps à souffrir ces discours.
Dépêche, Octavian.

HÉRACLIUS, à Octavian.

N'attente rien, barbare.
Je suis...

PHOCAS.

Avoue enfin.

HÉRACLIUS.

Je tremble, je m'égare;
Et mon cœur...

PHOCAS, à Héraclius.

Tu pourras à loisir y penser.

(à Octavian.)

Frappe.

HÉRACLIUS.

Arrête, je suis... Puis-je le prononcer !

PHOCAS.

Achève, ou...

HÉRACLIUS.

Je suis donc, s'il faut que je le die,
Ce qu'il faut que je sois pour lui sauver la vie.
Oui, je lui dois assez, seigneur, quoi qu'il en soit,
Pour vous payer pour lui de l'amour qu'il vous doit;
Et je vous le promets entier, ferme, sincère,
Et tel qu'Héraclius l'auroit pour son vrai père :
J'accepte en sa faveur ses parents pour les miens.
Mais sachez que vos jours me répondront des siens :

Vous me serez garant des hasards de la guerre,
Des ennemis secrets, de l'éclat du tonnerre;
Et, de quelque façon que le courroux des cieux
Me prive d'un ami qui m'est si précieux,
Je vengerai sur vous, et fussiez-vous mon père,
Ce qu'aura fait sur lui leur injuste colère.

PHOCAS.

Ne crains rien : de tous deux je ferai mon appui;
L'amour qu'il a pour toi m'assure trop de lui :
Mon cœur pâme de joie, et mon ame n'aspire
Qu'à vous associer l'un et l'autre à l'empire.
J'ai retrouvé mon fils; mais sois-le tout-à-fait,
Et donne-m'en pour marque un véritable effet;
Ne laisse plus de place à la supercherie;
Pour achever ma joie, épouse Pulchérie.

HÉRACLIUS.

Seigneur, elle est ma sœur.

PHOCAS.

Tu n'es donc point mon fils,
Puisque si lâchement déja tu t'en dédis.

PULCHÉRIE.

Qui te donne, tyran, une attente si vaine?
Quoi! son consentement étoufferoit ma haine!
Pour l'avoir étonné tu m'aurois fait changer!
J'aurois pour cette honte un cœur assez léger!
Je pourrois épouser ou ton fils ou mon frère!

SCÈNE IV.

PHOCAS, HÉRACLIUS, PULCHÉRIE, MARTIAN, CRISPE, GARDES.

CRISPE.

Seigneur, vous devez tout au grand cœur d'Exupère ;
Il est l'unique auteur de nos meilleurs destins :
Lui seul et ses amis ont dompté vos mutins ;
Il a fait prisonniers leurs chefs, qu'il vous amène.

PHOCAS.

Dis-lui qu'il me les garde en la salle prochaine :
Je vais de leurs complots m'éclaircir avec eux.

SCÈNE V.

PHOCAS, HÉRACLIUS, PULCHÉRIE, MARTIAN, GARDES.

PHOCAS, à Héraclius.

Toi cependant, ingrat, sois mon fils, si tu veux :
En l'état où je suis je n'ai plus lieu de feindre ;
Les mutins sont domptés, et je cesse de craindre.
(à Pulchérie.)
Je vous laisse tous trois. Use bien du moment
Que je prends pour en faire un juste châtiment ;
Et si tu n'aimes mieux que l'un et l'autre meure,
Trouve ou choisis mon fils, et l'épouse sur l'heure :

Autrement, si leur sort demeure encor douteux,
Je jure à mon retour qu'ils périront tous deux.
Je ne veux point d'un fils dont l'implacable haine
Prend ce nom pour affront, et mon amour pour gêne.
Toi...

PULCHÉRIE.

Ne menace point, je suis prête à mourir.

PHOCAS.

A mourir! Jusque-là je pourrois te chérir!
N'espère pas de moi cette faveur suprême;
Et pense...

PULCHÉRIE.

A quoi, tyran?

PHOCAS.

A m'épouser moi-même,
Au milieu de leur sang à tes pieds répandu.

PULCHÉRIE.

Quel supplice!

PHOCAS.

Il est grand pour toi; mais il t'est dû:
Tes mépris de la mort bravoient trop ma colère.
Il est en toi de perdre ou de sauver ton frère;
Et du moins, quelque erreur qui puisse me troubler,
J'ai trouvé les moyens de te faire trembler.

SCÈNE VI.

HÉRACLIUS, MARTIAN, PULCHÉRIE.

PULCHÉRIE.

Le lâche! il vous flattoit lorsqu'il trembloit dans l'ame.
Mais tel est d'un tyran le naturel infame :
Sa douceur n'a jamais qu'un mouvement contraint ;
S'il ne craint, il opprime ; et, s'il n'opprime, il craint.
L'une et l'autre fortune en montre la foiblesse ;
L'une n'est qu'insolence, et l'autre que bassesse :
A peine est-il sorti de ses lâches terreurs,
Qu'il a trouvé pour moi le comble des horreurs.
Mes frères, puisqu'enfin vous voulez tous deux l'être,
Si vous m'aimez en sœur, faites-le-moi paroître.

HÉRACLIUS.

Que pouvons-nous tous deux lorsqu'on tranche nos jours?

PULCHÉRIE.

Un généreux conseil est un puissant secours.

MARTIAN.

Il n'est point de conseil qui vous soit salutaire
Que d'épouser le fils pour éviter le père.
L'horreur d'un mal plus grand vous y doit disposer.

PULCHÉRIE.

Qui me le montrera, si je veux l'épouser?
Et dans cet hyménée, à ma gloire funeste,

Qui me garantira des périls de l'inceste?
MARTIAN.
Je le vois trop à craindre et pour vous et pour nous.
Mais, madame, on peut prendre un vain titre d'époux,
Abuser du tyran la rage forcenée,
Et vivre en frère et sœur sous un feint hyménée.
PULCHÉRIE.
Feindre, et nous abaisser à cette lâcheté!
HÉRACLIUS.
Pour tromper un tyran, c'est générosité;
Et c'est mettre, en faveur d'un frère qu'il vous donne,
Deux ennemis secrets auprès de sa personne,
Qui, dans leur juste haine animés et constants,
Sur l'ennemi commun sauront prendre leur temps,
Et terminer bientôt la feinte avec sa vie.
PULCHÉRIE.
Pour conserver vos jours, et fuir mon infamie,
Feignons; vous le voulez, et j'y résiste en vain.
Sus donc, qui de vous deux me prêtera la main?
Qui veut feindre avec moi? qui sera mon complice?
HÉRACLIUS.
Vous, prince, à qui le ciel inspire l'artifice.
MARTIAN.
Vous, que veut le tyran pour fils obstinément.
HÉRACLIUS.
Vous, qui depuis quatre ans la servez en amant.
MARTIAN.
Vous saurez mieux que moi surprendre sa tendresse.

ACTE V, SCENE VI.

HÉRACLIUS.
Vous saurez mieux que moi la traiter de maîtresse.
MARTIAN.
Vous aviez commencé tantôt d'y consentir.
PULCHÉRIE.
Ah! princes, votre cœur ne peut se démentir;
Et vous l'avez tous deux trop grand, trop magnanime,
Pour souffrir sans horreur l'ombre même d'un crime.
Je vous connoissois trop pour juger autrement
Et de votre conseil et de l'événement;
Et je n'y déférois que pour vous voir dédire :
Toute fourbe est honteuse aux cœurs nés pour l'empire.
Princes, attendons tout, sans consentir à rien.
HÉRACLIUS.
Admirez cependant quel malheur est le mien :
L'obscure vérité que de mon sang je signe,
Du grand nom qui me perd ne me peut rendre digne;
On n'en croit pas ma mort, et je perds mon trépas,
Puisque mourant pour lui je ne le sauve pas.
MARTIAN.
Voyez, d'autre côté, quelle est ma destinée,
Madame : dans le cours d'une seule journée,
Je suis Héraclius, Léonce, Martian;
Je sors d'un empereur, d'un tribun, d'un tyran.
De tous trois ce désordre en un jour me fait naître
Pour me faire mourir enfin sans me connoître.
PULCHÉRIE.
Cédez, cédez tous deux aux rigueurs de mon sort;

HÉRACLIUS.

Il a fait contre vous un violent effort :
Votre malheur est grand ; mais, quoi qu'il en succède,
La mort qu'on me refuse en sera le remède ;
Et moi... Mais que nous veut ce perfide ?

SCÈNE VII.

HÉRACLIUS, MARTIAN, PULCHÉRIE, AMINTAS.

AMINTAS.

Mon bras
Vient de laver ce nom dans le sang de Phocas.

HÉRACLIUS.

Que nous dis-tu ?

AMINTAS.

Qu'à tort vous nous prenez pour traîtres ;
Qu'il n'est plus de tyran ; que vous êtes les maîtres.

HÉRACLIUS.

De quoi ?

AMINTAS.

De tout l'empire.

MARTIAN.

Et par toi ?

AMINTAS.

Non, seigneur ;
Un autre en a la gloire, et j'ai part à l'honneur.

ACTE V, SCENE VII.

HÉRACLIUS.

Et quelle heureuse main finit notre misère ?

AMINTAS.

Princes, l'auriez-vous cru ? c'est la main d'Exupère.

MARTIAN.

Lui qui me trahissoit ?

AMINTAS.

C'est de quoi s'étonner :
Il ne vous trahissoit que pour vous couronner.

HÉRACLIUS.

N'a-t-il pas des mutins dissipé la furie ?

AMINTAS.

Son ordre excitoit seul cette mutinerie.

MARTIAN.

Il en a pris les chefs toutefois.

AMINTAS.

Admirez
Que ces prisonniers même avec lui conjurés,
Sous cette illusion, couroient à leur vengeance.
Tous contre ce barbare étant d'intelligence,
Suivis d'un gros d'amis, nous passons librement,
Au travers du palais, à son appartement.
La garde y restoit foible et sans aucun ombrage :
Crispe même à Phocas porte notre message.
Il vient : à ses genoux on met les prisonniers,
Qui tirent pour signal leurs poignards les premiers.
Le reste, impatient dans sa noble colère,
Enferme la victime ; et soudain Exupère :

« Qu'on arrête, dit-il; le premier coup m'est dû :
« C'est lui qui me rendra l'honneur presque perdu. »
Il frappe, et le tyran tombe aussitôt sans vie,
Tant de nos mains la sienne est promptement suivie!
Il s'élève un grand bruit, et mille cris confus
Ne laissent discerner que Vive Héraclius!
Nous saisissons la porte, et les gardes se rendent.
Mêmes cris aussitôt de tous côtés s'entendent;
Et de tant de soldats qui lui servoient d'appui,
Phocas, après sa mort, n'en a pas un pour lui.

PULCHÉRIE.
Quel chemin Exupère a pris pour sa ruine!

AMINTAS.
Le voici qui s'avance avecque Léontine.

SCÈNE VIII.

HÉRACLIUS, MARTIAN, PULCHÉRIE,
LÉONTINE, EUDOXE, EXUPÈRE,
AMINTAS, GARDES.

HÉRACLIUS, à Léontine.
Est-il donc vrai, madame? et changeons-nous de sort?
Amintas nous fait-il un fidèle rapport?

LÉONTINE.
Seigneur, un tel succès à peine est concevable;
Et d'un si grand dessein la conduite admirable...

ACTE V, SCENE VIII.

HÉRACLIUS, à Exupère.

Perfide généreux, hâte-toi d'embrasser
Deux princes impuissants à te récompenser.

EXUPÈRE, à Héraclius.

Seigneur, il me faut grace, ou de l'un, ou de l'autre :
J'ai répandu son sang, si j'ai vengé le vôtre.

MARTIAN.

Qui que ce soit des deux, il doit se consoler
Du malheur d'un tyran qui vouloit l'immoler;
Je ne sais quoi pourtant dans mon cœur en murmure.

HÉRACLIUS.

Peut-être en vous par là s'explique la nature :
Mais, prince, votre sort n'en sera pas moins doux;
Si l'empire est à moi, Pulchérie est à vous :
Puisque le père est mort, le fils est digne d'elle.

(à Léontine.)

Terminez donc, madame, enfin notre querelle.

LÉONTINE.

Mon témoignage seul peut-il en décider?

MARTIAN.

Quelle autre sûreté pourrions-nous demander?

LÉONTINE.

Je vous puis être encor suspecte d'artifice.
Non, ne m'en croyez pas, croyez l'impératrice.

(à Pulchérie, lui donnant un billet.)

Vous connoissez sa main, madame; et c'est à vous
Que je remets le sort d'un frère et d'un époux.
Voyez ce qu'en mourant me laissa votre mère.

PULCHÉRIE.
J'en baise en soupirant le sacré caractère.
LÉONTINE.
Apprenez d'elle enfin quel sang vous a produits,
Princes.
HÉRACLIUS, à Eudoxe.
Qui que je sois, c'est à vous que je suis.
PULCHÉRIE lit le billet.
Parmi tant de malheurs, mon bonheur est étrange :
Après avoir donné son fils au lieu du mien,
Léontine à mes yeux, par un second échange,
Donne encore à Phocas mon fils au lieu du sien.

Vous qui pourrez douter d'un si rare service,
Sachez qu'elle a deux fois trompé notre tyran :
Celui qu'on croit Léonce est le vrai Martian,
Et le faux Martian est vrai fils de Maurice.
CONSTANTINE.

PULCHÉRIE, à Héraclius.
Ah ! vous êtes mon frère.
HÉRACLIUS, à Pulchérie.
Et c'est heureusement
Que le trouble éclairci vous rend à votre amant.
LÉONTINE, à Héraclius.
Vous en saviez assez pour éviter l'inceste,
Et non pas pour vous rendre un tel secret funeste.
(à Martian.)
Mais pardonnez, seigneur, à mon zèle parfait
Ce que j'ai voulu faire, et ce qu'un autre a fait.

ACTE V, SCENE VIII.

MARTIAN.

Je ne m'oppose point à la commune joie :
Mais souffrez des soupirs que la nature envoie.
Quoique jamais Phocas n'ait mérité d'amour,
Un fils ne peut moins rendre à qui l'a mis au jour :
Ce n'est pas tout d'un coup qu'à ce titre on renonce.

HÉRACLIUS.

Donc pour mieux l'oublier, soyez encor Léonce;
Sous ce nom glorieux aimez ses ennemis,
Et meure du tyran jusqu'au nom de son fils.

(à Eudoxe.)

Vous, madame, acceptez et ma main et l'empire
En échange d'un cœur pour qui le mien soupire.

EUDOXE, à Héraclius.

Seigneur, vous agissez en prince généreux.

HÉRACLIUS, à Exupère et à Amintas.

Et vous, dont la vertu me rend ce trouble heureux,
Attendant les effets de ma reconnoissance,
Reconnoissons, amis, la céleste puissance :
Allons lui rendre hommage, et, d'un esprit content,
Montrer Héraclius au peuple qui l'attend.

FIN D'HÉRACLIUS.

EXAMEN D'HÉRACLIUS.

Cette tragédie a encore plus d'effort d'invention que celle de Rodogune, et je puis dire que c'est un heureux original dont il s'est fait beaucoup de belles copies sitôt qu'il a paru. Sa conduite diffère de celle-là, en ce que les narrations qui lui donnent jour sont pratiquées par occasion en divers lieux avec adresse, et toujours dites et écoutées avec intérêt, sans qu'il y en ait pas une de sang-froid, comme celle de Laonice. Elles sont éparses ici dans tout le poëme, et ne font connoître à-la-fois que ce qu'il est besoin qu'on sache pour l'intelligence de la scène qui suit. Ainsi, dès la première, Phocas, alarmé du bruit qui court qu'Héraclius est vivant, récite les particularités de sa mort, pour montrer la fausseté de ce bruit; et Crispe, son gendre, en lui proposant un remède aux troubles qu'il appréhende, fait connoître comme, en perdant toute la famille de Maurice, il a réservé Pulchérie pour la faire épouser à son fils Martian, et le pousse d'autant plus à presser ce mariage, que ce prince court chaque jour de grands périls à la guerre, et que, sans Léonce, il fût demeuré sans vie au dernier combat. C'est par là qu'il instruit les auditeurs de l'obligation qu'a le vrai Héraclius, qui passe pour Martian, au vrai Martian qui passe pour Léonce; et cela sert de fondement à l'offre volontaire qu'il fait de sa vie, au quatrième acte, pour le sauver du péril où l'expose cette erreur des noms. Sur cette proposition, Phocas, se plaignant de l'aversion que les deux parties témoignent à ce mariage, impute celle de Pulchérie à l'instruction qu'elle a reçue de sa mère, et apprend ainsi aux spectateurs, comme en passant, qu'il l'a laissée trop vivre après la mort de l'empereur Maurice son mari. Il falloit tout cela pour faire entendre la scène qui suit entre Pulchérie et lui; mais je n'ai pu avoir assez d'adresse pour faire entendre les équivoques ingénieuses dont est rempli tout ce que dit Héraclius à la fin de ce premier acte, et on ne les peut comprendre que par une réflexion après que la pièce est finie et qu'il est entièrement reconnu, ou dans une seconde représentation.

Surtout la manière dont Eudoxe fait connoître au second acte le double échange que sa mère a fait des deux princes est une des choses les plus spirituelles qui soient sorties de ma plume. Léontine l'accuse d'avoir révélé le secret d'Héraclius, et d'être cause du bruit qui court, qui le met en péril de sa vie : pour s'en justifier, elle explique tout ce qu'elle en sait, et conclut que, puisqu'on n'en publie pas tant, il faut que ce bruit ait pour auteur quelqu'un qui n'en sache pas tant qu'elle. Il est vrai que cette narration est si courte, qu'elle laisseroit beaucoup d'obscurité, si Héraclius ne l'expliquoit plus au long au quatrième acte, quand il est besoin que cette vérité fasse son plein effet : mais elle n'en pouvoit pas dire davantage à une personne qui savoit cette histoire mieux qu'elle; et ce peu qu'elle en dit suffit à jeter une lumière imparfaite de ces échanges, qu'il n'est pas besoin alors d'éclaircir plus entièrement.

L'artifice de la dernière scène de ce quatrième acte passe encore celui-ci. Exupère y fait connoître tout son dessein à Léontine, mais d'une façon qui n'empêche point cette femme avisée de le soupçonner de fourberie, et de n'avoir autre dessein que de tirer d'elle le secret d'Héraclius pour le perdre. L'auditeur lui-même en demeure dans la défiance, et ne sait qu'en juger. Mais, après que la conspiration a eu son effet par la mort de Phocas, cette confidence anticipée exempte Exupère de se purger de tous les justes soupçons qu'on avoit eus de lui, et délivre l'auditeur d'un récit qui lui auroit été fort ennuyeux après le dénouement de la pièce, où toute la patience que peut avoir sa curiosité se borne à savoir qui est le vrai Héraclius des deux qui prétendent l'être.

Le stratagême d'Exupère avec toute son industrie a quelque chose d'un peu délicat, et d'une nature à ne se faire qu'au théâtre, où l'auteur est maître des événements qu'il tient dans sa main, et non pas dans la vie civile, où les hommes en disposent selon leurs intérêts et leur pouvoir. Quand il découvre Héraclius à Phocas, et le fait arrêter prisonnier, son intention est fort bonne, et lui réussit ; mais il n'y avoit que moi qui lui pusse répondre du succès. Il acquiert la confiance du tyran par là, et se fait remettre entre les mains la garde d'Héraclius, et sa conduite au supplice : mais le contraire pouvoit arriver ; et Phocas, au lieu de déférer à ses avis qui le résolvent à faire couper la tête à ce prince en place publique, pouvoit s'en défaire sur l'heure, et se défier de lui et de ses amis, comme de gens qu'il avoit offensés, et dont il ne devoit jamais espérer un zèle bien sincère à le servir. La mutinerie qu'il excite, dont il lui amène les chefs comme prisonniers pour le poignarder, est imaginée avec justesse ; mais jusque-là toute sa conduite est de ces choses qu'il faut souffrir au théâtre, parce qu'elles ont un éclat dont la surprise éblouit, et qu'il ne feroit pas bon tirer en exemple pour conduire une action véritable sur leur plan.

Je ne sais si on voudra me pardonner d'avoir fait une pièce d'invention sous des noms véritables ; mais je ne crois pas qu'Aristote le défende, et j'en trouve assez d'exemples chez les anciens. Les deux Électres de Sophocle et d'Euripide aboutissent à la même action par des moyens si divers, qu'il faut de nécessité que l'une des deux soit entièrement inventée.

L'Iphigénie *in Tauris* a la mine d'être de même nature ; et l'Hélène, où Euripide suppose qu'elle n'a jamais été à Troie, et que Pâris n'y a enlevé qu'un fantôme qui lui ressembloit, ne peut avoir aucune action épisodique ni principale qui ne parte de la seule imagination de son auteur.

Je n'ai conservé ici pour toute vérité historique que l'ordre de la succession des empereurs Tibère, Maurice, Phocas, et Héraclius. J'ai falsifié la naissance de ce dernier, pour lui en donner une plus illustre, en le faisant fils de Maurice, bien qu'il ne le fût que d'un préteur d'Afrique, qui portait même nom que lui. J'ai prolongé de douze ans la durée de l'empire de Phocas, et lui ai donné Martian pour fils, quoique l'histoire ne parle que d'une fille nommée Domitia, qu'il maria à Crispe, dont je fais un de mes personnages. Ce fils et Héraclius, qui sont confondus l'un avec l'autre par les échanges de Léontine, n'auroient pas été en état d'agir, si je ne l'eusse fait régner que les huit ans qu'il régna, puisque, pour faire ces échanges, il falloit qu'ils fussent tous deux au berceau quand il commença de régner. C'est par cette même raison que j'ai prolongé la vie de l'impératrice Constantine, que je n'ai fait mourir qu'en la quinzième année de sa tyrannie, bien qu'il l'eût immolée à sa sûreté dès la cinquième ; et je l'ai fait afin qu'elle pût avoir une fille capable de recevoir ses instructions en mourant, et d'un âge proportionné à celui du prince qu'on lui vouloit faire épouser.

La supposition que fait Léontine d'un de ses fils pour mourir au lieu d'Héraclius n'est point vraisemblable ; mais elle est historique, et n'a point besoin de vraisemblance, puisqu'elle a l'appui de la vérité qui la rend croyable, quelque répugnance qu'y veuillent apporter les difficiles. Baronius attribue cette action à une nourrice ; et je l'ai trouvée assez généreuse pour la faire produire à une personne plus illustre, et qui soutînt mieux la dignité du théâtre. L'empereur Maurice reconnut cette supposition, et l'empêcha d'avoir son effet, pour ne s'opposer pas au juste jugement de Dieu qui vouloit exterminer toute sa famille : mais quant à ce qui est de la mère, elle avait surmonté l'affection maternelle en faveur de son prince ; et comme on pouvoit dire que son fils étoit mort pour son regard, je me suis cru assez autorisé, par ce qu'elle avoit voulu faire, à rendre cet échange effectif, et à le faire servir de fondement aux nouveautés surprenantes de ce sujet.

Il lui faut la même indulgence pour l'unité de lieu qu'à Rodogune. La plupart des poëmes qui suivent en ont besoin, et je me dispenserai de le répéter en les examinant. L'unité de jour n'a rien de violenté, et l'action se pourroit passer en cinq ou six heures : mais le poëme est si embarrassé, qu'il demande une merveilleuse attention. J'ai vu de fort bons esprits, et des personnes des plus qualifiées de la cour, se plaindre de ce que sa représentation fatiguoit autant l'esprit qu'une étude sérieuse. Elle n'a pas laissé de plaire; mais je crois qu'il l'a fallu voir plus d'une fois pour en remporter une entière intelligence.

FIN DE L'EXAMEN D'HÉRACLIUS.

DON SANCHE
D'ARAGON,
COMÉDIE HÉROÏQUE.
1651.

PRÉFACE DE VOLTAIRE.

Ce genre purement romanesque, dénué de tout ce qui peut émouvoir, et de tout ce qui fait l'ame de la tragédie, fut en vogue avant Corneille. *Don Bernard de Cabrera, Laure persécutée*, et plusieurs autres pièces, sont dans ce goût; c'est ce qu'on appelait *comédie héroïque*, genre mitoyen qui peut avoir ses beautés. La comédie de *l'Ambitieux* de Destouche est à peu près du même genre, quoique beaucoup au-dessous de *Don Sanche d'Aragon*, et même de *Laure*. Ces espèces de comédies furent inventées par les Espagnols. Il y en a beaucoup dans Lope de Vega. Celle-ci est tirée d'une pièce espagnole intitulée *El palacio confuso*, et du roman de *Pélage*.

Peut-être les comédies héroïques sont-elles préférables à ce qu'on appelle la *tragédie bourgeoise*, ou la *comédie larmoyante*. En effet, cette comédie larmoyante, absolument privée de comique, n'est au fond qu'un monstre né de l'impuissance d'être ou plaisant ou tragique.

Celui qui ne peut faire ni une vraie comédie, ni une vraie tragédie, tâche d'intéresser par des aventures bourgeoises attendrissantes : il n'a pas le don du comique ; il cherche à y suppléer par l'intérêt : il ne peut s'élever au cothurne ; il rehausse un peu le brodequin.

Il peut arriver sans doute des aventures très funestes à de simples citoyens ; mais elles sont bien moins attachantes que celles des souverains, dont le sort entraîne celui des nations. Un bourgeois peut être assassiné comme Pompée ; mais la mort de Pompée fera toujours un tout autre effet que celle d'un bourgeois.

Si vous traitez les intérêts d'un bourgeois dans le style de Mithridate, il n'y a plus de convenance ; si vous représentez une aventure terrible d'un homme du commun en style familier, cette diction familière, convenable au personnage, ne l'est plus au sujet. Il ne faut point transposer les bornes des arts : la comédie doit s'élever et la tragédie doit s'abaisser à propos ; mais ni l'une ni l'autre ne doit changer de nature.

Corneille prétend que le refus d'un suffrage illustre fit tomber son *Don Sanche*. Le suffrage qui lui manqua fut celui du grand Condé. Mais Corneille devait se souvenir que les dégoûts, et les critiques du cardinal de Richelieu, homme plus accrédité dans la littérature que le grand Condé, n'avaient pu nuire au *Cid*. Il est plus aisé à un prince de faire la guerre civile que d'anéantir un bon ouvrage. *Phèdre* se releva bientôt, malgré la cabale des hommes les plus puissants.

Si *Don Sanche* est presque oublié, s'il n'eut jamais un grand succès, c'est que trois princesses amoureuses d'un inconnu débitent les maximes les plus froides d'amour et de fierté ; c'est qu'il ne s'agit que de savoir qui épousera ces princesses ; c'est que personne ne se soucie qu'elles soient mariées ou non. Vous verrez toujours l'amour traité, dans les pièces suivantes de Corneille, du style froid et entortillé des mauvais romans de ce temps-là. Vous ne verrez jamais les sentiments du cœur développés avec cette noble simplicité, avec ce naturel tendre, avec cette élégance qui nous enchante dans le quatrième livre de Virgile, dans certains morceaux d'Ovide, dans plusieurs rôles de Racine ; mérite que depuis Racine personne n'a connu parmi nous, dont aucun auteur n'a approché en Italie depuis le *Pastor fido* ; mérite entièrement ignoré en Angleterre, et même dans le reste de l'Europe.

Corneille est trop grand par les belles scènes du *Cid*, de *Cinna*, des *Horaces*, de *Polyeucte*, de *Pompée*, etc., pour qu'on puisse le rabaisser en disant la vérité. Sa mémoire est respectable; la vérité l'est encore davantage.... La plupart de ceux qui ont voulu imiter Corneille, et qui ont cru qu'une intrigue froide, soutenue de quelques maximes de méchanceté qu'on appelle *politique*, et d'insolence qu'on appelle *grandeur*, pourrait soutenir leurs pièces, les ont vues tomber pour jamais. Corneille suppose toujours, dans tous les examens de ses pièces, depuis *Théodore* et *Pertharite*, quelque petit défaut qui a nui à ses ouvrages; et il oublie toujours que le froid, qui est le plus grand défaut, est ce qui les tue.

La grandeur héroïque de don Sanche, qui se croit fils d'un pêcheur, est d'une beauté dont le genre était inconnu en France; mais c'est la seule chose qui pût soutenir cette pièce, indigne d'ailleurs de l'auteur de *Cinna*. Le succès dépend presque toujours du sujet. Pourquoi Corneille choisit-il un roman espagnol, une comédie espagnole, pour son modèle, au lieu de choisir dans l'histoire romaine et dans la fable grecque?

C'eût été un très-beau sujet qu'un soldat de fortune qui rétablit sur le trône sa maîtresse et sa mère sans les connaître. Mais il faudrait que dans un tel sujet tout fût grand et intéressant.

A MONSIEUR
DE ZUYLICHEM,

CONSEILLER ET SECRÉTAIRE DE MONSEIGNEUR
LE PRINCE D'ORANGE.

Monsieur,

Voici un poëme d'une espèce nouvelle, et qui n'a point d'exemple chez les anciens. Vous connoissez l'humeur de nos François; ils aiment la nouveauté; et je hasarde *non tàm meliora quàm nova*, sur l'espérance de les mieux divertir. C'étoit l'humeur des Grecs dès le temps d'Eschyle :

> Illecebris erat et gratâ novitate morandus
> Spectator.

Et, si je ne me trompe, c'étoit aussi celle des Romains :

> Nec minimum meruere decus, vestigia græca
> Ausi deserere....
> Vel qui prætextas, vel qui docuere togatas.

Ainsi j'ai du moins des exemples d'avoir entrepris une chose qui n'en a point. Je vous avouerai toutefois qu'après l'avoir faite je me suis trouvé fort embarrassé à lui choisir un nom. Je n'ai jamais pu me résoudre à celui de tragédie, n'y voyant que les personnages qui en fussent dignes. Cela eût suffi au bon-homme Plaute, qui n'y cherchoit point d'autre finesse : parce qu'il y a des dieux et des rois dans son *Amphitryon*, il veut que c'en soit une; et parce qu'il y a des valets qui bouffonnent, il veut que ce soit aussi une comédie; et lui donne l'un et l'autre nom, par un composé qu'il forme exprès, de peur de ne lui donner pas tout ce qu'il croit lui appartenir. Mais c'est trop déférer aux personnages, et considérer trop peu l'action. Aristote en use autrement dans la définition qu'il fait de la tragédie, où il décrit les qualités que doit avoir celle-ci, et les effets qu'elle doit produire, sans parler aucunement de ceux-là : et j'ose m'imaginer que ceux qui ont restreint cette sorte de poëme aux personnes illustres n'en ont décidé que sur l'opinion qu'ils ont eue qu'il n'y avoit que la fortune des rois et des princes qui fût capable d'une action telle que ce grand maître de l'art nous prescrit. Cependant, quand il examine lui-même les qualités nécessaires au héros de la tragédie, il ne touche point du tout à sa naissance, et ne s'attache qu'aux incidents de sa vie et à ses mœurs. Il demande un homme qui ne soit ni tout méchant ni tout bon; il le demande persécuté par quelqu'un de ses plus proches; il demande qu'il tombe en danger de mourir par une main obligée à le conserver : et je ne vois point que cela ne puisse arriver qu'à un prince, et que dans un moindre rang on soit à couvert de ces malheurs. L'histoire dédaigne de les marquer, à moins qu'ils n'aient accablé quelqu'une de ces grandes têtes; et c'est sans doute pourquoi jusqu'à présent la tragédie s'y est arrêtée. Elle a besoin de son appui pour les évènements qu'elle traite; et comme ils n'ont de l'éclat que parce qu'ils sont hors de la vraisemblance ordinaire, ils ne seroient pas croyables sans son autorité, qui agit avec empire, et semble commander de croire ce qu'elle veut persuader. Mais je ne comprends point ce qui lui défend de descendre plus bas, quand il s'y rencontre des actions qui méritent qu'elle prenne soin de les imiter; et je ne puis croire que l'hospitalité violée en la personne des filles de Scédase, qui n'étoit qu'un paysan de Leuctres, soit moins digne d'elle que l'assassinat d'Agamemnon par sa femme, ou la vengeance de cette mort par Oreste sur sa propre mère; quitte pour chausser le cothurne un peu plus bas :

Et tragicus plerumque dolet sermone pedestri.

Je dirai plus, monsieur : la tragédie doit exciter de la pitié et de la crainte, et cela est de ses parties essentielles, puisqu'il entre dans sa définition. Or, s'il est vrai que ce dernier sentiment ne s'excite en nous par sa représentation que quand nous voyons souffrir nos semblables, et que leurs infortunes nous en font appréhender de pareilles, n'est-il pas vrai aussi qu'il y pourroit être excité plus fortement par la vue des malheurs arrivés aux personnes de notre condition, à qui nous ressemblons tout-à-fait, que par l'image de ceux qui font trébucher de leurs trônes les plus grands monarques, avec qui nous n'avons aucun rapport qu'en tant que nous sommes susceptibles des passions qui les ont jetés dans ce précipice; ce qui ne se rencontre pas toujours ? Que si vous trouvez quelque apparence en ce raisonnement, et ne désapprouvez pas qu'on puisse faire une tragédie entre des personnes médiocres, quand leurs infortunes ne sont pas au-dessous de sa dignité; permettez-moi de conclure, *à simili*, que nous pouvons faire une comédie entre des personnes illustres, quand nous en proposons quelque aventure qui ne s'élève point au-dessus de sa portée. Et certes, après avoir lu dans Aristote que la tragédie est une imitation des actions, et non pas des hommes, je pense avoir quelque droit de dire la même chose de la comédie, et de prendre pour maxime que c'est par la seule considération des actions, sans aucun égard aux personnages, qu'on doit déterminer de quelle espèce est un poëme dramatique. Voilà, monsieur, bien du discours, dont il n'étoit pas besoin pour vous attirer à mon parti, et gagner votre suffrage en faveur du titre que j'ai donné à *Don Sanche*. Vous savez mieux que moi tout ce que je vous dis; mais comme j'en fais confidence au public, j'ai cru que vous ne vous offenseriez pas que je vous fisse souvenir des choses dont je lui dois quelque lumière. Je continuerai donc, s'il vous plaît, et lui dirai que *Don Sanche* est une véritable comédie, quoique tous les acteurs y soient ou rois ou grands d'Espagne, puisqu'on n'y voit naître aucun péril par qui nous puissions être portés à la pitié ou à la crainte. Notre aventurier Carlos n'y court aucun risque. Deux de ses rivaux sont trop jaloux de leur rang pour se commettre avec lui, et trop généreux pour lui dresser quelques supercheries. Le mépris qu'ils en font sur l'incertitude de son origine ne détruit point en eux l'estime de sa valeur, et se change en respect sitôt qu'ils le peuvent soupçonner d'être ce qu'il est véritablement, quoiqu'il ne le sache pas. Le troisième lie la partie avec lui, mais elle est incontinent rompue par la reine; et quand même elle s'achèveroit par la perte de sa vie, la mort d'un ennemi par un ennemi n'a rien de pitoyable ni de terrible, et par conséquent rien de tragique. Il a de grands déplaisirs, et qui semblent vouloir quelque pitié de nous, lorsqu'il dit lui-même à une de ses maîtresses,

Je plaindrois un amant qui souffriroit mes peines;

mais nous ne voyons autre chose dans les comédies que des amants qui vont mourir, s'il ne possèdent ce qu'ils aiment; et de semblables douleurs ne préparant aucun effet tragique, on ne peut dire qu'elles aillent au-dessus de la comédie. Il tombe dans l'unique malheur qu'il appréhende: il est découvert pour fils d'un pêcheur; mais, en cet état même, il n'a garde de nous demander notre pitié, puisqu'il s'offense de celle de ses rivaux. Ce n'est point un héros à la mode d'Euripide, qui les habilloit de lambeaux pour mendier les larmes des spectateurs; celui-ci soutient sa disgrace avec tant de fermeté, qu'il nous imprime plus d'admiration de son grand courage, que de compassion pour son infortune. Nous la craignons pour lui avant qu'elle arrive; mais cette crainte n'a sa source que dans l'intérêt que nous prenons d'ordinaire à ce qui touche le premier acteur, et se peut ranger *inter communia utriusque dramatis*, aussi bien que la reconnoissance qui fait le dénouement de cette pièce. La crainte tragique ne devance pas le malheur du héros, elle suit; elle n'est pas pour lui, elle est pour nous; et, se produisant par une prompte application que la vue de ses malheurs nous fait faire sur nous-mêmes, elle purge en nous les passions que nous en voyons être la cause. Enfin je ne vois rien en ce poëme qui puisse mériter le nom de tragédie, si nous ne voulons nous contenter de la définition qu'en donne Averroès, qui l'appelle simplement un art de louer. En ce cas, nous ne lui pourrons dénier ce titre sans nous aveugler volontairement, et ne vouloir pas voir que toutes ses parties ne sont qu'une peinture des puissantes impressions que les rares qualités d'un honnête homme font sur toutes sortes d'esprits, qui est une façon de louer assez ingénieuse, et hors du commun des panégyriques. Mais j'aurois mauvaise grace de me prévaloir d'un auteur arabe, que je ne connois que sur la foi d'une traduction latine; et, puisque sa paraphrase abrège le texte d'Aristote en cet article, au lieu de l'étendre, je ferai mieux d'en croire ce dernier, qui ne permet point à cet ouvrage de prendre un nom plus relevé que celui de comédie. Ce n'est pas que je n'aie hésité quelque temps, sur ce que je n'y voyois rien qui pût émouvoir à rire. Cet agrément a été jusqu'ici tellement de la pratique de de la comédie, que beaucoup ont cru qu'il étoit aussi de son essence; et je serois encore dans ce scrupule, si je n'en avois été guéri par votre M. Heinsius, de qui je viens d'apprendre heureusement que *Movere risum non constituit comœdiam, sed plebis aucupium est, et abusus.* Après l'autorité d'un si grand homme, je serois coupable de chercher d'autres raisons, et de craindre d'être mal fondé à soutenir que la comédie se peut passer du ridicule. J'ajoute à celle-ci l'épithète d'héroïque, pour satisfaire aucunement à la dignité de ses personnages, qui pourroit sembler profanée par la bassesse d'un titre que jamais on n'a appliqué si haut. Mais après tout, monsieur, ce n'est qu'un *interim*, jusqu'à ce que vous m'ayez appris comme j'ai dû l'intituler. Je ne vous l'adresse que pour vous l'abandonner entièrement: et si vos Elzéviers se saisissent de ce poëme, comme ils ont fait de quelques-uns des miens qui l'ont précédé, ils peuvent le faire voir à vos provinces sous le titre que vous lui jugerez plus convenable, et nous exécuterons ici l'arrêt que vous en aurez donné. J'attends de vous cette instruction avec impatience, pour m'affermir dans mes premières pensées, ou les rejeter comme de mauvaises tentations : elles flotteront jusque-là; et si vous ne me pouvez accorder la gloire d'avoir appuyé une nouveauté, vous me laisserez du moins celle d'avoir passablement défendu un paradoxe. Mais quand même vous m'ôteriez toutes les deux, je m'en consolerai fort aisément, parce que je suis très-assuré que vous ne sauriez m'en ôter une qui m'est beaucoup plus précieuse, c'est celle d'être toute ma vie,

Monsieur,

Votre très-humble
et très-obéissant serviteur,
P. Corneille.

ARGUMENT DE DON SANCHE.

Don Fernand, roi d'Aragon, chassé de ses états par la révolte de don Garcie d'Ayala, comte de Fuensalida, n'avoit plus sous son obéissance que la ville de Catalaïud et le territoire des environs, lorsque la reine dona Léonor, sa femme, accoucha d'un fils, qui fut nommé don Sanche. Ce déplorable prince, craignant qu'il ne demeurât exposé aux fureurs de ce rebelle, le fit aussitôt enlever par don Raymond de Moncade, son confident, afin de le faire nourrir secrètement. Ce cavalier, trouvant dans le village de Rubierça la femme d'un pêcheur nouvellement accouchée d'un enfant mort, lui donna celui-ci à nourrir, sans lui dire qui il étoit; mais seulement qu'un jour le roi et la reine d'Aragon le feroient grand lorsqu'elle lui feroit présenter par lui un petit écrin, qu'en même temps il lui donna. Le mari de cette pauvre femme étoit pour lors à la guerre, si bien que, revenant au bout d'un an, il prit aisément cet enfant pour sien, et l'éleva comme s'il en eût été le père. La reine ne put jamais savoir du roi où il avoit fait porter son fils; et tout ce qu'elle en tira, après beaucoup de prières, ce fut qu'elle le reconnoîtroit un jour quand on lui présenteroit cet écrin où il avoit mis leurs deux portraits, avec un billet de sa main et quelques autres pièces de remarque : mais, voyant qu'elle continuoit toujours à en vouloir savoir davantage, il arrêta sa curiosité tout d'un coup, et il lui dit qu'il étoit mort. Il soutint après cela cette malheureuse guerre encore trois ou quatre ans, ayant toujours quelque nouveau désavantage, et mourut enfin de déplaisir et de fatigue, laissant ses affaires désespérées, et la reine grosse, à qui il conseilla d'abandonner entièrement l'Aragon, et de se réfugier en Castille : elle exécuta ses ordres, et y accoucha d'une fille nommée dona Elvire, qu'elle y éleva jusqu'à l'âge de vingt ans. Cependant le jeune prince don Sanche, qui se croyoit fils d'un pêcheur, dès qu'il en eut atteint seize, se dérobe de ses parents, et se jette dans les armées du roi de Castille, qui avoit de grandes guerres contre les Maures ; et, de peur d'être connu pour ce qu'il pensoit être, il quitte le nom de Sanche qu'on lui avoit laissé, et prend celui de Carlos. Sous ce faux nom, il fait tant de merveilles, qu'il entre en grande considération auprès du roi don Alphonse, à qui il sauve la vie en un jour de bataille : mais comme ce monarque étoit près de le récompenser, il est surpris de la mort, et ne lui laisse autre chose que les favorables regards de la reine dona Isabelle, sa sœur et son héritière, et de la jeune princesse d'Aragon, dona Elvire, que l'admiration de ses belles actions avoit portées toutes deux jusqu'à l'aimer, mais d'un amour étouffé par le souvenir de ce qu'elles devoient à la dignité de leur naissance. Lui-même avoit conçu aussi de la passion pour toutes deux, sans oser prétendre à pas une, se croyant si fort indignes d'elles. Cependant tous les grands de Castille ne voyant point de rois voisins qui pussent épouser leur reine, prétendant à l'envi l'un de l'autre à son mariage, et étant près de former une guerre civile pour ce sujet, les états du royaume la supplient de choisir un mari, pour éviter les malheurs qu'ils prévoient devoir naître. Elle s'en excuse, comme ne connoissant pas assez particulièrement le mérite de ses prétendants, et leur commande de choisir eux-mêmes les trois qu'ils en jugent les plus dignes, les assurant que, s'il se rencontre quelqu'un entre ces trois pour qui elle puisse prendre quelque inclination, elle l'épousera. Ils obéissent, et lui nomment don Manrique de Lare, don Lope de Gusman, et don Alvar de Lune, qui, bien que passionné pour la princesse dona Elvire, eût cru faire une lâcheté, et offenser sa reine, s'il eût rejeté l'honneur qu'il recevait de son pays par cette nomination. D'autre côté, les Aragonois, ennuyés de la tyrannie de don Garcie et de don Ramire son fils, les chassent de Saragosse, et, les ayant assiégés dans la forteresse de Jaca, envoient des députés à leurs princesses réfugiées en Castille, pour les prier de revenir prendre possession d'un royaume qui leur appartenoit. Depuis leur départ, ces deux tyrans ayant été tués en la prise de Jaca, don Raymond, qu'ils y tenoient prisonnier depuis six ans, apprend à ces peuples que don Sanche, leur prince, étoit vivant, et part aussitôt pour le chercher à Rubierça où il apprend que le pêcheur, qui le croyoit son fils, l'avoit perdu depuis huit ans, et l'étoit allé chercher en Castille, sur quelques nouvelles qu'il en avoit eues par un soldat qui avoit servi contre les Maures. Il pousse aussitôt de ce côté-là, et joint les députés comme ils étoient prêts d'arriver. C'est par son arrivée que l'aventurier Carlos est reconnu pour le prince don Sanche; après quoi la reine dona Isabelle se donne à lui, du consentement même des trois que ses états lui avoient nommés; et don Alvar en obtient la princesse dona Elvire, qui par cette reconnoissance se trouve être sa sœur.

PERSONNAGES.

D. ISABELLE, reine de Castille.
D. LÉONOR, reine d'Aragon.
D. ELVIRE, princesse d'Aragon.
BLANCHE, dame d'honneur de la reine de Castille.
CARLOS, cavalier inconnu, qui se trouve être don Sanche, roi d'Aragon.
D. RAYMOND DE MONCADE, favori du défunt roi d'Aragon.
D. LOPE DE GUSMAN,
D. MANRIQUE DE LARE, } grands de Castille.
D. ALVAR DE LUNE,

La scène est à Valladolid.

DON SANCHE
D'ARAGON.

ACTE PREMIER.

SCÈNE I.

DONA LÉONOR, DONA ELVIRE.

DONA LÉONOR.

Après tant de malheurs, enfin le ciel propice
S'est résolu, ma fille, à nous faire justice!
Notre Aragon, pour nous, presque tout révolté,
Enlève à nos tyrans ce qu'ils nous ont ôté,
Brise les fers honteux de leurs injustes chaînes,
Se remet sous nos lois, et reconnoît ses reines;
Et par ses députés, qu'aujourd'hui l'on attend,
Rend d'un si long exil le retour éclatant.
Comme nous, la Castille attend cette journée
Qui lui doit de sa reine assurer l'hyménée;
Nous l'allons voir ici faire choix d'un époux.

Que ne puis-je, ma fille, en dire autant de vous!
Nous allons en des lieux sur qui vingt ans d'absence
Nous laissent une foible et douteuse puissance :
Le trouble règne encore où vous devez régner;
Le peuple vous rappelle, et peut vous dédaigner,
Si vous ne lui portez, au retour de Castille,
Que l'avis d'une mère, et le nom d'une fille.
D'un mari valeureux les ordres et le bras
Sauroient bien mieux que nous assurer vos états,
Et par des actions nobles, grandes, et belles,
Dissiper les mutins, et dompter les rebelles.
Vous ne pouvez manquer d'amants dignes de vous :
On aime votre sceptre, on vous aime; et, sur tous,
Du comte don Alvar la vertu non commune
Vous aima dans l'exil et durant l'infortune.
Qui vous aima sans sceptre, et se fit votre appui,
Quand vous le recouvrez est bien digne de lui.

DONA ELVIRE.

Ce comte est généreux, et me l'a fait paroître :
Aussi le ciel pour moi l'a voulu reconnoître,
Puisque les Castillans l'ont mis entre les trois
Dont à leur grande reine ils demandent le choix;
Et, comme ses rivaux lui cèdent en mérite,
Un espoir à présent plus doux le sollicite :
Il régnera sans nous. Mais, madame, après tout,
Savez-vous à quel choix l'Aragon se résout,
Et quels troubles nouveaux j'y puis faire renaître,
S'il voit que je lui mène un étranger pour maître?

Montons, de grace, au trône; et de là beaucoup mieux
Sur le choix d'un époux nous baisserons les yeux.

DONA LÉONOR.

Vous les abaissez trop; une secrète flamme
A déja malgré moi fait ce choix dans votre ame.
De l'inconnu Carlos l'éclatante valeur
Aux mérites du comte a fermé votre cœur.
Tout est illustre en lui, moi-même je l'avoue;
Mais son sang, que le ciel n'a formé que de boue,
Et dont il cache exprès la source obstinément...

DONA ELVIRE.

Vous pourriez en juger plus favorablement:
Sa naissance inconnue est peut-être sans tache.
Vous la présumez basse, à cause qu'il la cache:
Mais combien a-t-on vu de princes déguisés
Signaler leur vertu sous des noms supposés,
Dompter des nations, gagner des diadêmes,
Sans qu'aucun les connût, sans se connoître eux-mêmes!

DONA LÉONOR.

Quoi! voilà donc enfin de quoi vous vous flattez!

DONA ELVIRE.

J'aime et prise en Carlos ses rares qualités.
Il n'est point d'ame noble à qui tant de vaillance
N'arrache cette estime et cette bienveillance;
Et l'innocent tribut de ces affections,
Que doit toute la terre aux belles actions,
N'a rien qui déshonore une jeune princesse.
En cette qualité, je l'aime et le caresse;

En cette qualité, ses devoirs assidus
Me rendent les respects à ma naissance dus.
Il fait sa cour chez moi, comme un autre peut faire
Il a trop de vertu pour être téméraire;
Et, si jamais ses vœux s'échappoient jusqu'à moi,
Je sais ce que je suis, et ce que je me doi.
DONA LÉONOR.
Daigne le juste ciel vous donner le courage
De vous en souvenir, et le mettre en usage!
DONA ELVIRE.
Vos ordres sur mon cœur sauront toujours régner.
DONA LÉONOR.
Cependant ce Carlos vous doit accompagner,
Doit venir jusqu'au lieu de votre obéissance
Vous rendre ces respects dus à votre naissance,
Vous faire, comme ici, sa cour tout simplement.
DONA ELVIRE.
De ses pareils la guerre est l'unique élément :
Accoutumés d'aller de victoire en victoire,
Ils cherchent en tous lieux les dangers et la gloire.
La prise de Séville, et les Maures défaits,
Laissent à la Castille une profonde paix :
S'y voyant sans emploi, sa grande ame inquiète
Veut bien de don Garcie achever la défaite,
Et contre les efforts d'un reste de mutins
De toute sa valeur hâter nos bons destins.
DONA LÉONOR.
Mais quand il vous aura dans le trône affermie,

Et jeté sous vos pieds la puissance ennemie,
S'en ira-t-il soudain aux climats étrangers
Chercher tout de nouveau la gloire et les dangers?
DONA ELVIRE.
Madame, la reine entre.

SCÈNE II.

DONA ISABELLE, DONA LÉONOR, DONA ELVIRE, BLANCHE.

DONA LÉONOR.
Aujourd'hui donc, madame,
Vous allez d'un héros rendre heureuse la flamme,
Et, d'un mot, satisfaire aux plus ardents souhaits
Que poussent vers le ciel vos fidèles sujets?
DONA ISABELLE.
Dites, dites plutôt qu'aujourd'hui, grandes reines,
Je m'impose à vos yeux la plus dure des gênes,
Et fais dessus moi-même un illustre attentat
Pour me sacrifier au repos de l'état.
Que c'est un sort fâcheux et triste que le nôtre
De ne pouvoir régner que sous les lois d'un autre;
Et qu'un sceptre soit cru d'un si grand poids pour nous,
Que, pour le soutenir, il nous faille un époux!
A peine ai-je deux mois porté le diadême,
Que de tous les côtés j'entends dire qu'on m'aime;
Si toutefois, sans crime et sans m'en indigner,

Je puis nommer amour une ardeur de régner.
L'ambition des grands, à cet espoir ouverte,
Semble pour m'acquérir s'apprêter à ma perte;
Et pour trancher le cours de leurs dissensions,
Il faut fermer la porte à leurs prétentions;
Il m'en faut choisir un; eux-mêmes m'en convient,
Mon peuple m'en conjure, et mes états m'en prient;
Et même par mon ordre ils m'en proposent trois,
Dont mon cœur à leur gré peut faire un digne choix.
Don Lope de Gusman, don Manrique de Lare,
Et don Alvar de Lune, ont un mérite rare :
Mais que me sert ce choix qu'on fait en leur faveur,
Si pas un d'eux enfin n'a celui de mon cœur?

DONA LÉONOR.

On vous les a nommés, mais sans vous les prescrire;
On vous obéira, quoi qu'il vous plaise élire :
Si le cœur a choisi, vous pouvez faire un roi.

DONA ISABELLE.

Madame, je suis reine, et dois régner sur moi.
Le rang que nous tenons, jaloux de notre gloire,
Souvent dans un tel choix nous défend de nous croire;
Jette sur nos desirs un joug impérieux,
Et dédaigne l'avis et du cœur et des yeux.

Qu'on ouvre. Juste ciel! vois ma peine, et m'inspire
Et ce que je dois faire et ce que je dois dire.

SCÈNE III.

DONA ISABELLE, DONA LÉONOR, DONA ELVIRE, BLANCHE, DON LOPE, DON MANRIQUE, DON ALVAR, CARLOS.

DONA ISABELLE.
Avant que de choisir, je demande un serment,
Comtes, qu'on agréera mon choix aveuglément;
Que les deux méprisés, et tous les trois peut-être,
De ma main, quel qu'il soit, accepteront un maître :
Car enfin je suis libre à disposer de moi;
Le choix de mes états ne m'est point une loi :
D'une troupe importune il m'a débarrassée,
Et d'eux tous sur vous trois détourné ma pensée,
Mais sans nécessité de l'arrêter sur vous.
J'aime à savoir par là qu'on vous préfère à tous;
Vous m'en êtes plus chers et plus considérables;
J'y vois de vos vertus les preuves honorables;
J'y vois la haute estime où sont vos grands exploits :
Mais quoique mon dessein soit d'y borner mon choix,
Le ciel en un moment quelquefois nous éclaire.
Je veux, en le faisant, pouvoir ne le pas faire,
Et que vous avouiez que, pour devenir roi,
Quiconque me plaira n'a besoin que de moi.

DON LOPE.
C'est une autorité qui vous demeure entière;

Votre état avec vous n'agit que par prière,
Et ne vous a pour nous fait voir ses sentiments
Que par obéissance à vos commandements.
Ce n'est point ni son choix ni l'éclat de ma race
Qui me font, grande reine, espérer cette grace :
Je l'attends de vous seule et de votre bonté,
Comme on attend un bien qu'on n'a pas mérité,
Et dont, sans regarder service ni famille,
Vous pouvez faire part au moindre de Castille :
C'est à nous d'obéir, et non d'en murmurer.
Mais vous nous permettrez toutefois d'espérer
Que vous ne ferez choir cette faveur insigne,
Ce bonheur d'être à vous, que sur le moins indigne;
Et que votre vertu vous fera trop savoir
Qu'il n'est pas bon d'user de tout votre pouvoir.
Voilà mon sentiment.

DONA ISABELLE.

Parlez, vous, don Manrique.

DON MANRIQUE.

Madame, puisqu'il faut qu'à vos yeux je m'explique,
Quoique votre discours nous ait fait des leçons
Capables d'ouvrir l'ame à de justes soupçons,
Je vous dirai pourtant, comme à ma souveraine,
Que, pour faire un vrai roi, vous le fassiez en reine;
Que, vous laisser borner, c'est vous-même affoiblir
La dignité du rang qui le doit ennoblir;
Et qu'à prendre pour loi le choix qu'on vous propose,
Le roi que vous feriez vous devroit peu de chose,

ACTE I, SCENE III.

Puisqu'il tiendroit les noms de monarque et d'époux
Du choix de vos états aussi bien que de vous.
 Pour moi, qui vous aimai sans sceptre et sans couronne,
Qui n'ai jamais eu d'yeux que pour votre personne,
Que même le feu roi daigna considérer
Jusqu'à souffrir ma flamme et me faire espérer,
J'oserai me promettre un sort assez propice
De cet aveu d'un frère et quatre ans de service;
Et, sur ce doux espoir, dussé-je me trahir,
Puisque vous le voulez, je jure d'obéir.

DONA ISABELLE.

C'est comme il faut m'aimer. Et dont Alvar de Lune?

DON ALVAR.

Je ne vous ferai point de harangue importune.
Choisissez hors des trois, tranchez absolument;
Je jure d'obéir, madame, aveuglément.

DONA ISABELLE.

Sous les profonds respects de cette déférence,
Vous nous cachez peut-être un peu d'indifférence;
Et, comme votre cœur n'est pas sans autre amour,
Vous savez des deux parts faire bien votre cour.

DON ALVAR.

Madame...

DONA ISABELLE.

 C'est assez. Que chacun prenne place.

(Ici les trois reines prennent chacune un fauteuil; et, après que les trois comtes et le reste des grands qui sont présents se sont assis sur des bancs préparés exprès, Carlos y voyant une place vide s'y vent seoir, et don Manrique l'en empêche.)

DON MANRIQUE.

Tout beau, tout beau, Carlos! d'où vous vient cette audace?
Et quel titre en ce rang a pu vous établir?

CARLOS.

J'ai vu la place vide, et cru la bien remplir.

DON MANRIQUE.

Un soldat bien remplir une place de comte!

CARLOS.

Seigneur, ce que je suis ne me fait point de honte.
Depuis plus de six ans il ne s'est fait combat
Qui ne m'ait bien acquis ce grand nom de soldat.
J'en avois pour témoin le feu roi votre frère,
Madame; et par trois fois...

DON MANRIQUE.

      Nous vous avons vu faire,
Et savons mieux que vous ce que peut votre bras.

DONA ISABELLE.

Vous en êtes instruits, et je ne le suis pas;
Laissez-le me l'apprendre. Il importe aux monarques
Qui veulent aux vertus rendre de dignes marques
De les savoir connoître, et ne pas ignorer
Ceux d'entre leurs sujets qu'ils doivent honorer.

DON MANRIQUE.

Je ne me croyois pas être ici pour l'entendre.

DONA ISABELLE.

Comte, encore une fois, laissez-le me l'apprendre.
Nous aurons temps pour tout. Et vous, parlez, Carlos.

CARLOS.

Je dirai qui je suis, madame, en peu de mots.

On m'appelle soldat : je fais gloire de l'être ;
Au feu roi par trois fois je le fis bien paroître.
L'étendard de Castille, à ses yeux enlevé,
Des mains des ennemis par moi seul fut sauvé :
Cette seule action rétablit la bataille,
Fit rechasser le Maure au pied de sa muraille,
Et, rendant le courage aux plus timides cœurs,
Rappela les vaincus, et défit les vainqueurs.
Ce même roi me vit dedans l'Andalousie
Dégager sa personne en prodiguant ma vie,
Quand, tout percé de coups sur un monceau de morts,
Je lui fis si long-temps bouclier de mon corps,
Qu'enfin, autour de lui ses troupes ralliées,
Celles qui l'enfermoient furent sacrifiées ;
Et le même escadron qui vint le secourir
Le ramena vainqueur, et moi prêt à mourir.
Je montai le premier sur les murs de Séville,
Et tins la brèche ouverte aux troupes de Castille.
Je ne vous parle point d'assez d'autres exploits
Qui n'ont pas pour témoins eu les yeux de mes rois.
Tel me voit et m'entend, et me méprise encore,
Qui gémiroit sans moi dans les prisons du Maure.

DON MANRIQUE.

Nous parlez-vous, Carlos, pour don Lope et pour moi ?

CARLOS.

Je parle seulement de ce qu'a vu le roi,
Seigneur ; et qui voudra parle à sa conscience.
Voilà dont le feu roi me promit récompense ;

Mais la mort le surprit comme il la résolvoit.
DONA ISABELLE.
Il se fût acquitté de ce qu'il vous devoit;
Et moi, comme héritant son sceptre et sa couronne,
Je prends sur moi sa dette, et je vous la fais bonne.
Seyez-vous, et quittons ces petits différents.
DON LOPE.
Souffrez qu'auparavant il nomme ses parents.
Nous ne contestons point l'honneur de sa vaillance,
Madame; et, s'il en faut notre reconnoissance,
Nous avouerons tous deux qu'en ces combats derniers
L'un et l'autre, sans lui, nous étions prisonniers:
Mais enfin la valeur, sans l'éclat de la race,
N'eut jamais aucun droit d'occuper cette place.
CARLOS.
Se pare qui voudra du nom de ses aïeux;
Moi, je ne veux porter que moi-même en tous lieux;
Je ne veux rien devoir à ceux qui m'ont fait naître,
Et suis assez connu, sans les faire connoître.
Mais, pour en quelque sorte obéir à vos lois,
Seigneur, pour mes parents je nomme mes exploits;
Ma valeur est ma race, et mon bras est mon père.
DON LOPE.
Vous le voyez, madame, et la preuve en est claire,
Sans doute il n'est pas noble.
DONA ISABELLE.
                Eh bien! je l'ennoblis,
Quelle que soit sa race, et de qui qu'il soit fils.

Qu'on ne conteste plus.
DON MANRIQUE.
Encore un mot, de grace.
DONA ISABELLE.
Don Manrique, à la fin c'est prendre trop d'audace.
Ne puis-je l'ennoblir, si vous n'y consentez?
DON MANRIQUE.
Oui, mais ce rang n'est dû qu'aux hautes dignités :
Tout autre qu'un marquis, ou comte, le profane.
DONA ISABELLE, à Carlos.
Hé bien! seyez-vous donc, marquis de Santillane,
Comte de Peñafiel, gouverneur de Burgos.
Don Manrique, est-ce assez pour faire seoir Carlos?
Vous reste-t-il encor quelque scrupule en l'ame?

(Don Manrique et don Lope se lèvent, et Carlos se sied.)

DON MANRIQUE.
Achevez, achevez; faites-le roi, madame :
Par ces marques d'honneur l'élever jusqu'à nous,
C'est moins nous l'égaler, que l'approcher de vous.
Ce préambule adroit n'étoit pas sans mystère;
Et ces nouveaux serments qu'il nous a fallu faire
Montroient bien dans votre ame un tel choix préparé :
Enfin, vous le pouvez, et nous l'avons juré.
Je suis prêt d'obéir; et, loin d'y contredire,
Je laisse entre ses mains et vous et votre empire.
Je sors avant ce choix, non que j'en sois jaloux,
Mais de peur que mon front n'en rougisse pour vous.

DONA ISABELLE.

Arrêtez, insolent : votre reine pardonne
Ce qu'une indigne crainte imprudemment soupçonne,
Et, pour la démentir, veut bien vous assurer
Qu'au choix de ses états elle veut demeurer;
Que vous tenez encor même rang dans son ame;
Qu'elle prend vos transports pour un excès de flamme;
Et qu'au lieu d'en punir le zèle injurieux,
Sur un crime d'amour elle ferme les yeux.

DON MANRIQUE.

Madame, excusez donc si quelque antipathie...

DONA ISABELLE.

Ne faites point ici de fausse modestie :
J'ai trop vu votre orgueil, pour le justifier,
Et sais bien les moyens de vous humilier.
Soit que j'aime Carlos, soit que par simple estime
Je rende à ses vertus un honneur légitime,
Vous devez respecter, quels que soient mes desseins,
Ou le choix de mon cœur, ou l'œuvre de mes mains.
Je l'ai fait votre égal; et, quoiqu'on s'en mutine,
Sachez qu'à plus encor ma faveur le destine.
Je veux qu'aujourd'hui même il puisse plus que moi :
J'en ai fait un marquis, je veux qu'il fasse un roi.
S'il a tant de valeur que vous-mêmes le dites,
Il sait quelle est la vôtre, et connoît vos mérites;
Et jugera de vous avec plus de raison
Que moi, qui n'en connois que la race et le nom.
Marquis, prenez ma bague, et la donnez pour marque

Au plus digne des trois, que j'en fasse un monarque :
Je vous laisse y penser tout ce reste du jour.
Rivaux ambitieux, faites-lui votre cour :
Qui me rapportera l'anneau que je lui donne
Recevra sur-le-champ ma main et ma couronne.
　　Allons, reines, allons; et laissons-les juger
De quel côté l'amour avoit su m'engager.

SCÈNE IV.

DON MANRIQUE, DON LOPE, DON ALVAR,
CARLOS.

DON LOPE.

Hé bien ! seigneur marquis, nous direz-vous, de grace,
Ce que pour vous gagner il est besoin qu'on fasse ?
Vous êtes notre juge, il faut vous adoucir.

CARLOS.

Vous y pourriez peut-être assez mal réussir :
Quittez ces contre-temps de froide raillerie.

DON MANRIQUE.

Il n'en est pas saison quand il faut qu'on vous prie.

CARLOS.

Ne raillons ni prions, et demeurons amis.
Je sais ce que la reine en mes mains a remis;
J'en userai fort bien : vous n'avez rien à craindre;
Et pas un de vous trois n'aura lieu de se plaindre.
Je n'entreprendrai point de juger entre vous

Qui mérite le mieux le nom de son époux;
Je serois téméraire, et m'en sens incapable;
Et peut-être quelqu'un m'en tiendroit récusable.
Je m'en récuse donc, afin de vous donner
Un juge que sans honte on ne peut soupçonner :
Ce sera votre épée, et votre bras lui-même.
Comtes, de cet anneau dépend le diadême;
Il vaut bien un combat : vous avez tous du cœur;
Et je le garde...
DON LOPE.
A qui, Carlos?
CARLOS.
A mon vainqueur.
Qui pourra me l'ôter l'ira rendre à la reine :
Ce sera du plus digne une preuve certaine.
Prenez entre vous l'ordre et du temps et du lieu;
Je m'y rendrai sur l'heure, et vais l'attendre. Adieu.

SCÈNE V.

DON MANRIQUE, DON LOPE, DON ALVAR.

DON LOPE.
Vous voyez l'arrogance!
DON ALVAR.
Ainsi les grands courages
Savent en généreux repousser les outrages.

ACTE I, SCENE V.

DON MANRIQUE.
Il se méprend pourtant s'il pense qu'aujourd'hui
Nous daignions mesurer notre épée avec lui.

DON ALVAR.
Refuser un combat!

DON LOPE.
　　　　　　Des généraux d'armée,
Jaloux de leur honneur et de leur renommée,
Ne se commettent point contre un aventurier.

DON ALVAR.
Ne mettez pas si bas un si vaillant guerrier.
Qu'il soit ce qu'en voudra présumer votre haine,
Il doit être pour nous ce qu'a voulu la reine.

DON LOPE.
La reine qui nous brave, et, sans égard au sang,
Ose souiller ainsi l'éclat de notre rang!

DON ALVAR.
Les rois de leurs faveurs ne sont jamais comptables;
Ils font, comme il leur plaît, et défont nos semblables.

DON MANRIQUE.
Envers les majestés vous êtes bien discret.
Voyez-vous cependant qu'elle l'aime en secret?

DON ALVAR.
Dites, si vous voulez, qu'ils sont d'intelligence;
Qu'elle a de sa valeur si haute confiance,
Qu'elle espère par là faire approuver son choix,
Et se rendre avec gloire au vainqueur de tous trois;
Qu'elle nous hait dans l'ame autant qu'elle l'adore :

C'est à nous d'honorer ce que la reine honore.
DON MANRIQUE.
Vous la respectez fort. Mais y prétendez-vous?
On dit que l'Aragon a des charmes si doux...
DON ALVAR.
Qu'ils me soient doux, ou non, je ne crois pas sans crime
Pouvoir de mon pays désavouer l'estime;
Et, puisqu'il m'a jugé digne d'être son roi,
Je soutiendrai partout l'état qu'il fait de moi.
Je vais donc disputer, sans que rien me retarde,
Au marquis don Carlos cet anneau qu'il nous garde;
Et, si sur sa valeur je le puis emporter,
J'attendrai de vous deux qui voudra me l'ôter :
Le champ vous sera libre.
DON LOPE.
A la bonne heure, comte,
Nous vous irons alors le disputer sans honte :
Nous ne dédaignons point un si digne rival;
Mais pour votre marquis, qu'il cherche son égal.

FIN DU PREMIER ACTE.

ACTE SECOND.

SCÈNE I.

DONA ISABELLE, BLANCHE.

DONA ISABELLE.

Blanche, as-tu rien connu d'égal à ma misère ?
Tu vois tous mes desirs condamnés à se taire,
Mon cœur faire un beau choix, sans l'oser accepter,
Et nourrir un beau feu, sans l'oser écouter.
Vois par là ce que c'est, Blanche, que d'être reine :
Comptable de moi-même au nom de souveraine,
Et sujette à jamais du trône où je me voi,
Je puis tout pour tout autre, et ne puis rien pour moi.
O sceptres ! s'il est vrai que tout vous soit possible,
Pourquoi ne pouvez-vous rendre un cœur insensible ?
Pourquoi permettez-vous qu'il soit d'autres appas,
Ou que l'on ait des yeux pour ne les croire pas ?

BLANCHE.

Je présumois tantôt que vous les alliez croire ;
J'en ai plus d'une fois tremblé pour votre gloire :
Ce qu'à vos trois amants vous avez fait jurer
Au choix de don Carlos sembloit tout préparer ;

Je le nommois pour vous. Mais enfin, par l'issue,
Ma crainte s'est trouvée heureusement déçue;
L'effort de votre amour a su se modérer;
Vous l'avez honoré sans vous déshonorer,
Et satisfait ensemble, en trompant mon attente,
La grandeur d'une reine et l'ardeur d'une amante.

DONA ISABELLE.

Dis que, pour honorer sa générosité,
Mon amour s'est joué de mon autorité,
Et qu'il a fait servir, en trompant mon attente,
Le pouvoir de la reine au courroux de l'amante.

D'abord, par ce discours qui t'a semblé suspect,
Je voulois seulement essayer leur respect,
Soutenir jusqu'au bout la dignité de reine,
Et, comme enfin ce choix me donnoit de la peine,
Perdre quelques moments, choisir un peu plus tard.
J'allois nommer pourtant, et nommer au hasard :
Mais tu sais quel orgueil ont lors montré les comtes,
Combien d'affronts pour lui, combien pour moi de hontes.
Certes, il est bien dur à qui se voit régner
De montrer quelque estime, et la voir dédaigner.
Sous ombre de venger sa grandeur méprisée,
L'amour à la faveur trouve une pente aisée :
A l'intérêt du sceptre aussitôt attaché,
Il agit d'autant plus, qu'il se croit bien caché,
Et s'ose imaginer qu'il ne fait rien paroître
Que ce change de nom ne fasse méconnoître.
J'ai fait Carlos marquis, et comte, et gouverneur;

ACTE II, SCENE I.

Il doit à ses jaloux tous ces titres d'honneur :
M'en voulant faire avare, ils m'en faisoient prodigue ;
Ce torrent grossissoit, rencontrant cette digue ;
C'étoit plus les punir, que le favoriser.
L'amour me parloit trop, j'ai voulu l'amuser ;
Par ces profusions j'ai cru le satisfaire,
Et, l'ayant satisfait, l'obliger à se taire.
Mais, hélas ! en mon cœur il avoit tant d'appui,
Que je n'ai pu jamais prononcer contre lui,
Et n'ai mis en ses mains ce don du diadême
Qu'afin de l'obliger à s'exclure lui-même.
Ainsi, pour apaiser les murmures du cœur,
Mon refus a porté les marques de faveur ;
Et, revêtant de gloire un invisible outrage,
De peur d'en faire un roi, je l'ai fait davantage :
Outre qu'indifférente aux vœux de tous les trois,
J'espérois que l'amour pourroit suivre son choix,
Et que le moindre d'eux, de soi-même estimable,
Recevroit de sa main la qualité d'aimable.
  Voilà, Blanche, où j'en suis ; voilà ce que j'ai fait ;
Voilà les vrais motifs dont tu voyois l'effet :
Car mon ame, pour lui quoique ardemment pressée,
Ne sauroit se permettre une indigne pensée ;
Et je mourrois encore avant que m'accorder
Ce qu'en secret mon cœur ose me demander.
Mais enfin je vois bien que je me suis trompée
De m'en être remise à qui porte une épée,
Et trouve occasion, dessous cette couleur,

De venger le mépris qu'on fait de sa valeur.
Je devois par mon choix étouffer cent querelles ;
Et l'ordre que j'y tiens en forme de nouvelles,
Et jette entre les grands, amoureux de mon rang,
Une nécessité de répandre du sang.
Mais j'y saurai pourvoir.

BLANCHE.

C'est un pénible ouvrage
D'arrêter un combat qu'autorise l'usage,
Que les lois ont réglé, que les rois vos aïeux
Daignoient assez souvent honorer de leurs yeux.
On ne s'en dédit point sans quelque ignominie ;
Et l'honneur aux grands cœurs est plus cher que la vie.

DONA ISABELLE.

Je sais ce que tu dis, et n'irai pas de front
Faire un commandement qu'ils prendroient pour affront.
Lorsque le déshonneur souille l'obéissance,
Les rois peuvent douter de leur toute-puissance :
Qui la hasarde alors n'en sait pas bien user ;
Et qui veut pouvoir tout ne doit pas tout oser.
Je romprai ce combat, feignant de le permettre ;
Et je le tiens rompu, si je puis le remettre.
Les reines d'Aragon pourront même m'aider.
Voici déja Carlos que je viens de mander.
Demeure, et tu verras avec combien d'adresse
Ma gloire de mon ame est toujours la maîtresse.

SCÈNE II.

DONA ISABELLE, CARLOS, BLANCHE.

DONA ISABELLE.

Vous avez bien servi, marquis, et jusqu'ici
Vos armes ont pour nous dignement réussi :
Je pense avoir aussi bien payé vos services.
Malgré vos envieux et leurs mauvais offices,
J'ai fait beaucoup pour vous; et tout ce que j'ai fait
Ne vous a pas coûté seulement un souhait.
Si cette récompense est pourtant si petite
Qu'elle ne puisse aller jusqu'à votre mérite,
S'il vous en reste encor quelque autre à souhaiter,
Parlez, et donnez-moi moyen de m'acquitter.

CARLOS.

Après tant de faveurs à pleines mains versées,
Dont mon cœur n'eût osé concevoir les pensées,
Surpris, troublé, confus, accablé de bienfaits,
Que j'osasse former encor quelques souhaits !

DONA ISABELLE.

Vous êtes donc content; et j'ai lieu de me plaindre.

CARLOS.

De moi ?

DONA ISABELLE.

De vous, marquis. Je vous parle sans feindre.
Écoutez. Votre bras a bien servi l'état,

Tant que vous n'avez eu que le nom de soldat :
Dès que je vous fais grand, sitôt que je vous donne
Le droit de disposer de ma propre personne,
Ce même bras s'apprête à troubler son repos,
Comme si le marquis cessoit d'être Carlos,
Ou que cette grandeur ne fût qu'un avantage
Qui dût à sa ruine armer votre courage.
Les trois comtes en sont les plus fermes soutiens;
Vous attaquez en eux ses appuis et les miens;
C'est son sang le plus pur que vous voulez répandre :
Et vous pouvez juger l'honneur qu'on leur doit rendre,
Puisque ce même état, me demandant un roi,
Les a jugés eux trois les plus dignes de moi.
Peut-être un peu d'orgueil vous a mis dans la tête
Qu'à venger leur mépris ce prétexte est honnête;
Vous en avez suivi la première chaleur :
Mais leur mépris va-t-il jusqu'à votre valeur ?
N'en ont-ils pas rendu témoignage à ma vue ?
Ils ont fait peu d'état d'une race inconnue,
Ils ont douté d'un sort que vous voulez cacher :
Quand un doute si juste auroit dû vous toucher,
J'avois pris quelque soin de vous venger moi-même.
Remettre entre vos mains le don du diadême,
Ce n'étoit pas, marquis, vous venger à demi.
Je vous ai fait leur juge, et non leur ennemi;
Et si sous votre choix j'ai voulu les réduire,
C'est pour vous faire honneur, et non pour les détruire :
C'est votre seul avis, non leur sang, que je veux;

ACTE II, SCENE II.

Et c'est m'entendre mal que vous armer contre eux.
N'auriez-vous point pensé que, si ce grand courage
Vous pouvoit sur tous trois donner quelque avantage,
On diroit que l'état, me cherchant un époux,
N'en auroit pu trouver de comparable à vous?
Ah! si je vous croyois si vain, si téméraire...

CARLOS.

Madame, arrêtez là votre juste colère :
Je suis assez coupable, et n'ai que trop osé,
Sans choisir pour me perdre un crime supposé.
Je ne me défends point des sentiments d'estime
Que vos moindres sujets auroient pour vous sans crime.
Lorsque je vois en vous les célestes accords
Des graces de l'esprit et des beautés du corps,
Je puis, de tant d'attraits l'ame toute ravie,
Sur l'heur de votre époux jeter un œil d'envie;
Je puis contre le ciel en secret murmurer
De n'être pas né roi, pour pouvoir espérer;
Et, les yeux éblouis de cet éclat suprême,
Baisser soudain la vue, et rentrer en moi-même.
Mais que je laisse aller d'ambitieux soupirs,
Un ridicule espoir, de criminels desirs...!
Je vous aime, madame, et vous estime en reine;
Et quand j'aurois des feux dignes de votre haine,
Si votre ame, sensible à ces indignes feux,
Se pouvoit oublier jusqu'à souffrir mes vœux;
Si, par quelque malheur, que je ne puis comprendre,
Du trône jusqu'à moi je la voyois descendre;

Commençant aussitôt à vous moins estimer,
Je cesserois sans doute aussi de vous aimer.

L'amour que j'ai pour vous est tout à votre gloire:
Je ne vous prétends point pour fruit de ma victoire;
Je combats vos amants, sans dessein d'acquérir
Que l'heur d'en faire voir le plus digne, et mourir;
Et tiendrois mon destin assez digne d'envie,
S'il le faisoit connoître aux dépens de ma vie.
Seroit-ce à vos faveurs répondre pleinement
Que hasarder ce choix à mon seul jugement!
Il vous doit un époux, à la Castille un maître;
Je puis en mal juger, je puis le mal connoître.
Je sais qu'ainsi que moi le démon des combats
Peut donner au moins digne et vous et vos états;
Mais du moins, si le sort des armes journalières
En laisse par ma mort de mauvaises lumières,
Elle m'en ôtera la honte et le regret;
Et même si votre ame en aime un en secret,
Et que ce triste choix rencontre mal le vôtre,
Je ne vous verrai point, entre les bras d'un autre,
Reprocher à Carlos, par de muets soupirs,
Qu'il est l'unique auteur de tous vos déplaisirs.

DONA ISABELLE.

Ne cherchez point d'excuse à douter de ma flamme,
Marquis; je puis aimer, puisqu'enfin je suis femme:
Mais, si j'aime, c'est mal me faire votre cour
Qu'exposer au trépas l'objet de mon amour;
Et toute votre ardeur se seroit modérée

ACTE II, SCENE II.

A m'avoir dans ce doute assez considérée.
Je le veux éclaircir, et vous mieux éclairer,
Afin de vous apprendre à me considérer.

Je ne le cèle point, j'aime, Carlos, oui, j'aime :
Mais l'amour de l'état, plus fort que de moi-même,
Cherche, au lieu de l'objet le plus doux à mes yeux,
Le plus digne héros de régner en ces lieux;
Et, craignant que mes feux osassent me séduire,
J'ai voulu m'en remettre à vous pour m'en instruire.
Mais je crois qu'il suffit que cet objet d'amour
Perde le trône et moi sans perdre encor le jour;
Et mon cœur qu'on lui vole en souffre assez d'alarmes,
Sans que sa mort pour moi me demande des larmes.

CARLOS.

Ah! si le ciel tantôt me daignoit inspirer
En quel heureux amant je vous dois révérer,
Que par une facile et soudaine victoire...

DONA ISABELLE.

Ne pensez qu'à défendre et vous et votre gloire.
Quel qu'il soit, les respects qui l'auroient épargné
Lui donneroient un prix qu'il auroit mal gagné;
Et céder à mes feux plutôt qu'à son mérite
Ne seroit que me rendre au juge que j'évite.

Je n'abuserai point du pouvoir absolu
Pour défendre un combat entre vous résolu :
Je blesserois par là l'honneur de tous les quatre.
Les lois vous l'ont permis, je vous verrai combattre :
C'est à moi, comme reine, à nommer le vainqueur.

Dites-moi cependant, qui montre plus de cœur?
Qui des trois le premier éprouve la fortune?

CARLOS.

Don Alvar.

DONA ISABELLE.

Don Alvar!

CARLOS.

Oui, don Alvar de Lune.

DONA ISABELLE.

On dit qu'il aime ailleurs.

CARLOS.

On le dit; mais enfin
Lui seul jusqu'ici tente un si noble destin.

DONA ISABELLE.

Je devine à peu près quel intérêt l'engage;
Et nous verrons demain quel sera son courage.

CARLOS.

Vous ne m'avez donné que ce jour pour ce choix.

DONA ISABELLE.

J'aime mieux au lieu d'un vous en accorder trois.

CARLOS.

Madame, son cartel marque cette journée.

DONA ISABELLE.

C'est peu que son cartel, si je ne l'ai donnée :
Qu'on le fasse venir pour la voir différer.
Je vais pour vos combats faire tout préparer :
Adieu. Souvenez-vous surtout de ma défense;
Et vous aurez demain l'honneur de ma présence.

SCÈNE III.

CARLOS.

Consens-tu qu'on diffère, honneur? le consens-tu?
Cet ordre n'a-t-il rien qui souille ma vertu?
N'ai-je point à rougir de cette déférence
Que d'un combat illustre achète la licence?
Tu murmures, ce semble? Achève, explique-toi.
La reine a-t-elle droit de te faire la loi?
Tu n'es point son sujet, l'Aragon m'a vu naître.
Oh, ciel! je m'en souviens, et j'ose encor paroître;
Et je puis, sous les noms de comte et de marquis,
D'un malheureux pêcheur reconnoître le fils!

Honteuse obscurité, qui seule me fais craindre!
Injurieux destin, qui seul me rends à plaindre!
Plus on m'en fait sortir, plus je crains d'y rentrer,
Et crois ne t'avoir fui que pour te rencontrer:
Ton cruel souvenir sans fin me persécute;
Du rang où l'on m'élève il me montre la chute.
Lasse-toi désormais de me faire trembler;
Je parle à mon honneur, ne viens point le troubler;
Laisse-le sans remords m'approcher des couronnes,
Et ne viens point m'ôter plus que tu ne me donnes.
Je n'ai plus rien à toi: la guerre a consumé
Tout cet indigne sang dont tu m'avois formé;
J'ai quitté jusqu'au nom que je tiens de ta haine,
Et ne puis... Mais voici ma véritable reine.

SCÈNE IV.

DONA ELVIRE, CARLOS.

DONA ELVIRE.

Ah! Carlos! car j'ai peine à vous nommer marquis,
Non qu'un titre si beau ne vous soit bien acquis,
Non qu'avecque justice il ne vous appartienne,
Mais parce qu'il vous vient d'autre main que la mienne,
Et que je présumois n'appartenir qu'à moi
D'élever votre gloire au rang où je la voi.
Je me consolerois toutefois avec joie
Des faveurs que sans moi le ciel sur vous déploie,
Et verrois sans envie agrandir un héros,
Si le marquis tenoit ce qu'à promis Carlos,
S'il avoit comme lui son bras à mon service.
Je venois à la reine en demander justice;
Mais, puisque je vous vois, vous m'en ferez raison.
 Je vous accuse donc, non pas de trahison,
Pour un cœur généreux cette tache est trop noire,
Mais d'un peu seulement de manque de mémoire.

CARLOS.

Moi, madame?

DONA ELVIRE.

   Écoutez mes plaintes en repos.
Je me plains du marquis, et non pas de Carlos.
Carlos de tout son cœur me tiendroit sa parole;
Mais ce qu'il m'a donné, le marquis me le vole;

C'est lui seul qui dispose ainsi du bien d'autrui,
Et prodigue son bras quand il n'est plus à lui.
Carlos se souviendroit que sa haute vaillance
Doit ranger don Garcie à mon obéissance;
Qu'elle doit affermir mon sceptre dans ma main;
Qu'il doit m'accompagner, peut-être dès demain:
Mais ce Carlos n'est plus, le marquis lui succède,
Qu'une autre soif de gloire, un autre objet possède,
Et qui, du même bras que m'engageoit sa foi,
Entreprend trois combats pour une autre que moi.
Hélas! si ces honneurs dont vous comble la reine
Réduisent mon espoir en une attente vaine;
Si les nouveaux desseins que vous en concevez
Vous ont fait oublier ce que vous me devez;
Rendez-lui ces honneurs qu'un tel oubli profane;
Rendez-lui Peñafiel, Burgos, et Santillane:
L'Aragon a de quoi vous payer ces refus,
Et vous donner encor quelque chose de plus.

CARLOS.

Et Carlos, et marquis, je suis à vous, madame;
Le changement de rang ne change point mon ame:
Mais vous trouverez bon que, par ces trois défis,
Carlos tâche à payer ce que doit le marquis:
Vous réserver mon bras noirci d'une infamie
Attireroit sur vous la fortune ennemie,
Et vous hasarderoit, par cette lâcheté,
Au juste châtiment qu'il auroit mérité.
Quand deux occasions pressent un grand courage,

L'honneur à la plus proche avidement l'engage,
Et lui fait préférer, sans le rendre inconstant,
Celle qui se présente, à celle qui l'attend.
Ce n'est pas toutefois, madame, qu'il l'oublie :
Mais bien que je vous doive immoler don Garcie,
J'ai vu que vers la reine on perdoit le respect,
Que d'un indigne amour son cœur étoit suspect;
Pour m'avoir honoré, je l'ai vue outragée,
Et ne puis m'acquitter qu'après l'avoir vengée.

DONA ELVIRE.

C'est me faire une excuse où je ne comprends rien,
Sinon que son service est préférable au mien;
Qu'avant que de me suivre on doit mourir pour elle,
Et qu'étant son sujet il faut m'être infidèle.

CARLOS.

Ce n'est point en sujet que je cours au combat;
Peut-être suis-je né dedans quelque autre état :
Mais, par un zèle entier et pour l'une et pour l'autre,
J'embrasse également son service et le vôtre;
Et les plus grands périls n'ont rien de hasardeux
Que j'ose refuser pour aucune des deux.
Quoique engagé demain à combattre pour elle,
S'il falloit aujourd'hui venger votre querelle,
Tout ce que je lui dois ne m'empêcheroit pas
De m'exposer pour vous à plus de trois combats.
Je voudrois toutes deux pouvoir vous satisfaire :
Vous, sans manquer vers elle; elle, sans vous déplaire :
Cependant je ne puis servir elle ni vous

Sans de l'une ou de l'autre allumer le courroux.
Je plaindrois un amant qui souffriroit mes peines,
Et, tel pour deux beautés que je suis pour deux reines,
Se verroit déchiré par un égal amour,
Tels que sont mes respects dans l'une et l'autre cour :
L'ame d'un tel amant, tristement balancée,
Sur d'éternels soucis voit flotter sa pensée;
Et, ne pouvant résoudre à quels vœux se borner,
N'ose rien acquérir, ni rien abandonner :
Il n'aime qu'avec trouble; il ne voit qu'avec crainte;
Tout ce qu'il entreprend donne sujet de plainte;
Ses hommages partout ont de fausses couleurs,
Et son plus grand service est un grand crime ailleurs.

DONA ELVIRE.

Aussi sont-ce d'amour les premières maximes,
Que partager son ame est le plus grand des crimes.
Un cœur n'est à personne, alors qu'il est à deux;
Aussitôt qu'il les offre il dérobe ses vœux;
Ce qu'il a de constance, à choisir trop timide,
Le rend vers l'une ou l'autre incessamment perfide;
Et comme il n'est enfin ni rigueur ni mépris
Qui d'un pareil amour ne soient un digne prix,
Il ne peut mériter d'aucun œil qui le charme,
En servant, un regard; en mourant, une larme.

CARLOS.

Vous seriez bien sévère envers un tel amant.

DONA ELVIRE.

Allons voir si la reine agiroit autrement,

S'il en devroit attendre un plus léger supplice.
Cependant don Alvar le premier entre en lice;
Et vous savez l'amour qu'il m'a toujours fait voir.
CARLOS.
Je sais combien sur lui vous avez de pouvoir.
DONA ELVIRE.
Quand vous le combattrez, pensez à ce que j'aime,
Et ménagez son sang comme le vôtre même.
CARLOS.
Quoi! m'ordonneriez-vous qu'ici j'en fisse un roi?
DONA ELVIRE.
Je vous dis seulement que vous pensiez à moi.

FIN DU SECOND ACTE.

ACTE TROISIÈME.

SCÈNE I.

DONA ELVIRE, DON ALVAR.

DONA ELVIRE.

Vous pouvez donc m'aimer, et, d'une ame bien saine,
Entreprendre un combat pour acquérir la reine!
Quel astre agit sur vous avec tant de rigueur,
Qu'il force votre bras à trahir votre cœur?
L'honneur, me dites-vous, vers l'amour vous excuse :
Ou cet honneur se trompe, ou cet amour s'abuse;
Et je ne comprends point, dans un si mauvais tour,
Ni quel est cet honneur, ni quel est cet amour.
Tout l'honneur d'un amant, c'est d'être amant fidèle :
Si vous m'aimez encor, que prétendez-vous d'elle?
Et, si vous l'acquérez, que voulez-vous de moi?
Aurez-vous droit alors de lui manquer de foi?
La mépriserez-vous, quand vous l'aurez acquise?

DON ALVAR.

Qu'étant né son sujet, jamais je la méprise!

DONA ELVIRE.

Que me voulez-vous donc? Vaincu par don Carlos,

Aurez-vous quelque grace à troubler mon repos?
En serez-vous plus digne? et, par cette victoire,
Répandra-t-il sur vous un rayon de sa gloire?

DON ALVAR.

Que j'ose présenter ma défaite à vos yeux!

DONA ELVIRE.

Que me veut donc enfin ce cœur ambitieux?

DON ALVAR.

Que vous preniez pitié de l'état déplorable
Où votre long refus réduit un misérable.

Mes vœux mieux écoutés, par un heureux effet,
M'auroient su garantir de l'honneur qu'on m'a fait;
Et l'état par son choix ne m'eût pas mis en peine
De manquer à ma gloire, ou d'acquérir ma reine.
Votre refus m'expose à cette dure loi
D'entreprendre un combat qui n'est que contre moi:
J'en crains également l'une et l'autre fortune.
Et le moyen aussi que j'en souhaite aucune?
Ni vaincu ni vainqueur je ne puis être à vous:
Vaincu, j'en suis indigne; et vainqueur, son époux;
Et le destin m'y traite avec tant d'injustice,
Que son plus beau succès me tient lieu de supplice.
Aussi quand mon devoir ose la disputer,
Je ne veux l'acquérir que pour vous mériter,
Que pour montrer qu'en vous j'adorois la personne,
Et me pouvois ailleurs promettre une couronne.
Fasse le juste ciel que j'y puisse, ou mourir,
Ou ne la mériter que pour vous acquérir!

ACTE III, SCENE I.

DONA ELVIRE.

Ce sont vœux superflus de vouloir un miracle
Où votre gloire oppose un invincible obstacle;
Et la reine pour moi vous saura bien payer
Du temps qu'un peu d'amour vous fit mal employer.
Ma couronne est douteuse, et la sienne affermie;
L'avantage du change en ôte l'infamie:
Allez, n'en perdez pas la digne occasion;
Poursuivez-la sans honte et sans confusion.
La légèreté même où tant d'honneur engage
Est moins légèreté que grandeur de courage.
Mais gardez que Carlos ne me venge de vous.

DON ALVAR.

Ah! laissez-moi, madame, adorer ce courroux.
J'avois cru jusqu'ici mon combat magnanime;
Mais je suis trop heureux s'il passe pour un crime,
Et si, quand de vos lois l'honneur me fait sortir,
Vous m'estimez assez pour vous en ressentir.
De ce crime vers vous quels que soient les supplices,
Du moins il m'a valu plus que tous mes services,
Puisqu'il me fait connoître, alors qu'il vous déplaît,
Que vous daignez en moi prendre quelque intérêt.

DONA ELVIRE.

Le crime, don Alvar, dont je semble irritée,
C'est qu'on me persécute après m'avoir quittée;
Et, pour vous dire encor quelque chose de plus,
Je me fâche d'entendre accuser mes refus.
Je suis reine sans sceptre, et n'en ai que le titre;

Le pouvoir m'en est dû, le temps en est l'arbitre.
Si vous m'avez servie en généreux amant
Quand j'ai reçu du ciel le plus dur traitement,
J'ai tâché d'y répondre avec toute l'estime
Que pouvoit en attendre un cœur si magnanime.
Pouvois-je en cet exil davantage sur moi?
Je ne veux point d'époux que je n'en fasse un roi;
Et je n'ai pas une ame assez basse et commune,
Pour en faire un appui de ma triste fortune.
C'est chez moi, don Alvar, dans la pompe et l'éclat,
Que me le doit choisir le bien de mon état.
Il falloit arracher mon sceptre à mon rebelle,
Le remettre en ma main pour le recevoir d'elle;
Je vous aurois peut-être alors considéré
Plus que ne m'a permis un sort si déploré.
Mais une occasion plus prompte et plus brillante
A surpris cependant votre amour chancelante;
Et, soit que votre cœur s'y trouvât disposé,
Soit qu'un si long refus l'y laissât exposé,
Je ne vous blâme point de l'avoir acceptée :
De plus constants que vous l'auroient bien écoutée.
Quelle qu'en soit pourtant la cause ou la couleur,
Vous pouviez l'embrasser avec moins de chaleur,
Combattre le dernier, et, par quelque apparence,
Témoigner que l'honneur vous faisoit violence;
De cette illusion l'artifice secret
M'eût forcée à vous plaindre, et vous perdre à regret.
Mais courir au-devant, et vouloir bien qu'on voie

Que vos vœux mal reçus m'échappent avec joie...
DON ALVAR.
Vous auriez donc voulu que l'honneur d'un tel choix
Eût montré votre amant le plus lâche des trois?
Que pour lui cette gloire eût eu trop peu d'amorces,
Jusqu'à ce qu'un rival eût épuisé ses forces?
Que...
DONA ELVIRE.
Vous achèverez au sortir du combat,
Si toutefois Carlos vous en laisse en état.
Voilà vos deux rivaux avec qui je vous laisse,
Et vous dirai demain pour qui je m'intéresse.
DON ALVAR.
Hélas! pour le bien voir je n'ai que trop de jour.

SCÈNE II.

DON MANRIQUE, DON LOPE, DON ALVAR.

DON MANRIQUE.
Qui vous traite le mieux, la fortune, ou l'amour?
La reine charme-t-elle auprès de done Elvire?
DON ALVAR.
Si j'emporte la bague, il faudra vous le dire.
DON LOPE.
Carlos vous nuit partout, du moins à ce qu'on croit.
DON ALVAR.
Il fait plus d'un jaloux, du moins à ce qu'on voit.

DON LOPE.
Il devroit par pitié vous céder l'une ou l'autre.
DON ALVAR.
Plaignant mon intérêt, n'oubliez pas le vôtre.
DON MANRIQUE.
De vrai, la presse est grande à qui le fera roi.
DON ALVAR.
Je vous plains fort tous deux s'il vient à bout de moi.
DON MANRIQUE.
Mais si vous le vainquez, serons-nous fort à plaindre?
DON ALVAR.
Quand je l'aurai vaincu, vous aurez fort à craindre.
DON LOPE.
Oui, de vous voir long-temps hors de combat pour nous.
DON ALVAR.
Nous aurons essuyé les plus dangereux coups.
DON MANRIQUE.
L'heure nous tardera d'en voir l'expérience.
DON ALVAR.
On pourra vous guérir de cette impatience.
DON LOPE.
De grace, faites donc que ce soit promptement.

SCÈNE III.

DONA ISABELLE, DON MANRIQUE, DON ALVAR, DON LOPE.

DONA ISABELLLE.

Laissez-moi, don Alvar, leur parler un moment :
Je n'entreprendrai rien à votre préjudice ;
Et mon dessein ne va qu'à vous faire justice,
Qu'à vous favoriser plus que vous ne voulez.

DON ALVAR.

Je ne sais qu'obéir alors que vous parlez.

SCÈNE IV.

DONA ISABELLE, DON MANRIQUE, DON LOPE.

DONA ISABELLE.

Comtes, je ne veux plus donner lieu qu'on murmure
Que, choisir par autrui, c'est me faire une injure ;
Et, puisque de ma main le choix sera plus beau,
Je veux choisir moi-même, et reprendre l'anneau.
Je ferai plus pour vous : des trois qu'on me propose,
J'en exclus don Alvar ; vous en savez la cause :
Je ne veux point gêner un cœur plein d'autres feux,
Et vous ôte un rival pour le rendre à ses vœux :

Qui n'aime que par force aime qu'on le néglige;
Et mon refus du moins autant que vous l'oblige.
Vous êtes donc les seuls que je veux regarder :
Mais avant qu'à choisir j'ose me hasarder,
Je voudrois voir en vous quelque preuve certaine
Qu'en moi c'est moi qu'on aime, et non l'éclat de reine.
L'amour n'est, ce dit-on, qu'une union d'esprits;
Et je tiendrois des deux celui-là mieux épris
Qui favoriseroit ce que je favorise,
Et ne mépriseroit que ce que je méprise,
Qui prendroit en m'aimant même cœur, mêmes yeux.
Si vous ne m'entendez, je vais m'expliquer mieux.
　Aux vertus de Carlos j'ai paru libérale :
Je voudrois en tous deux voir une estime égale;
Qu'il trouvât même honneur, même justice en vous:
Car ne présumez pas que je prenne un époux
Pour m'exposer moi-même à ce honteux outrage,
Qu'un roi fait de ma main détruise mon ouvrage :
N'y pensez l'un ni l'autre, à moins qu'un digne effet
Suive de votre part ce que pour lui j'ai fait;
Et que, par cet aveu, je demeure assurée
Que tout ce qui m'a plu doit être de durée.

DON MANRIQUE.

Toujours Carlos, madame! et toujours son bonheur
Fait dépendre de lui le nôtre et votre cœur!
Mais, puisque c'est par là qu'il faut enfin vous plaire,
Vous-même apprenez-nous ce que nous pouvons faire.
Nous l'estimons tous deux un des braves guerriers

A qui jamais la guerre ait donné des lauriers.
Notre liberté même est due à sa vaillance;
Et, quoiqu'il ait tantôt montré quelque insolence
Dont nous a dû piquer l'honneur de notre rang,
Vous avez suppléé l'obscurité du sang :
Ce qu'il vous plaît qu'il soit, il est digne de l'être.
Nous lui devons beaucoup, et l'allions reconnoître,
L'honorer en soldat, et lui faire du bien;
Mais après vos faveurs nous ne pouvons plus rien.
Qui pouvoit pour Carlos ne peut rien pour un comte;
Il n'est rien dans nos mains qu'il ne reçût sans honte;
Et vous avez pris soin de le payer pour nous.

DONA ISABELLE.

Il est entre vos mains des présents assez doux,
Qui purgeroient vos noms de toute ingratitude,
Et mon ame pour lui de toute inquiétude;
Il en est dont sans honte il seroit possesseur :
En un mot, vous avez l'un et l'autre une sœur;
Et je veux que le roi qu'il me plaira de faire,
En recevant ma main, le fasse son beau-frère;
Et que, par cet hymen, son destin affermi
Ne puisse en mon époux trouver son ennemi.
Ce n'est pas, après tout, que j'en craigne la haine;
Je sais qu'en cet état je serai toujours reine,
Et qu'un tel roi jamais, quel que soit son projet,
Ne sera, sous ce nom, que mon premier sujet;
Mais je ne me plais pas à contraindre personne,
Et moins que tous un cœur à qui le mien se donne.

Répondez donc tous deux : n'y consentez-vous pas?

DON MANRIQUE.

Oui, madame, aux plus longs et plus cruels trépas,
Plutôt qu'à voir jamais de pareils hyménées
Ternir en un moment l'éclat de mille années.
Ne cherchez point par là cette union d'esprits :
Votre sceptre, madame, est trop cher à ce prix;
Et jamais...

DONA ISABELLE.

      Ainsi donc vous me faites connoître
Que ce que je l'ai fait il est digne de l'être,
Que je puis suppléer l'obscurité du sang?

DON MANRIQUE.

Oui bien pour l'élever jusques à notre rang.
Jamais un souverain ne doit compte à personne
Des dignités qu'il fait, et des grandeurs qu'il donne;
S'il est d'un sort indigne ou l'auteur ou l'appui,
Comme il le fait lui seul, la honte est toute à lui.
Mais disposer d'un sang que j'ai reçu sans tache!
Avant que le souiller il faut qu'on me l'arrache :
J'en dois compte aux aïeux dont il est hérité,
A toute leur famille, à la postérité.

DONA ISABELLE.

Et moi, Manrique, et moi, qui n'en dois aucun compte,
J'en disposerai seule, et j'en aurai la honte.
Mais quelle extravagance a pu vous figurer
Que je me donne à vous pour vous déshonorer,
Que mon sceptre en vos mains porte quelque infamie?

ACTE III, SCENE IV.

Si je suis jusque-là de moi-même ennemie,
En quelle qualité, de sujet, ou d'amant,
M'osez-vous expliquer ce noble sentiment?
Ah! si vous n'apprenez à parler d'autre sorte...

DON LOPE.

Madame, pardonnez à l'ardeur qui l'emporte;
Il devoit s'excuser avec plus de douceur.
  Nous avons en effet l'un et l'autre une sœur;
Mais, si j'ose en parler avec quelque franchise,
A d'autres qu'au marquis l'une et l'autre est promise.

DONA ISABELLE.

A qui, don Lope?

DON MANRIQUE.

A moi, madame.

DONA ISABELLE.

Et l'autre?

DON LOPE.

A moi.

DONA ISABELLE.

J'ai donc tort parmi vous de vouloir faire un roi.
Allez, heureux amants, allez voir vos maîtresses;
Et, parmi les douceurs de vos dignes caresses,
N'oubliez pas de dire à ces jeunes esprits
Que vous faites du trône un généreux mépris.
Je vous l'ai déja dit, je ne force personne,
Et rends grace à l'état des amants qu'il me donne.

DON LOPE.

Écoutez-nous, de grace.

DONA ISABELLE.

Et que me direz-vous?
Que la constance est belle au jugement de tous?
Qu'il n'est point de grandeur qui la doive séduire?
Quelques autres que vous m'en sauront mieux instruire;
Et si cette vertu ne se doit point forcer,
Peut-être qu'à mon tour je saurai l'exercer.

DON LOPE.

Exercez-la, madame, et souffrez qu'on s'explique.
Vous connoîtrez du moins don Lope et don Manrique,
Qu'un vertueux amour qu'ils ont tous deux pour vous,
Ne pouvant rendre heureux sans en faire un jaloux,
Porte à tarir ainsi la source des querelles
Qu'entre les grands rivaux on voit si naturelles.
Ils se sont l'un à l'autre attachés par ces nœuds,
Qui n'auront leur effet que pour le malheureux :
Il me devra sa sœur, s'il faut qu'il vous obtienne;
Et si je suis à vous, je lui devrai la mienne.
Celui qui doit vous perdre, ainsi, malgré son sort,
A s'approcher de vous fait encor son effort;
Ainsi, pour consoler l'une ou l'autre infortune,
L'une et l'autre est promise, et nous n'en devons qu'une :
Nous ignorons laquelle; et vous la choisirez,
Puisque enfin c'est la sœur du roi que vous ferez.
Jugez donc si Carlos en peut être beau-frère,
Et si vous devez rompre un nœud si salutaire,
Hasarder un repos à votre état si doux,
Qu'affermit sous vos lois la concorde entre nous.

DONA ISABELLE.
Et ne savez-vous point qu'étant ce que vous êtes,
Vos sœurs par conséquent mes premières sujettes,
Les donner sans mon ordre, et même malgré moi,
C'est dans mon propre état m'oser faire la loi?
DON MANRIQUE.
Agissez donc enfin, madame, en souveraine,
Et souffrez qu'on s'excuse, ou commandez en reine;
Nous vous obéirons, mais sans y consentir :
Et, pour vous dire tout avant que de sortir,
Carlos est généreux, il connoît sa naissance;
Qu'il se juge en secret sur cette connoissance;
Et, s'il trouve son sang digne d'un tel honneur,
Qu'il vienne, nous tiendrons l'alliance à bonheur;
Qu'il choisisse des deux, et l'épouse, s'il l'ose.
Nous n'avons plus, madame, à vous dire autre chose :
Mettre en un tel hasard le choix de leur époux,
C'est jusqu'où nous pouvons nous abaisser pour vous.
Mais, encore une fois, que Carlos y regarde,
Et pense à quels périls cet hymen le hasarde.
DONA ISABELLE.
Vous-même, gardez bien, pour le trop dédaigner,
Que je ne montre enfin comme je sais régner.

SCÈNE V.

DONA ISABELLE.

Quel est ce mouvement qui tous deux les mutine,
Lorsque l'obéissance au trône les destine?
Est-ce orgueil? est-ce envie? est-ce animosité,
Défiance, mépris, ou générosité?
N'est-ce point que le ciel ne consent qu'avec peine
Cette triste union d'un sujet à sa reine,
Et jette un prompt obstacle aux plus aisés desseins
Qui laissent choir mon sceptre en leurs indignes mains?
Mes yeux n'ont-ils horreur d'une telle bassesse
Que pour s'abaisser trop lorsque je les abaisse?
Quel destin à ma gloire oppose mon ardeur?
Quel destin à ma flamme oppose ma grandeur?
Si ce n'est que par là que je m'en puis défendre,
Ciel, laisse-moi donner ce que je n'ose prendre;
Et puisque enfin pour moi tu n'as point fait de rois,
Souffre de mes sujets le moins indigne choix.

SCÈNE VI.

DONA ISABELLE, BLANCHE.

DONA ISABELLE.

Blanche, j'ai perdu temps.

ACTE III, SCENE VI.

BLANCHE.
Je l'ai perdu de même.
DONA ISABELLE.
Les comtes à ce prix fuyent le diadême.
BLANCHE.
Et Carlos ne veut point de fortune à ce prix.
DONA ISABELLE.
Rend-il haine pour haine, et mépris pour mépris?
BLANCHE.
Non, madame; au contraire, il estime ces dames
Dignes des plus grands cœurs et des plus belles flammes.
DONA ISABELLE.
Et qui l'empêche donc d'aimer et de choisir?
BLANCHE.
Quelque secret obstacle arrête son desir.
Tout le bien qu'il en dit ne passe point l'estime :
Charmantes qu'elles sont, les aimer c'est un crime.
Il ne s'excuse point sur l'inégalité,
Il semble plutôt craindre une infidélité;
Et ses discours obscurs, sous un confus mélange,
M'ont fait voir malgré lui comme une horreur du change,
Comme une aversion, qui n'a pour fondement
Que les secrets liens d'un autre attachement.
DONA ISABELLE.
Il aimeroit ailleurs!
BLANCHE.
Oui, si je ne m'abuse,
Il aime en lieu plus haut que n'est ce qu'il refuse.

Et, si je ne craignois votre juste courroux,
J'oserois deviner, madame, que c'est vous.

DONA ISABELLE.

Ah! ce n'est pas pour moi qu'il est si téméraire;
Tantôt dans ses respects j'ai trop vu le contraire.
Si l'éclat de mon sceptre avoit pu le charmer,
Il ne m'auroit jamais défendu de l'aimer.
S'il aime en lieu si haut, il aime donc Elvire;
Il doit l'accompagner jusque dans son empire,
Et fait à mes amants ces défis généreux,
Non pas pour m'acquérir, mais pour se venger d'eux.
Je l'ai donc agrandi pour le voir disparoître,
Et qu'une reine, ingrate à l'égal de ce traître,
M'enlève, après vingt ans de refuge en ces lieux,
Ce qu'avoit mon état de plus doux à mes yeux!
Non, j'ai pris trop de soins de conserver sa vie.
Qu'il combatte, qu'il meure, et j'en serai ravie.
Je saurai par sa mort à quels vœux m'engager,
Et j'aimerai des trois qui m'en saura venger.

BLANCHE.

Que vous peut offenser sa flamme, ou sa retraite,
Puisque vous n'aspirez qu'à vous en voir défaite?
Je ne sais pas s'il aime ou donc Elvire ou vous,
Mais je ne comprends point ce mouvement jaloux.

DONA ISABELLE.

Tu ne le comprends point! et c'est ce qui m'étonne;
Je veux donner son cœur, non que son cœur le donne,
Je veux que son respect l'empêche de m'aimer,

Non des flammes qu'une autre a su mieux allumer.
Je veux bien plus : qu'il m'aime, et qu'un juste silence
Fasse à des feux pareils pareille violence;
Que l'inégalité lui donne même ennui;
Qu'il souffre autant pour moi que je souffre pour lui;
Que, par le seul dessein d'affermir sa fortune,
Et non point par amour, il se donne à quelqu'une;
Que par mon ordre seul il s'y laisse obliger;
Que ce soit m'obéir, et non me négliger;
Et que, voyant ma flamme à l'honorer trop prompte,
Il m'ôte de péril, sans me faire de honte :
Car enfin il l'a vue, et la connoît trop bien.
Mais il aspire au trône, et ce n'est pas au mien;
Il me préfère une autre, et cette préférence
Forme de son respect la trompeuse apparence :
Faux respect qui me brave, et veut régner sans moi.

BLANCHE.

Pour aimer donc Elvire, il n'est pas encor roi.

DONA ISABELLE.

Elle est reine, et peut tout sur l'esprit de sa mère.

BLANCHE.

Si ce n'est un faux bruit, le ciel lui rend un frère.
Don Sanche n'est point mort, et vient ici, dit-on,
Avec les députés qu'on attend d'Aragon.
C'est ce qu'en arrivant leurs gens ont fait entendre.

DONA ISABELLE.

Blanche, s'il est ainsi, que d'heur j'en dois attendre!
L'injustice du ciel, faute d'autres objets,

Me forçoit d'abaisser mes yeux sur mes sujets,
Ne voyant point de prince égal à ma naissance,
Qui ne fût sous l'hymen, ou Maure, ou dans l'enfance:
Mais, s'il lui rend un frère, il m'envoie un époux.

Comtes, je n'ai plus d'yeux pour Carlos ni pour vous;
Et, devenant par là reine de ma rivale,
J'aurai droit d'empêcher qu'elle ne se ravale,
Et ne souffrirai pas qu'elle ait plus de bonheur
Que ne m'en ont permis ces tristes lois d'honneur.

BLANCHE.

La belle occasion que votre jalousie,
Douteuse encor qu'elle est, a promptement saisie!

DONA ISABELLE.

Allons l'examiner, Blanche; et tâchons de voir
Quelle juste espérance on peut en concevoir.

FIN DU TROISIÈME ACTE.

ACTE QUATRIÈME.

SCÈNE I.

DONA LÉONOR, DON MANRIQUE, DON LOPE.

DON MANRIQUE.

Quoique l'espoir d'un trône et l'amour d'une reine
Soient des biens que jamais on ne céda sans peine,
Quoiqu'à l'un de nous deux elle ait promis sa foi,
Nous cessons de prétendre où nous voyons un roi.
Dans notre ambition nous savons nous connoître;
Et, bénissant le ciel qui nous donne un tel maître,
Ce prince qu'il vous rend après tant de travaux
Trouve en nous des sujets, et non pas des rivaux:
Heureux si l'Aragon, joint avec la Castille,
Du sang de deux grands rois ne fait qu'une famille!
Nous vous en conjurons, loin d'en être jaloux,
Comme étant l'un et l'autre à l'état plus qu'à nous;
Et, tous impatients d'en voir la force unie
Des Maures nos voisins dompter la tyrannie,
Nous renonçons sans honte à ce choix glorieux,
Qui d'une grande reine abaissoit trop les yeux.

DONA LÉONOR.

La générosité de votre déférence,
Comtes, flatte trop tôt ma nouvelle espérance :
D'un avis si douteux j'attends fort peu de fruit;
Et ce grand bruit enfin peut-être n'est qu'un bruit.
Mais jugez-en tous deux, et me daignez apprendre
Ce qu'avecque raison mon cœur en doit attendre.

 Les troubles d'Aragon vous sont assez connus;
Je vous en ai souvent tous deux entretenus,
Et ne vous redis point quelles longues misères
Chassèrent don Fernand du trône de ses pères.
Il y voyoit déja monter ses ennemis,
Ce prince malheureux, quand j'accouchai d'un fils :
On le nomma don Sanche; et, pour cacher sa vie
Aux barbares fureurs du traître don Garcie,
A peine eus-je loisir de lui dire un adieu,
Qu'il le fit enlever sans me dire en quel lieu;
Et je n'en pus jamais savoir que quelques marques
Pour reconnoître un jour le sang de nos monarques.
Trop inutiles soins contre un si mauvais sort!
Lui-même au bout d'un an m'apprit qu'il étoit mort.
Quatre ans après il meurt, et me laisse une fille
Dont je vins par son ordre accoucher en Castille.
Il me souvient toujours de ses derniers propos;
Il mourut en mes bras avec ces tristes mots :
« Je meurs, et je vous laisse en un sort déplorable;
Le ciel vous puisse un jour être plus favorable!
Don Raimond a pour vous des secrets importants,

Et vous les apprendra quand il en sera temps.
Fuyez dans la Castille. » A ces mots il expire :
Et jamais don Raimond ne me voulut rien dire.
Je partis sans lumière en ces obscurités :
Mais le voyant venir avec ces députés,
Et que c'est par leurs gens que ce grand bruit éclate,
(Voyez qu'en sa faveur aisément on se flatte!)
J'ai cru que du secret le temps étoit venu,
Et que don Sanche étoit ce mystère inconnu;
Qu'il l'amenoit ici reconnoître sa mère.
Hélas! que c'est en vain que mon amour l'espère!
A ma confusion ce bruit s'est éclairci :
Bien loin de l'amener, ils le cherchent ici.
Voyez quelle apparence, et si cette province
A jamais su le nom de ce malheureux prince.

DON LOPE.

Si vous croyez au nom, vous croirez son trépas,
Et qu'on cherche don Sanche où don Sanche n'est pas;
Mais, si vous en voulez croire la voix publique,
Et que notre pensée avec elle s'explique,
Ou le ciel pour jamais a repris ce héros,
Ou cet illustre prince est le vaillant Carlos.
Nous le dirons tous deux, quoique suspects d'envie,
C'est un miracle pur que le cours de sa vie.
Cette haute vertu qui charme tant d'esprits,
Cette fière valeur qui brave nos mépris,
Ce port majestueux qui, tout inconnu même,
A plus d'accès que nous auprès du diadême;

Deux reines qu'à l'envi nous voyons l'estimer,
Et qui peut-être ont peine à ne le pas aimer ;
Ce prompt consentement d'un peuple qui l'adore :
Madame, après cela, j'ose le dire encore,
Ou le ciel pour jamais a repris ce héros,
Ou cet illustre prince est le vaillant Carlos.
Nous avons méprisé sa naissance inconnue ;
Mais à ce peu de jour nous recouvrons la vue,
Et verrions à regret qu'il fallût aujourd'hui
Céder notre espérance à tout autre qu'à lui.

DONA LÉONOR.

Il en a le mérite, et non pas la naissance ;
Et lui-même il en donne assez de connoissance,
Abandonnant la reine à choisir parmi vous
Un roi pour la Castille, et pour elle un époux.

DON MANRIQUE.

Et ne voyez-vous pas que sa valeur s'apprête
A faire sur tous trois cette illustre conquête ?
Oubliez-vous déja qu'il a dit, à vos yeux,
Qu'il ne veut rien devoir au nom de ses aïeux ?
Son grand cœur se dérobe à ce haut avantage,
Pour devoir sa grandeur entière à son courage ;
Dans une cour si belle et si pleine d'appas,
Avez-vous remarqué qu'il aime en lieu plus bas ?

DONA LÉONOR.

Le voici ; nous saurons ce que lui-même en pense.

SCÈNE II.

DONA LÉONOR, CARLOS, DON MANRIQUE,
DON LOPE.

CARLOS.
Madame, sauvez-moi d'un honneur qui m'offense :
Un peuple, opiniâtre à m'arracher mon nom,
Veut que je sois don Sanche et prince d'Aragon.
Puisque par sa présence il faut que ce bruit meure,
Dois-je être en l'attendant le fantôme d'une heure ?
Ou si c'est une erreur qui lui promet ce roi,
Souffrez-vous qu'elle abuse et de vous et de moi ?
DONA LÉONOR.
Quoi que vous présumiez de la voix populaire,
Par de secrets rayons le ciel souvent l'éclaire :
Vous apprendrez par là du moins les vœux de tous,
Et quelle opinion les peuples ont de vous.
DON LOPE.
Prince, ne cachez plus ce que le ciel découvre ;
Ne fermez pas nos yeux quand sa main nous les ouvre :
Vous devez être las de nous faire faillir.
Nous ignorons quel fruit vous en vouliez cueillir ;
Mais nous avions pour vous une estime assez haute
Pour n'être pas forcés à commettre une faute ;
Et notre honneur, au vôtre en aveugle opposé,
Méritoit par pitié d'être désabusé.

Notre orgueil n'est pas tel qu'il s'attache aux personnes,
Ou qu'il ose oublier ce qu'il doit aux couronnes;
Et, s'il n'a pas eu d'yeux pour un roi déguisé,
Si l'inconnu Carlos s'en est vu méprisé,
Nous respectons don Sanche, et l'acceptons pour maître,
Sitôt qu'à notre reine il se fera connoître;
Et sans doute son cœur nous en avouera bien.
Hâtez cette union de votre sceptre au sien,
Seigneur; et, d'un soldat quittant la fausse image,
Recevez, comme roi, notre premier hommage.

CARLOS.

Comtes, ces faux respects, dont je me vois surpris,
Sont plus injurieux encor que vos mépris.
Je pense avoir rendu mon nom assez illustre
Pour n'avoir pas besoin qu'on lui donne un faux lustre:
Reprenez vos honneurs, où je n'ai point de part.
J'imputois ce faux bruit aux fureurs du hasard,
Et doutois qu'il pût être une ame assez hardie
Pour ériger Carlos en roi de comédie:
Mais, puisque c'est un jeu de votre belle humeur,
Sachez que les vaillants honorent la valeur;
Et que tous vos pareils auroient quelque scrupule
A faire de la mienne un éclat ridicule.
Si c'est votre dessein d'en réjouir ces lieux,
Quand vous m'aurez vaincu vous me raillerez mieux:
La raillerie est belle après une victoire;
On la fait avec grace aussi bien qu'avec gloire.
Mais vous précipitez un peu trop ce dessein :

La bague de la reine est encore en ma main ;
Et l'inconnu Carlos, sans nommer sa famille,
Vous sert encor d'obstacle au trône de Castille ;
Ce bras, qui vous sauva de la captivité,
Peut s'opposer encore à votre avidité.

DON MANRIQUE.

Pour n'être que Carlos, vous parlez bien en maître,
Et tranchez bien du prince en déniant de l'être.
Si nous avons tantôt jusqu'au bout défendu
L'honneur qu'à notre rang nous voyions être dû,
Nous saurons bien encor jusqu'au bout le défendre :
Mais ce que nous devons, nous aimons à le rendre.
Que vous soyez don Sanche ou qu'un autre le soit,
L'un et l'autre de nous lui rendra ce qu'il doit.
Pour le nouveau marquis, quoique l'honneur l'irrite,
Qu'il sache qu'on l'honore autant qu'il le mérite ;
Mais que, pour nous combattre, il faut que le bon sang
Aide un peu sa valeur à soutenir ce rang.
Qu'il n'y prétende point à moins qu'il se déclare :
Non que nous demandions qu'il soit Gusman, ou Lare ;
Qu'il soit noble, il suffit pour nous traiter d'égal ;
Nous le verrons tous deux comme un digne rival :
Et si don Sanche enfin n'est qu'une attente vaine,
Nous lui disputerons cet anneau de la reine.
Qu'il souffre cependant, quoique brave guerrier,
Que notre bras dédaigne un simple aventurier.

Nous vous laissons, madame, éclaircir ce mystère ;
Le sang a des secrets qu'entend mieux une mère :

Et, dans les différents qu'avec lui nous avons,
Nous craignons d'oublier ce que nous vous devons.

SCÈNE III.

DONA LÉONOR, CARLOS.

CARLOS.

Madame, vous voyez comme l'orgueil me traite;
Pour me faire un honneur on veut que je l'achète :
Mais s'il faut qu'il m'en coûte un secret de vingt ans,
Cet anneau dans mes mains pourra briller long-temps.

DONA LÉONOR.

Laissons là ce combat, et parlons de don Sanche :
Ce bruit est grand pour vous, toute la cour y penche;
De grace, dites-moi, vous connoissez-vous bien?

CARLOS.

Plût à Dieu qu'en mon sort je ne connusse rien!
Si j'étois quelque enfant épargné des tempêtes,
Livré dans un désert à la merci des bêtes,
Exposé par la crainte ou par l'inimitié,
Rencontré par hasard et nourri par pitié,
Mon orgueil à ce bruit prendroit quelque espérance
Sur votre incertitude et sur mon ignorance;
Je me figurerois ces destins merveilleux
Qui tiroient du néant les héros fabuleux;
Et me revêtirois des brillantes chimères
Qu'osa former pour eux le loisir de nos pères :

Car enfin je suis vain, et mon ambition
Ne peut s'examiner sans indignation;
Je ne puis regarder sceptre ni diadême,
Qu'ils n'emportent mon ame au-delà d'elle-même.
Inutiles élans d'un vol impétueux
Que pousse vers le ciel un cœur présomptueux,
Que soutiennent en l'air quelques exploits de guerre,
Et qu'un coup d'œil sur moi rabat soudain à terre!

Je ne suis point don Sanche, et connois mes parents;
Ce bruit me donne en vain un nom que je vous rends.
Gardez-le pour ce prince: une heure ou deux, peut-être,
Avec vos députés vous le feront connoître.
Laissez-moi cependant à cette obscurité
Qui ne fait que justice à ma témérité.

DONA LÉONOR.

En vain donc je me flatte, et ce que j'aime à croire
N'est qu'une illusion que me fait votre gloire?
Mon cœur vous en dédit; un secret mouvement,
Qui le penche vers vous, malgré moi vous dément:
Mais je ne puis juger quelle source l'anime,
Si c'est l'ardeur du sang, ou l'effort de l'estime;
Si la nature agit, ou si c'est le desir;
Si c'est vous reconnoître, ou si c'est vous choisir.
Je veux bien toutefois étouffer ce murmure,
Comme de vos vertus une aimable imposture,
Condamner pour vous plaire un bruit qui m'est si doux:
Mais où sera mon fils s'il ne vit point en vous?
On veut qu'il soit ici; je n'en vois aucun signe:

On connoît, hormis vous, quiconque en seroit digne;
Et le vrai sang des rois, sous le sort abattu,
Peut cacher sa naissance, et non pas sa vertu:
Il porte sur le front un luisant caractère
Qui parle malgré lui de tout ce qu'il veut taire;
Et celui que le ciel sur le vôtre avoit mis
Pouvoit seul m'éblouir, si vous l'eussiez permis.

Vous ne l'êtes donc point, puisque vous me le dites;
Mais vous êtes à craindre avec tant de mérites.
Souffrez que j'en demeure à cette obscurité.
Je ne condamne point votre témérité :
Mon estime au contraire est pour vous si puissante,
Qu'il ne tiendra qu'à vous que mon cœur n'y consente:
Votre sang avec moi n'a qu'à se déclarer,
Et je vous donne après liberté d'espérer.
Que si même à ce prix vous cachez votre race,
Ne me refusez point du moins une autre grace:
Ne vous préparez plus à nous accompagner;
Nous n'avons plus besoin de secours pour régner.
La mort de don Garcie a puni tous ses crimes,
Et rendu l'Aragon à ses rois légitimes.
N'en cherchez plus la gloire; et, quels que soient vos vœux,
Ne me contraignez point à plus que je ne veux.
Le prix de la valeur doit avoir ses limites;
Et je vous crains enfin avec tant de mérites.
C'est assez vous en dire. Adieu : pensez-y bien;
Et faites-vous connoître, ou n'aspirez à rien.

SCÈNE IV.

CARLOS, BLANCHE.

BLANCHE.

Qui ne vous craindra point, si les reines vous craignent?

CARLOS.

Elles se font raison lorsqu'elles me dédaignent.

BLANCHE.

Dédaigner un héros qu'on reconnoît pour roi!

CARLOS.

N'aide point à l'envie à se jouer de moi,
Blanche; et, si tu te plais à seconder sa haine,
Du moins respecte en moi l'ouvrage de ta reine.

BLANCHE.

La reine même en vous ne voit plus aujourd'hui
Qu'un prince que le ciel nous montre malgré lui.
Mais c'est trop la tenir dedans l'incertitude;
Ce silence vers elle est une ingratitude :
Ce qu'a fait pour Carlos sa générosité
Méritoit de don Sanche une civilité.

CARLOS.

Ah! nom fatal pour moi, que tu me persécutes,
Et prépares mon ame à d'effroyables chutes!

SCÈNE V.

DONA ISABELLE, CARLOS, BLANCHE.

CARLOS.

Madame, commandez qu'on me laisse en repos,
Qu'on ne confonde plus don Sanche avec Carlos :
C'est faire au nom d'un prince une trop longue injure;
Je ne veux que celui de votre créature;
Et si le sort jaloux, qui semble me flatter,
Veut m'élever plus haut pour m'en précipiter,
Souffrez qu'en m'éloignant je dérobe ma tête
A l'indigne revers que sa fureur m'apprête.
Je le vois de trop loin pour l'attendre en ce lieu :
Souffrez que je l'évite en vous disant adieu;
Souffrez...

DONA ISABELLE.

Quoi ! ce grand cœur redoute une couronne!
Quand on le croit monarque, il frémit, il s'étonne!
Il veut fuir cette gloire, et se laisse alarmer
De ce que sa vertu force d'en présumer!

CARLOS.

Ah! vous ne voyez pas que cette erreur commune
N'est qu'une trahison de ma bonne fortune;
Que déja mes secrets sont à demi trahis.
Je lui cachois en vain ma race et mon pays,
En vain sous un faux nom je me faisois connoître

Pour lui faire oublier ce qu'elle m'a fait naître;
Elle a déja trouvé mon pays et mon nom.
Je suis Sanche, madame, et né dans l'Aragon;
Et je crois déja voir sa malice funeste
Détruire votre ouvrage en découvrant le reste,
Et faire voir ici, par un honteux effet,
Quel comte et quel marquis votre faveur a fait.

DONA ISABELLE.

Pourrois-je alors manquer de force et de courage
Pour empêcher le sort d'abattre mon ouvrage?
Ne me dérobez point ce qu'il ne peut ternir;
Et la main qui l'a fait saura le soutenir.
Mais vous vous en formez une vaine menace
Pour faire un beau prétexte à l'amour qui vous chasse.
Je ne demande plus d'où partoit ce dédain,
Quand j'ai voulu vous faire un hymen de ma main.
Allez dans l'Aragon suivre votre princesse,
Mais allez-y du moins sans feindre une foiblesse;
Et, puisque ce grand cœur s'attache à ses appas,
Montrez, en la suivant, que vous ne fuyez pas.

CARLOS.

Ah, madame! plutôt apprenez tous mes crimes:
Ma tête est à vos pieds, s'il vous faut des victimes.
Tout chétif que je suis, je dois vous avouer
Qu'en me plaignant du sort j'ai de quoi m'en louer.
S'il m'a fait en naissant quelque désavantage,
Il m'a donné d'un roi le nom et le courage;
Et depuis que mon cœur est capable d'aimer,

A moins que d'une reine, il n'a pu s'enflammer;
Voilà mon premier crime : et je ne puis vous dire
Qui m'a fait infidèle, ou vous, ou done Elvire;
Mais je sais que ce cœur, des deux parts engagé,
Se donnant à vous deux, ne s'est point partagé,
Toujours prêt d'embrasser son service et le vôtre,
Toujours prêt à mourir et pour l'une et pour l'autre.
Pour n'en adorer qu'une, il eût fallu choisir;
Et ce choix eût été du moins quelque desir,
Quelque espoir outrageux d'être mieux reçu d'elle;
Et j'ai cru moins de crime à paroître infidèle.
Qui n'a rien à prétendre en peut bien aimer deux,
Et perdre en plus d'un lieu des soupirs et des vœux;
Voilà mon second crime : et, quoique ma souffrance
Jamais à ce beau feu n'ait permis d'espérance,
Je ne puis, sans mourir d'un désespoir jaloux,
Voir dans les bras d'un autre ou done Elvire ou vous.
Voyant que votre choix m'apprêtoit ce martyre,
Je voulois m'y soustraire en suivant done Elvire,
Et languir auprès d'elle, attendant que le sort,
Par un semblable hymen, m'eût envoyé la mort.
Depuis, l'occasion que vous-même avez faite
M'a fait quitter le soin d'une telle retraite.
Ce trouble a quelque temps amusé ma douleur;
J'ai cru par ces combats reculer mon malheur.
Le coup de votre perte est devenu moins rude,
Lorsque j'en ai vu l'heure en quelque incertitude,
Et que j'ai pu me faire une si douce loi,

Que ma mort vous donnât un plus vaillant que moi.
Mais je n'ai plus, madame, aucun combat à faire;
Je vois pour vous don Sanche un époux nécessaire.
Car ce n'est point l'amour qui fait l'hymen des rois;
Les raisons de l'état règlent toujours leur choix :
Leur sévère grandeur jamais ne se ravale,
Ayant devant les yeux un prince qui l'égale;
Et, puisque le saint nœud qui le fait votre époux
Arrête comme sœur donc Elvire avec vous,
Que je ne puis la voir sans voir ce qui me tue,
Permettez que j'évite une fatale vue,
Et que je porte ailleurs les criminels soupirs
D'un reste malheureux de tant de déplaisirs.

DONA ISABELLLE.

Vous m'en dites assez pour mériter ma haine,
Si je laissois agir les sentiments de reine;
Par un trouble secret je les sens confondus :
Partez, je le consens, et ne les troublez plus.
Mais non, pour fuir don Sanche, attendez qu'on le voie.
Ce bruit peut être faux, et me rendre ma joie.
Que dis-je? Allez, marquis; j'y consens de nouveau :
Mais avant que partir donnez-lui mon anneau;
Si ce n'est toutefois une faveur trop grande
Que pour tant de faveurs une reine demande.

CARLOS.

Vous voulez que je meure, et je dois obéir,
Dût cette obéissance à mon sort me trahir :
Je recevrai pour grace un si juste supplice,

S'il en rompt la menace et prévient la malice,
Et souffre que Carlos, en donnant cet anneau,
Emporte ce faux nom et sa gloire au tombeau.
C'est l'unique bonheur où ce coupable aspire.

DONA ISABELLE.

Que n'êtes-vous don Sanche ! Ah ! ciel ! qu'osé-je dire?
Adieu : ne croyez pas ce soupir indiscret.

CARLOS.

Il m'en a dit assez pour mourir sans regret.

FIN DU QUATRIÈME ACTE.

ACTE CINQUIÈME.

SCÈNE I.

DON ALVAR, DONA ELVIRE.

DON ALVAR.

Enfin, après un sort à mes vœux si contraire,
Je dois bénir le ciel qui vous renvoie un frère;
Puisque de notre reine il doit être l'époux,
Cette heureuse union me laisse tout à vous.
Je me vois affranchi d'un honneur tyrannique,
D'un joug que m'imposoit cette faveur publique,
D'un choix qui me forçoit à vouloir être roi;
Je n'ai plus de combat à faire contre moi,
Plus à craindre le prix d'une triste victoire;
Et l'infidélité que vous faisoit ma gloire
Consent que mon amour, de ses lois dégagé,
Vous rende un inconstant qui n'a jamais changé.

DONA ELVIRE.

Vous êtes généreux : mais votre impatience
Sur un bruit incertain prend trop de confiance;
Et cette prompte ardeur de rentrer dans mes fers

Me console trop tôt d'un trône que je perds.
Ma perte n'est encor qu'une rumeur confuse,
Qui du nom de Carlos, malgré Carlos, abuse;
Et vous ne savez pas, à vous en bien parler,
Par quelle offre et quels vœux on m'en peut consoler.
Plus que vous ne pensez la couronne m'est chère:
Je perds plus qu'on ne croit, si Carlos est mon frère.
Attendez les effets que produiront ces bruits;
Attendez que je sache au vrai ce que je suis,
Si le ciel m'ôte ou laisse enfin le diadême,
S'il vous faut m'obtenir d'un frère ou de moi-même,
Si, par l'ordre d'autrui, je vous dois écouter,
Ou si j'ai seulement mon cœur à consulter.

DON ALVAR.

Ah! ce n'est qu'à ce cœur que le mien vous demande,
Madame; c'est lui seul que je veux qui m'entende;
Et mon propre bonheur m'accableroit d'ennui,
Si je n'étois à vous que par l'ordre d'autrui.
Pourrois-je de ce frère implorer la puissance
Pour ne vous obtenir que par obéissance,
Et, par un lâche abus de son autorité,
M'élever en tyran sur votre volonté?

DONA ELVIRE.

Avec peu de raison vous craignez qu'il arrive,
Qu'il ait des sentiments que mon ame ne suive:
Le digne sang des rois n'a point d'yeux que leurs yeux,
Et leurs premiers sujets obéissent le mieux.
Mais vous êtes étrange avec vos déférences

ACTE V, SCENE I.

Dont les soumissions cherchent des assurances.
Vous ne craignez d'agir contre ce que je veux,
Que pour tirer de moi que j'accepte vos vœux,
Et vous obstineriez dans ce respect extrême
Jusques à me forcer de dire, JE VOUS AIME.
Ce mot est un peu rude à prononcer pour nous;
Souffrez qu'à m'expliquer j'en trouve de plus doux.
Je vous dirai beaucoup, sans pourtant vous rien dire.
  Je sais depuis quel temps vous aimez donc Elvire,
Je sais ce que je dois, je sais ce que je puis :
Mais, encore une fois, sachons ce que je suis;
Et, si vous n'aspirez qu'au bonheur de me plaire,
Tâchez d'approfondir ce dangereux mystère.
Carlos a tant de lieu de vous considérer,
Que, s'il devient mon roi, vous devez espérer.

DON ALVAR.

Madame...

DONA ELVIRE.

  En ma faveur donnez-vous cette peine,
Et me laisssez, de grace, entretenir la reine.

DON ALVAR.

J'obéis avec joie, et ferai mon pouvoir
A vous dire bientôt ce qui s'en peut savoir.

SCÈNE II.

DONA LÉONOR, DONA ELVIRE.

DONA LÉONOR.

Don Alvar me fuit-il?

DONA ELVIRE.

Madame, à ma prière,
Il va dans tous ces bruits chercher quelque lumière :
J'ai craint en vous voyant un secours pour ses feux,
Et de défendre mal mon cœur contre vous deux.

DONA LÉONOR.

Ne pourra-t-il jamais gagner votre courage?

DONA ELVIRE.

Il peut tout obtenir, ayant votre suffrage.

DONA LÉONOR.

Je lui puis donc enfin promettre votre foi?

DONA ELVIRE.

Oui, si vous lui gagnez celui du nouveau roi.

DONA LÉONOR.

Et si ce bruit est faux? si vous demeurez reine?

DONA ELVIRE.

Que vous puis-je répondre, en étant incertaine?

DONA LÉONOR.

En cette incertitude on peut faire espérer.

DONA ELVIRE.

On peut attendre aussi pour en délibérer :
On agit autrement quand le pouvoir suprême...

SCÈNE III.

DONA ISABELLE, DONA LÉONOR, DONA ELVIRE.

DONA ISABELLE.

J'interromps vos secrets, mais j'y prends part moi-même;
Et j'ai tant d'intérêt de connoître ce fils,
Que j'ose demander ce qui s'en est appris.

DONA LÉONOR.

Vous ne m'en voyez point davantage éclaircie.

DONA ISABELLE.

Mais de qui tenez-vous la mort de don Garcie,
Vu que, depuis un mois qu'il vient des députés,
On parloit seulement de peuples révoltés?

DONA LÉONOR.

Je vous puis sur ce point aisément satisfaire;
Leurs gens m'en ont donné la raison assez claire.
On assiégeoit encore, alors qu'ils sont partis,
Dedans leur dernier fort don Garcie et son fils.
On l'a pris tôt après, et soudain, par sa prise,
Don Raymond prisonnier recouvrant sa franchise,
Les voyant tous deux morts, publie à haute voix
Que nous avions un roi du vrai sang de nos rois;
Que don Sanche vivoit, et part en diligence
Pour rendre à l'Aragon le bien de sa présence.
Il joint nos députés hier sur la fin du jour,

Et leur dit que ce prince étoit en votre cour.

C'est tout ce que j'ai pu tirer d'un domestique :
Outre qu'avec ces gens rarement on s'explique,
Comme ils entendent mal, leur rapport est confus.
Mais bientôt don Raymond vous dira le surplus.
Que nous veut cependant Blanche tout étonnée?

SCÈNE IV.

DONA ISABELLE, DONA LÉONOR, DONA ELVIRE, BLANCHE.

BLANCHE.

Ah, madame!

DONA ISABELLE.

Qu'as-tu?

BLANCHE.

La funeste journée!
Votre Carlos...

DONA ISABELLE.

Hé bien?

BLANCHE.

Son père est en ces lieux,
Et n'est...

DONA ISABELLE.

Quoi?

BLANCHE.

Qu'un pêcheur.

ACTE V, SCENE IV.

DONA ISABELLE.

Qui te l'a dit?

BLANCHE.

Mes yeux.

DONA ISABELLE.

Tes yeux?

BLANCHE.

Mes propres yeux.

DONA ISABELLE.

Que j'ai peine à les croire!

DONA LÉONOR.

Voudriez-vous, madame, en apprendre l'histoire?

DONA ELVIRE.

Que le ciel est injuste!

DONA ISABELLE.

Il l'est, et nous fait voir
Par cet injuste effet son absolu pouvoir,
Qui du sang le plus vil tire une ame si belle,
Et forme une vertu qui n'a lustre que d'elle.
Parle, Blanche, et dis-nous comme il voit ce malheur.

BLANCHE.

Avec beaucoup de honte, et plus encor de cœur.
Du haut de l'escalier je le voyois descendre;
En vain de ce faux bruit il se vouloit défendre;
Votre cour, obstinée à lui changer de nom,
Murmuroit tout autour, « Don Sanche d'Aragon, »
Quand un chétif vieillard le saisit et l'embrasse.
Lui, qui le reconnoît, frémit de sa disgrace;

Puis, laissant la nature à ses pleins mouvements,
Répond avec tendresse à ses embrassements.
Ses pleurs mêlent aux siens une fierté sincère;
On n'entend que soupirs : « Ah ! mon fils ! ah ! mon père !
O jour trois fois heureux ! moment trop attendu !
Tu m'as rendu la vie ! » et « Vous m'avez perdu ! »
 Chose étrange ! à ces cris de douleur et de joie
Un grand peuple accouru ne veut pas qu'on les croie;
Il s'aveugle soi-même : et ce pauvre pêcheur,
En dépit de Carlos, passe pour imposteur.
Dans les bras de ce fils on lui fait mille hontes:
C'est un fourbe, un méchant suborné par les comtes.
Eux-mêmes (admirez leur générosité)
S'efforcent d'affermir cette incrédulité :
Non qu'ils prennent sur eux de si lâches pratiques;
Mais ils en font auteur un de leurs domestiques,
Qui, pensant bien leur plaire, a si mal-à-propos
Instruit ce malheureux, pour affronter Carlos.
Avec avidité cette histoire est reçue;
Chacun la tient trop vraie aussitôt qu'elle est sue:
Et, pour plus de croyance à cette trahison,
Les comtes font traîner ce bonhomme en prison.
Carlos rend témoignage en vain contre soi-même;
Les vérités qu'il dit cèdent au stratagême:
Et, dans le déshonneur qui l'accable aujourd'hui,
Ses plus grands envieux l'en sauvent malgré lui.
Il tempête, il menace, et, bouillant de colère,
Il crie à pleine voix qu'on lui rende son père:

On tremble devant lui, sans croire son courroux;
Et rien... Mais le voici qui vient s'en plaindre à vous.

SCÈNE V.

DONA ISABELLE, DONA LÉONOR, DONA ELVIRE, BLANCHE, CARLOS, DON MANRIQUE, DON LOPE.

CARLOS.

Hé bien! madame, enfin on connoît ma naissance:
Voilà le digne fruit de mon obéissance.
J'ai prévu ce malheur, et l'aurois évité,
Si vos commandements ne m'eussent arrêté.
Ils m'ont livré, madame, à ce moment funeste;
Et l'on m'arrache encor le seul bien qui me reste!
On me vole mon père, on le fait criminel!
On attache à son nom un opprobre éternel!
Je suis fils d'un pêcheur, mais non pas d'un infame;
La bassesse du sang ne va point jusqu'à l'ame :
Et je renonce aux noms de comte et de marquis
Avec bien plus d'honneur qu'aux sentiments de fils;
Rien n'en peut effacer le sacré caractère.
De grace, commandez qu'on me rende mon père:
Ce doit leur être assez de savoir qui je suis,
Sans m'accabler encor par de nouveaux ennuis.

DON MANRIQUE.

Forcez ce grand courage à conserver sa gloire,

Madame, et l'empêchez lui-même de se croire.
Nous n'avons pu souffrir qu'un bras qui tant de fois
A fait trembler le Maure et triompher nos rois,
Reçût de sa naissance une tache éternelle;
Tant de valeur mérite une source plus belle.
Aidez, ainsi que nous, le peuple à s'abuser;
Il aime son erreur, daignez l'autoriser :
A tant de beaux exploits rendez cette justice,
Et de notre pitié soutenez l'artifice.

CARLOS.

Je suis bien malheureux, si je vous fais pitié!
Reprenez votre orgueil et votre inimitié.
Après que ma fortune a soûlé votre envie,
Vous plaignez aisément mon entrée à la vie,
Et, me croyant par elle à jamais abattu,
Vous exercez sans peine une haute vertu.
Peut-être elle ne fait qu'une embûche à la mienne:
La gloire de mon nom vaut bien qu'on la retienne;
Mais son plus bel éclat seroit trop acheté,
Si je le retenois par une lâcheté.
Si ma naissance est basse, elle est du moins sans tache;
Puisque vous la savez, je veux bien qu'on la sache.
   Sanche, fils d'un pêcheur, et non d'un imposteur,
De deux comtes jadis fut le libérateur :
Sanche, fils d'un pêcheur, mettoit naguère en peine
Deux illustres rivaux sur le choix de leur reine :
Sanche, fils d'un pêcheur, tient encore en sa main
De quoi faire bientôt tout l'heur d'un souverain :

Sanche enfin, malgré lui, dedans cette province,
Quoique fils d'un pêcheur, a passé pour un prince.
  Voilà ce qu'a pu faire et qu'a fait à vos yeux
Un cœur que ravaloit le nom de ses aïeux.
La gloire qui m'en reste après cette disgrace
Éclate encore assez pour honorer ma race,
Et paroîtra plus grande à qui comprendra bien
Qu'à l'exemple du ciel j'ai fait beaucoup de rien.

DON LOPE.

Cette noble fierté désavoue un tel père,
Et, par un témoignage à soi-même contraire,
Obscurcit de nouveau ce qu'on voit éclairci.
Non, le fils d'un pêcheur ne parle point ainsi;
Et son ame paroît si dignement formée,
Que j'en crois plus que lui l'erreur que j'ai semée.
Je le soutiens, Carlos, vous n'êtes point son fils,
La justice du ciel ne peut l'avoir permis;
Les tendresses du sang vous font une imposture,
Et je démens pour vous la voix de la nature.
  Ne vous repentez point de tant de dignités
Dont il vous plut orner ses rares qualités;
Jamais plus digne main ne fit plus digne ouvrage,
Madame; il les relève avec ce grand courage;
Et vous ne leur pouviez trouver plus haut appui,
Puisque même le sort est au-dessous de lui.

DONA ISABELLE.

La générosité qu'en tous les trois j'admire
Me met dans un état de n'avoir que leur dire,

Et, dans la nouveauté de ces évènements,
Par un illustre effort prévient mes sentiments.
Ils paroîtront en vain, comtes, s'ils vous excitent
A lui rendre l'honneur que ses hauts faits méritent,
Et ne dédaigner pas l'illustre et rare objet
D'une haute valeur qui part d'un sang abject.
Vous courez au-devant avec tant de franchise,
Qu'autant que du pêcheur je m'en trouve surprise.
 Et vous, que par mon ordre ici j'ai retenu,
Sanche, puisqu'à ce nom vous êtes reconnu,
Miraculeux héros, dont la gloire refuse
L'avantageuse erreur d'un peuple qui s'abuse ;
Parmi les déplaisirs que vous en recevez
Puis-je vous consoler d'un sort que vous bravez ?
Puis-je vous demander ce que je vous vois faire ?
Je vous tiens malheureux d'être né d'un tel père ;
Mais je vous tiens ensemble heureux au dernier point
D'être né d'un tel père, et de n'en rougir point,
Et de ce qu'un grand cœur, mis dans l'autre balance,
Emporte encor si haut une telle naissance.

SCÈNE VI.

DONA ISABELLE, DONA LÉONOR, DONA ELVIRE, CARLOS, DON MANRIQUE, DON LOPE, DON ALVAR, BLANCHE.

DON ALVAR.

Princesses, admirez l'orgueil d'un prisonnier
Qu'en faveur de son fils on veut calomnier.
　Ce malheureux pêcheur, par promesse ni crainte,
Ne sauroit se résoudre à souffrir une feinte.
J'ai voulu lui parler, et n'en fais que sortir :
J'ai tâché, mais en vain, de lui faire sentir
Combien mal-à-propos sa présence importune
D'un fils si généreux renverse la fortune,
Et qu'il le perd d'honneur à moins que d'avouer
Que c'est un lâche tour qu'on le force à jouer ;
J'ai même à ces raisons ajouté la menace :
Rien ne peut l'ébranler. Sanche est toujours sa race ;
Et, quant à ce qu'il perd de fortune et d'honneur,
Il dit qu'il a de quoi le faire grand seigneur,
Et que plus de cent fois il a su de sa femme
(Voyez qu'il est crédule et simple au fond de l'ame !)
Que, voyant ce présent qu'en mes mains il a mis,
La reine d'Aragon agrandiroit son fils.
　　(à doña Léonor.)
Si vous le recevez avec autant de joie,

Madame, que par moi ce vieillard vous l'envoie,
Vous donnerez sans doute à cet illustre fils
Un rang encor plus haut que celui de marquis :
Ce bonhomme en paroît l'ame toute comblée.

(Don Alvar présente à dona Léonor un petit écrin qui s'ouvre sans clef au moyen d'un ressort secret.)

DONA ISABELLE.

Madame, à cet aspect vous paroissez troublée !

DONA LÉONOR.

J'ai bien sujet de l'être en recevant ce don,
Madame, j'en saurai si mon fils vit, ou non ;
Et c'est où le feu roi, déguisant sa naissance,
D'un sort si précieux mit la reconnoissance.
Disons ce qu'il enferme avant que de l'ouvrir.
Ah, Sanche ! si par là je puis le découvrir,
Vous pouvez être sûr d'un entier avantage
Dans les lieux dont le ciel a fait notre partage,
Et qu'après ce trésor que vous m'aurez rendu,
Vous recevrez le prix qui vous en sera dû.
Mais à ce doux transport c'est déja trop permettre ;
Trouvons notre bonheur avant que d'en promettre.

Ce présent donc enferme un tissu de cheveux
Que reçut don Fernand pour arrhes de mes vœux,
Son portrait et le mien, deux pierres les plus rares
Que forme le soleil sous les climats barbares,
Et, pour un témoignage encore plus certain,
Un billet que lui-même écrivit de sa main.

SCÈNE VII.

DONA ISABELLE, DONA LÉONOR, DONA ELVIRE, CARLOS, DON MANRIQUE, DON LOPE, DON ALVAR, BLANCHE, UN GARDE.

LE GARDE.

Madame, don Raymond vous demande audience.

DONA LÉONOR.

Qu'il entre. Pardonnez à mon impatience,
Si l'ardeur de le voir et de l'entretenir,
Avant votre congé, l'ose faire venir.

DONA ISABELLE.

Vous pouvez commander dans toute la Castille,
Et je ne vous vois plus qu'avec des yeux de fille.

SCÈNE VIII.

DONA ISABELLE, DONA LÉONOR, DONA ELVIRE, CARLOS, DON MANRIQUE, DON LOPE, DON ALVAR, BLANCHE, DON RAYMOND.

DONA LÉONOR.

Laissez là, don Raymond, la mort de nos tyrans,
Et rendez seulement don Sanche à ses parents.

Vit-il? peut-il braver nos fières destinées?
DON RAYMOND.
Sortant d'une prison de plus de six années,
Je l'ai cherché, madame, où, pour les mieux braver,
Par l'ordre du feu roi je le fis élever
Avec tant de secret, que même un second père
Qui l'estime son fils ignore ce mystère.
Ainsi qu'en votre cour, Sanche y fut son vrai nom;
Et l'on n'en retrancha que cet illustre Don.
Là, j'ai su qu'à seize ans son généreux courage
S'indigna des emplois de ce faux parentage;
Qu'impatient déjà d'être si mal tombé,
A sa fausse bassesse il s'étoit dérobé;
Que, déguisant son nom, et cachant sa famille,
Il avoit fait merveille aux guerres de Castille,
D'où quelque sien voisin, depuis peu de retour,
L'avoit vu plein de gloire, et fort bien à la cour;
Que du bruit de son nom elle étoit toute pleine;
Qu'il étoit connu même et chéri de la reine;
Si bien que ce pêcheur, d'aise tout transporté,
Avoit couru chercher ce fils si fort vanté.
DONA LÉONOR.
Don Raymond, si vos yeux pouvoient le reconnoître...
DON RAYMOND.
Oui, je le vois, madame. Ah! seigneur! ah! mon maître!
DON LOPE.
Nous l'avions bien jugé. Grand prince, rendez-vous;
La vérité paroît, cédez aux vœux de tous.

ACTE V, SCENE VIII.

DONA LÉONOR.

Don Sanche, voulez-vous être seul incrédule?

CARLOS.

Je crains encor du sort un revers ridicule.
Mais, madame, voyez si le billet du roi
Accorde à don Raymond ce qu'il vous dit de moi.

DONA LÉONOR *ouvre l'écrin, et en tire un billet qu'elle lit.*

Pour tromper un tyran je vous trompe vous-même :
Vous reverrez ce fils que je vous fais pleurer.
Cette erreur lui peut rendre un jour le diadême,
Et je vous l'ai caché pour le mieux assurer.

Si ma feinte vers vous passe pour criminelle,
Pardonnez-moi les maux qu'elle vous fait souffrir,
De crainte que les soins de l'amour maternelle
Par leurs empressements le fissent découvrir.

Nugne, un pauvre pêcheur, en croit être le père;
Sa femme, en son absence, accouchant d'un fils mort,
Elle reçut le vôtre, et sut si bien se taire,
Que le père et le fils en ignorent le sort.

Elle-même l'ignore, et, d'un si grand échange,
Elle sait seulement qu'il n'est pas de son sang;
Et croit que ce présent, par un miracle étrange,
Doit un jour par vos mains lui rendre son vrai rang.

A ces marques un jour daignez le reconnoître;
Et puisse l'Aragon, retournant sous vos lois,
Apprendre, ainsi que vous, de moi qui l'ai vu naître,
Que Sanche, fils de Nugne, est le sang de ses rois!

DON FERNAND D'ARAGON.

Ah, mon fils! s'il en faut encore davantage,
Croyez-en vos vertus et votre grand courage.

CARLOS, à dona Léonor.

Ce seroit mal répondre à ce rare bonheur,
Que vouloir me défendre encor d'un tel honneur.

(à dona Isabelle.)

Je reprends toutefois Nugne pour mon vrai père,
Si vous ne m'ordonnez, madame, que j'espère.

DONA ISABELLE.

C'est trop peu d'espérer, quand tout vous est acquis:
Je vous avois fait tort en vous faisant marquis,
Et vous n'aurez pas lieu désormais de vous plaindre
De ce retardement où j'ai su vous contraindre.
Et pour moi, que le ciel destinoit pour un roi
Digne de la Castille, et digne encor de moi,
J'avois mis cette bague en des mains assez bonnes
Pour la rendre à don Sanche, et joindre nos couronnes.

CARLOS.

Je ne m'étonne plus de l'orgueil de mes vœux,
Qui, sans le partager, donnoit mon cœur à deux:
Dans les obscurités d'une telle aventure,
L'amour se confondoit avecque la nature.

DONA ELVIRE.

Le nôtre y répondoit sans faire honte au rang;
Et le mien vous payoit ce que devoit le sang.

CARLOS, à dona Elvire.

Si vous m'aimez encore et m'honorez en frère,
Un époux de ma main pourroit-il vous déplaire?

ACTE V, SCENE VIII.

DONA ELVIRE.

Si don Alvar de Lune est cet illustre époux,
Il vaut bien à mes yeux tout ce qui n'est point vous.

CARLOS, à dona Elvire.

Il honoroit en moi la vertu toute nue.

(à don Manrique et don Lope.)

Et vous qui dédaigniez ma naissance inconnue,
Comtes, et les premiers en cet évènement
Jugiez en ma faveur si véritablement,
Votre dédain fut juste autant que son estime :
C'est la même vertu sous une autre maxime.

DON RAYMOND, à dona Isabelle.

Souffrez qu'à l'Aragon il daigne se montrer :
Nos députés, madame, impatients d'entrer...

DONA ISABELLE.

Il vaut mieux leur donner audience publique,
Afin qu'aux yeux de tous ce miracle s'explique.
Allons ; et cependant qu'on mette en liberté
Celui par qui tant d'heur nous vient d'être apporté ;
Et qu'on l'amène ici, plus heureux qu'il ne pense,
Recevoir de ses soins la digne récompense.

FIN DE DON SANCHE D'ARAGON.

EXAMEN

DE DON SANCHE D'ARAGON.

Cette pièce est toute d'invention, mais elle n'est pas toute de la mienne. Ce qu'a de fastueux le premier acte est tiré d'une comédie espagnole, intitulée *El Palacio confuso*; et la double reconnoissance qui finit le cinquième est prise du roman de don Pélage. Elle eut d'abord grand éclat sur le théâtre; mais une disgrace particulière fit avorter toute sa bonne fortune. Le refus d'un illustre suffrage dissipa les applaudissements que le public lui avoit donnés trop libéralement, et anéantit si bien tous les arrêts que Paris et le reste de la cour avoient prononcés en sa faveur, qu'au bout de quelque temps elle se trouva reléguée dans les provinces, où elle conserve encore son premier lustre.

Le sujet n'a pas grand artifice. C'est un inconnu assez honnête homme pour se faire aimer de deux reines. L'inégalité des conditions met un obstacle au bien qu'elles lui veulent durant quatre actes et demi : et, quand il faut de nécessité finir la pièce, un bon homme semble tomber des nues pour faire développer le secret de sa naissance, qui le rend mari de l'une en le faisant reconnoître pour frère de l'autre.

Hæc eadem à summo expectes minimoque poetâ.

Don Raymond et ce pêcheur ne suivent point la règle que j'ai voulu établir, de n'introduire aucun acteur qui ne fût insinué dès le premier acte ou appelé par quelqu'un de ceux qu'on y a connus. Il m'était aisé d'y faire dire à la reine dona Léonor ce qu'elle dit à l'entrée du quatrième; mais si elle eût fait savoir qu'elle eût eu un fils, et que le roi son mari lui eût appris en mourant que don Raymond avoit un secret à lui révéler, on eût trop tôt deviné que Carlos étoit ce prince.

On peut dire de don Raymond qu'il vient avec les députés d'Aragon dont il est parlé au premier acte, et qu'ainsi il satisfait aucunement à cette règle; mais ce n'est que par hasard qu'il vient avec eux. C'étoit le pêcheur qu'il étoit allé chercher, et non pas eux; et il ne les joint sur le chemin qu'à cause de ce qu'il a appris chez ce pêcheur, qui de son côté vient en Castille de son seul mouvement, sans y être amené par aucun incident dont on ait parlé dans la protase; et il n'a point de raison d'arriver ce jour-là plutôt qu'un autre, sinon que la pièce n'auroit pu finir s'il ne fût arrivé.

L'unité de jour y est si peu violentée, qu'on peut

soutenir que l'action ne demande pour sa durée que le temps de sa représentation. Pour celle du lieu, j'ai déja dit que je n'en parlerois plus sur les pièces qui restoient à examiner. Les sentiments du second acte ont autant ou plus de délicatesse qu'aucuns que j'aie mis sur le théâtre. L'amour des deux reines pour Carlos y paroît très-visible, malgré le soin et l'adresse que toutes les deux apportent à le cacher, dans leurs différents caractères, dont l'un marque plus d'orgueil, et l'autre plus de tendresse. La confidence qu'y fait celle de Castille avec Blanche est assez ingénieuse ; et, par une réflexion sur ce qui s'est passé au premier acte, elle prend occasion de faire savoir aux spectateurs sa passion pour ce brave inconnu, qu'elle a si bien vengé du mépris qu'en ont fait les comtes. Ainsi on ne peut dire qu'elle choisisse sans raison ce jour-là plutôt qu'un autre pour lui en confier le secret, puisqu'il paroît qu'elle le sait déja, et qu'elles ne font que raisonner ensemble sur ce qu'on vient de voir représenter.

FIN DE L'EXAMEN DE DON SANCHE.

NICOMÈDE,

TRAGÉDIE EN CINQ ACTES.

1652.

PRÉFACE DE VOLTAIRE.

Nicomède est dans le goût de don Sanche d'Aragon. Les Espagnols, comme on l'a déja dit, sont les inventeurs de ce genre, qui est une espèce de comédie héroïque. Ce n'est ni la terreur ni la pitié de la vraie tragédie ; ce sont des aventures extraordinaires, des bravades, des sentiments généreux et une intrigue dont le dénouement heureux, ne coûte ni de sang aux personnages, ni de larmes aux spectateurs. L'art dramatique est une imitation de la nature, comme l'art de peindre. Il y a des sujets de peinture sublimes, il y en a de simples ; la vie commune, la vie champêtre, les paysages, les grotesques même, entrent dans cet art : Raphaël a peint les horreurs de la mort, et les noces de Psyché. C'est ainsi que dans l'art dramatique on a la pastorale, la farce, la comédie, la tragédie plus ou moins héroïque, plus ou moins terrible, plus ou moins attendrissante. Lorsqu'on rejoua, en 1756, Nicomède, oublié pendant plus de quatre-vingts ans, les comédiens du roi ne l'annoncèrent que sous le titre de tragi-comédie. Cette pièce est peut-être une des plus fortes preuves du génie de Corneille; et je ne suis pas étonné de l'affection qu'il avait pour elle. Ce genre est non-seulement le moins théâtral de tous, mais le plus difficile à traiter. Il n'a point cette magie qui transporte l'ame, comme le dit si bien Horace :

> Ille per extentum funem mihi posse videtur
> Ire poeta, meum qui pectus inaniter angit,
> Irritat, mulcet, falsis terroribus implet,
> Ut magus; et modò me Thebis, modò ponit Athenis.

Ce genre de tragédie ne se soutenant point par un sujet pathétique, par de grands tableaux, par les fureurs des passions, l'auteur ne peut qu'exciter un sentiment d'admiration pour le héros de la pièce. L'admiration n'émeut guère l'ame, ne la trouble point : c'est, de tous les sentiments, celui qui se refroidit le plus tôt. Le caractère de Nicomède, avec une intrigue terrible, telle que celle de Rodogune, eût été un chef-d'œuvre.

PRÉFACE
DE CORNEILLE.

Voici une pièce d'une constitution assez extraordinaire : aussi est-ce la vingt-et-unième que j'ai fait voir sur le théâtre; et, après y avoir fait réciter quarante mille vers, il est bien malaisé de trouver quelque chose de nouveau sans s'écarter un peu du grand chemin, et se mettre au hasard de s'égarer. La tendresse et les passions qui doivent être l'ame des tragédies, n'ont aucune part en celle-ci; la grandeur de courage y règne seule, et regarde son malheur d'un œil si dédaigneux, qu'il n'en sauroit arracher une plainte. Elle y est combattue par la politique, et n'oppose à ses artifices qu'une prudence généreuse qui marche à visage découvert, qui prévoit le péril sans s'émouvoir, et qui ne veut point d'autre appui que celui de la vertu et de l'amour qu'elle imprime dans les cœurs de tous les peuples. L'histoire qui m'a prêté de quoi la faire paroître en ce haut degré est de Justin; et voici comme il la raconte à la fin de son trente-quatrième livre. « En même temps, Prusias, roi de Bithynie, prit dessein de faire assassiner son fils Nicomède pour avancer les autres fils qu'il avoit eus d'une autre femme, et qu'il faisoit élever à Rome; mais ce dessein fut découvert à ce jeune prince par ceux mêmes qui l'avoient entrepris : ils firent plus; ils l'exhortèrent à rendre la pareille à un père si cruel, et à faire retomber sur sa tête les embûches qu'il lui avoit préparées, et n'eurent pas grande peine à le persuader. Sitôt donc qu'il fut entré dans le royaume de son père, qui l'avoit appelé auprès de lui, il fut proclamé roi; et Prusias, chassé du trône, et délaissé même de ses domestiques, quelque soin qu'il prît à se cacher, fut enfin tué par ce fils, et perdit la vie par un crime aussi grand que celui qu'il avoit commis en donnant les ordres de l'assassiner. »

J'ai ôté de ma scène l'horreur d'une catastrophe si barbare, et n'ai donné ni au père ni au fils aucun dessein de parricide. J'ai fait ce dernier amoureux de Laodice, afin que l'union d'une couronne voisine donnât plus d'ombrage aux Romains, et leur fît prendre plus de soin d'y mettre plus d'obstacle de leur part. J'ai approché de cette histoire celle de la mort d'Annibal, qui arriva un peu auparavant chez ce même roi, et dont le nom n'est pas un petit ornement à mon ouvrage; j'en ai fait Nicomède disciple, pour lui prêter plus de valeur et plus de fierté contre les Romains; et, prenant l'occasion de l'ambassade où Flaminius fut envoyé par eux vers ce roi leur allié pour demander qu'on remît entre leurs mains ce vieil ennemi de leur grandeur, je l'ai chargé d'une commission secrète de traverser ce mariage, qui leur devoit donner de la jalousie. J'ai fait que, pour gagner l'esprit de la reine, qui, suivant l'ordinaire des secondes femmes, avoit tout pouvoir sur celui de son vieux mari, il lui ramène un de ses fils que mon auteur m'apprend avoir été nourri à Rome. Cela fait deux effets; car, d'un côté, il obtient la perte d'Annibal par le moyen de cette mère ambitieuse; et, de l'autre, il oppose à Nicomède un rival appuyé de toute la faveur des Romains, jaloux de sa gloire et de sa grandeur naissante.

Les assassins qui découvrirent à ce prince les sanglants desseins de son père, m'ont donné jour à d'autres artifices pour le faire tomber dans les embûches que sa belle-mère lui avoit préparées; et, pour la fin, je l'ai réduite en sorte que tous mes personnages y agissent avec générosité, et que les uns, rendant ce qu'ils doivent à la vertu, et les autres, demeurant dans la fermeté de leur devoir, laissent un exemple assez illustre et une conclusion assez agréable.

La représentation n'en a pas déplu; et, comme ce ne sont pas les moindres vers qui soient partis de ma main, j'ai sujet d'assurer que la lecture n'ôtera rien à cet ouvrage de la réputation qu'il s'est acquise jusqu'ici, et ne le fera point juger indigne de suivre ceux qui l'ont précédé. Mon principal but a été de peindre la politique des Romains au-dehors, et comme ils agissoient impérieusement avec les rois leurs alliés; leurs maximes pour les empêcher de s'accroître, et les soins qu'ils prenoient de traverser leur grandeur quand elle commençoit à leur devenir suspecte à force de s'augmenter et de se rendre considérable par de nouvelles conquêtes. C'est le caractère que j'ai donné à leur république en la personne de son ambassadeur Flaminius, qui rencontre un prince intrépide qui voit sa perte assurée sans s'ébranler, et brave l'orgueilleuse masse de leur puissance lors même qu'il en est accablé. Ce héros de ma façon sort un peu des règles de la tragédie, en ce qu'il ne cherche point à faire pitié par l'excès de ses malheurs; mais le succès a montré que la fermeté des grands cœurs, qui n'excite que de l'admiration dans l'ame du spectateur, est quelquefois aussi agréable que la compassion que notre art nous commande de mendier pour leurs misères. Il est bon de hasarder un peu, et de ne s'attacher pas toujours si servilement à ses préceptes, ne fût-ce que pour pratiquer celui-ci de notre Horace :

Et mihi res, non me rebus, submittere conor.

Mais il faut que l'évènement justifie cette hardiesse; et, dans une liberté de cette nature, on demeure coupable, à moins d'être fort heureux.

PERSONNAGES.

PRUSIAS, roi de Bithynie.
FLAMINIUS, ambassadeur de Rome.
ARSINOÉ, seconde femme de Prusias.
LAODICE, reine d'Arménie.
NICOMÈDE, fils aîné de Prusias, sorti du premier lit.
ATTALE, fils de Prusias et d'Arsinoé.
ARASPE, capitaine des gardes de Prusias.
CLÉONE, confidente d'Arsinoé.

La scène est à Nicomédie.

NICOMÈDE.

ACTE PREMIER.

SCÈNE I.

NICOMÈDE, LAODICE.

LAODICE.

Après tant de hauts faits, il m'est bien doux, seigneur,
De voir encor mes yeux régner sur votre cœur ;
De voir, sous les lauriers qui vous couvrent la tête,
Un si grand conquérant être encor ma conquête,
Et de toute la gloire acquise à ses travaux
Faire un illustre hommage à ce peu que je vaux.
Quelques biens toutefois que le ciel me renvoie,
Mon cœur épouvanté se refuse à la joie :
Je vous vois à regret, tant mon cœur amoureux
Trouve la cour pour vous un séjour dangereux.
Votre marâtre y règne ; et le roi votre père
Ne voit que par ses yeux, seule la considère,
Pour souveraine loi n'a que sa volonté :
Jugez après cela de votre sûreté.

La haine que pour vous elle a si naturelle
A mon occasion encor se renouvelle :
Votre frère son fils, depuis peu de retour...
NICOMÈDE.
Je le sais, ma princesse, et qu'il vous fait la cour.
Je sais que les Romains, qui l'avoient en otage,
L'ont enfin renvoyé pour un plus digne ouvrage;
Que ce don à sa mère étoit le prix fatal
Dont leur Flaminius marchandoit Annibal;
Que le roi par son ordre eût livré ce grand homme,
S'il n'eût par le poison lui-même évité Rome,
Et rompu par sa mort les spectacles pompeux
Où l'effroi de son nom le destinoit chez eux.
Par mon dernier combat je voyois réunie
La Cappadoce entière avec la Bithynie,
Lorsqu'à cette nouvelle, enflammé de courroux
D'avoir perdu mon maître et de craindre pour vous,
J'ai laissé mon armée aux mains de Théagène,
Pour voler en ces lieux au secours de ma reine.
Vous en aviez besoin, madame, et je le voi,
Puisque Flaminius obsède encor le roi.
Si de son arrivée Annibal fut la cause,
Lui mort, ce long séjour prétend quelque autre chose;
Et je ne vois que vous qui le puisse arrêter,
Pour aider à mon frère à vous persécuter.
LAODICE.
Je ne veux point douter que sa vertu romaine
N'embrasse avec chaleur l'intérêt de la reine :

Annibal, qu'elle vient de lui sacrifier,
L'engage en sa querelle, et m'en fait défier.
Mais, seigneur, jusqu'ici j'aurois tort de m'en plaindre;
Et, quoi qu'il entreprenne, avez-vous lieu de craindre?
Ma gloire et mon amour peuvent bien peu sur moi,
S'il faut votre présence à soutenir ma foi,
Et si je puis tomber en cette frénésie
De préférer Attale au vainqueur de l'Asie;
Attale qu'en otage ont nourri les Romains,
Ou plutôt qu'en esclave ont façonné leurs mains,
Sans lui rien mettre au cœur qu'une crainte servile
Qui tremble à voir un aigle, et respecte un édile!

NICOMÈDE.

Plutôt, plutôt la mort, que mon esprit jaloux
Forme des sentiments si peu dignes de vous.
Je crains la violence, et non votre foiblesse;
Et si Rome une fois contre nous s'intéresse...

LAODICE.

Je suis reine, seigneur; et Rome a beau tonner,
Elle, ni votre roi, n'ont rien à m'ordonner :
Si de mes jeunes ans il est dépositaire,
C'est pour exécuter les ordres de mon père :
Il m'a donnée à vous, et nul autre que moi
N'a droit de l'en dédire, et me choisir un roi.
Par son ordre et le mien, la reine d'Arménie
Est due à l'héritier du roi de Bithynie,
Et ne prendra jamais un cœur assez abject
Pour se laisser réduire à l'hymen d'un sujet.

Mettez-vous en repos.
####### NICOMÈDE.
Et le puis-je, madame,
Vous voyant exposée aux fureurs d'une femme
Qui, pouvant tout ici, se croira tout permis
Pour se mettre en état de voir régner son fils?
Il n'est rien de si saint qu'elle ne fasse enfreindre :
Qui livroit Annibal pourra bien vous contraindre,
Et saura vous garder même fidélité
Qu'elle a gardée aux droits de l'hospitalité.
####### LAODICE.
Mais ceux de la nature ont-ils un privilége
Qui vous assure d'elle après ce sacrilége?
Seigneur, votre retour, loin de rompre ses coups,
Vous expose vous-même, et m'expose après vous.
Comme il est fait sans ordre, il passera pour crime;
Et vous serez bientôt la première victime
Que la mère et le fils, ne pouvant m'ébranler,
Pour m'ôter mon appui se voudront immoler.
Si j'ai besoin de vous de peur qu'on me contraigne,
J'ai besoin que le roi, qu'elle-même, vous craigne.
Retournez à l'armée, et, pour me protéger,
Montrez cent mille bras tout prêts à me venger.
Parlez la force en main, et hors de leur atteinte :
S'ils vous tiennent ici, tout est pour eux sans crainte;
Et ne vous flattez point, ni sur votre grand cœur,
Ni sur l'éclat d'un nom cent et cent fois vainqueur :
Quelque haute valeur que puisse être la vôtre,

Vous n'avez en ces lieux que deux bras comme un autre;
Et, fussiez-vous du monde et l'amour et l'effroi,
Quiconque entre au palais porte sa tête au roi.
Je vous le dis encor, retournez à l'armée,
Ne montrez à la cour que votre renommée;
Assurez votre sort pour assurer le mien;
Faites que l'on vous craigne, et je ne craindrai rien.

NICOMÈDE.

Retourner à l'armée! Ah! sachez que la reine
La sème d'assassins achetés par sa haine;
Deux s'y sont découverts, que j'amène avec moi,
Afin de la convaincre et détromper le roi.
Quoiqu'il soit son époux, il est encor mon père;
Et quand il forcera la nature à se taire,
Trois sceptres à son trône attachés par mon bras
Parleront au lieu d'elle, et ne se tairont pas.
Que si notre fortune à ma perte animée
La prépare à la cour aussi bien qu'à l'armée,
Dans ce péril égal qui me suit en tous lieux,
M'envierez-vous l'honneur de mourir à vos yeux?

LAODICE.

Non, je ne vous dis plus désormais que je tremble,
Mais que, s'il faut périr, nous périrons ensemble.
Armons-nous de courage, et nous ferons trembler
Ceux dont les lâchetés pensent nous accabler.
Le peuple ici vous aime et hait ces cœurs infames;
Et c'est être bien fort que régner sur tant d'ames.
Mais votre frère Attale adresse ici ses pas.

NICOMÈDE.
Il ne m'a jamais vu, ne me découvrez pas.

SCÈNE II.
LAODICE, NICOMÈDE, ATTALE.

ATTALE.
Quoi ! madame, toujours un front inexorable !
Ne pourrai-je surprendre un regard favorable,
Un regard désarmé de toutes ces rigueurs,
Et tel qu'il est enfin quand il gagne les cœurs ?
LAODICE.
Si ce front est mal propre à m'acquérir le vôtre,
Quand j'en aurai dessein j'en saurai prendre un autre.
ATTALE.
Vous ne l'acquerrez point, puisqu'il est tout à vous.
LAODICE.
Je n'ai donc pas besoin d'un visage plus doux.
ATTALE.
Conservez-le, de grace, après l'avoir su prendre.
LAODICE.
C'est un bien mal acquis que j'aime mieux vous rendre.
ATTALE.
Vous l'estimez trop peu pour le vouloir garder.
LAODICE.
Je vous estime trop pour vouloir rien farder :
Votre rang et le mien ne sauroient le permettre.

Pour garder votre cœur je n'ai pas où le mettre;
La place est occupée : et je vous l'ai tant dit,
Prince, que ce discours vous dut être interdit.
On le souffre d'abord, mais la suite importune.

ATTALE.

Que celui qui l'occupe a de bonne fortune!
Et que seroit heureux qui pourroit aujourd'hui
Disputer cette place, et l'emporter sur lui!

NICOMÈDE.

La place à l'emporter coûteroit bien des têtes,
Seigneur : ce conquérant garde bien ses conquêtes;
Et l'on ignore encor parmi ses ennemis
L'art de reprendre un fort qu'une fois il a pris.

ATTALE.

Celui-ci toutefois peut s'attaquer de sorte
Que, tout vaillant qu'il est, il faudra qu'il en sorte.

LAODICE.

Vous pourriez vous méprendre.

ATTALE.

Et si le roi le veut?

LAODICE.

Le roi, juste et prudent, ne veut que ce qu'il peut.

ATTALE.

Et que ne peut ici la grandeur souveraine?

LAODICE.

Ne parlez pas si haut : s'il est roi, je suis reine;
Et vers moi tout l'effort de son autorité
N'agit que par prière et par civilité.

ATTALE.

Non ; mais agir ainsi, souvent c'est beaucoup dire
Aux reines comme vous qu'on voit dans son empire :
Et si ce n'est assez des prières d'un roi,
Rome, qui m'a nourri, vous parlera pour moi.

NICOMÈDE.

Rome, seigneur !

ATTALE.

Oui, Rome. En êtes-vous en doute ?

NICOMÈDE.

Seigneur, je crains pour vous qu'un Romain vous écoute ;
Et si Rome savoit de quels feux vous brûlez,
Bien loin de vous prêter l'appui dont vous parlez,
Elle s'indigneroit de voir sa créature
A l'éclat de son nom faire une telle injure ;
Et vous dégraderoit peut-être dès demain
Du titre glorieux de citoyen romain.
Vous l'a-t-elle donné pour mériter sa haine
En le déshonorant par l'amour d'une reine ?
Et ne savez-vous plus qu'il n'est princes ni rois
Qu'elle daigne égaler à ses moindres bourgeois ?
Pour avoir tant vécu chez ces cœurs magnanimes,
Vous en avez bientôt oublié les maximes.
Reprenez un orgueil digne d'elle et de vous ;
Remplissez mieux un nom sous qui nous tremblons tous ;
Et, sans plus l'abaisser à cette ignominie
D'idolâtrer en vain la reine d'Arménie,
Songez qu'il faut du moins, pour toucher votre cœur,

La fille d'un tribun ou celle d'un préteur;
Que Rome vous permet cette haute alliance,
Dont vous auroit exclus le défaut de naissance,
Si l'honneur souverain de son adoption
Ne vous autorisoit à tant d'ambition.
Forcez, rompez, brisez de si honteuses chaînes;
Aux rois qu'elle méprise abandonnez les reines,
Et concevez enfin des vœux plus élevés,
Pour mériter les biens qui vous sont réservés.

ATTALE.

Si cet homme est à vous, imposez-lui silence,
Madame, et retenez une telle insolence.
Pour voir jusqu'à quel point elle pourroit aller,
J'ai forcé ma colère à le laisser parler;
Mais je crains qu'elle échappe, et que, s'il continue,
Je ne m'obstine plus à tant de retenue.

NICOMÈDE.

Seigneur, si j'ai raison, qu'importe à qui je sois?
Perd-elle de son prix pour emprunter ma voix?
Vous-même, amour à part, je vous en fais arbitre.
Ce grand nom de Romain est un précieux titre:
Et la reine et le roi l'ont assez acheté
Pour ne se plaire pas à le voir rejeté,
Puisqu'ils se sont privés, pour ce nom d'importance,
Des charmantes douceurs d'élever votre enfance.
Dès l'âge de quatre ans ils vous ont éloigné;
Jugez si c'est pour voir ce titre dédaigné,
Pour vous voir renoncer, par l'hymen d'une reine,

A la part qu'ils avoient à la grandeur romaine.
D'un si rare trésor l'un et l'autre jaloux...

ATTALE.

Madame, encore un coup, cet homme est-il à vous ?
Et pour vous divertir est-il si nécessaire,
Que vous ne lui puissiez ordonner de se taire ?

LAODICE.

Puisqu'il vous a déplu, vous traitant de Romain,
Je veux bien vous traiter de fils de souverain.
En cette qualité vous devez reconnoître
Qu'un prince votre aîné doit être votre maître,
Craindre de lui déplaire, et savoir que le sang
Ne vous empêche pas de différer de rang,
Lui garder le respect qu'exige sa naissance;
Et loin de lui voler son bien en son absence...

ATTALE.

Si l'honneur d'être à vous est maintenant son bien,
Dites un mot, madame, et ce sera le mien;
Et si l'âge à mon rang fait quelque préjudice,
Vous en corrigerez la fatale injustice :
Mais si je lui dois tant en fils de souverain,
Permettez qu'une fois je vous parle en Romain.

 Sachez qu'il n'en est point que le ciel n'ait fait naître
Pour commander aux rois et pour vivre sans maître;
Sachez que mon amour est un noble projet
Pour éviter l'affront de me voir son sujet;
Sachez...

LAODICE.

Je m'en doutois, seigneur, que ma couronne
Vous charmoit bien du moins autant que ma personne;
Mais, telle que je suis, et ma couronne et moi,
Tout est à cet aîné qui sera votre roi;
Et, s'il étoit ici, peut-être en sa présence
Vous penseriez deux fois à lui faire une offense.

ATTALE.

Que ne puis-je l'y voir! Mon courage amoureux...

NICOMÈDE.

Faites quelques souhaits qui soient moins dangereux
Seigneur; s'il les savoit, il pourroit bien lui-même
Venir d'un tel amour venger l'objet qu'il aime.

ATTALE.

Insolent! est-ce enfin le respect qui m'est dû?

NICOMÈDE.

Je ne sais de nous deux, seigneur, qui l'a perdu.

ATTALE.

Peux-tu bien me connoître et tenir ce langage?

NICOMÈDE.

Je sais à qui je parle; et c'est mon avantage,
Que, n'étant point connu, prince, vous ne savez
Si je vous dois respect ou si vous m'en devez.

ATTALE.

Ah, madame, souffrez que ma juste colère...

LAODICE.

Consultez-en, seigneur, la reine votre mère;
Elle entre.

SCÈNE III.

NICOMÈDE, ARSINOÉ, LAODICE,
ATTALE, CLÉONE.

NICOMÈDE.

Instruisez mieux le prince votre fils,
Madame, et dites-lui, de grace, qui je suis.
Faute de me connoître, il s'emporte, il s'égare;
Et ce désordre est mal dans une ame si rare:
J'en ai pitié.

ARSINOÉ.

Seigneur, vous êtes donc ici?

NICOMÈDE.

Oui, madame, j'y suis, et Métrobate aussi.

ARSINOÉ.

Métrobate! ah! le traître!

NICOMÈDE.

Il n'a rien dit, madame,
Qui vous doive jeter aucun trouble dans l'ame.

ARSINOÉ.

Mais qui cause, seigneur, ce retour surprenant?
Et votre armée?

NICOMÈDE.

Elle est sous un bon lieutenant:
Et quant à mon retour, peu de chose le presse.
J'avois ici laissé mon maître et ma maîtresse:
Vous m'avez ôté l'un, vous, dis-je, ou les Romains;

ACTE I, SCENE III.

Et je viens sauver l'autre, et d'eux, et de vos mains.
ARSINOÉ.
C'est ce qui vous amène?
NICOMÈDE.
Oui, madame; et j'espère
Que vous m'y servirez auprès du roi mon père.
ARSINOÉ.
Je vous y servirai comme vous l'espérez.
NICOMÈDE.
De votre bon vouloir nous sommes assurés.
ARSINOÉ.
Il ne tiendra qu'au roi qu'aux effets je ne passe.
NICOMÈDE.
Vous voulez à tous deux nous faire cette grace?
ARSINOÉ.
Tenez-vous assuré que je n'oublierai rien.
NICOMÈDE.
Je connois votre cœur, ne doutez pas du mien.
ATTALE.
Madame, c'est donc là le prince Nicomède?
NICOMÈDE.
Oui, c'est moi qui viens voir s'il faut que je vous cède.
ATTALE.
Ah, seigneur! excusez si, vous connoissant mal...
NICOMÈDE.
Prince, faites-moi voir un plus digne rival.
Si vous aviez dessein d'attaquer cette place,
Ne vous départez point d'une si noble audace;

Mais comme à son secours je n'amène que moi,
Ne la menacez plus de Rome ni du roi.
Je la défendrai seul; attaquez-la de même,
Avec tous les respects qu'on doit au diadême.
Je veux bien mettre à part avec le nom d'aîné
Le rang de votre maître où je suis destiné;
Et nous verrons ainsi qui fait mieux un brave homme,
Des leçons d'Annibal, ou de celles de Rome.
Adieu, pensez-y bien, je vous laisse y rêver.

SCÈNE IV.
ARSINOÉ, ATTALE, CLÉONE.

ARSINOÉ.

Quoi! tu faisois excuse à qui m'osoit braver!

ATTALE.

Que ne peut point, madame, une telle surprise?
Ce prompt retour me perd, et rompt votre entreprise.

ARSINOÉ.

Tu l'entends mal, Attale; il la met dans ma main.
Va trouver de ma part l'ambassadeur romain;
Dedans mon cabinet amène-le sans suite,
Et de ton heureux sort laisse-moi la conduite.

ATTALE.

Mais, madame, s'il faut...

ARSINOÉ.

Va, n'appréhende rien;
Et, pour avancer tout, hâte cet entretien.

SCÈNE V.

ARSINOÉ, CLÉONE.

CLÉONE.

Vous lui cachez, madame, un dessein qui le touche !

ARSINOÉ.

Je crains qu'en l'apprenant son cœur ne s'effarouche :
Je crains qu'à la vertu par les Romains instruit,
De ce que je prépare il ne m'ôte le fruit,
Et ne conçoive mal qu'il n'est fourbe ni crime
Qu'un trône acquis par là ne rende légitime.

CLÉONE.

J'aurois cru les Romains un peu moins scrupuleux,
Et la mort d'Annibal m'eût fait mal juger d'eux.

ARSINOÉ.

Ne leur impute pas une telle injustice ;
Un Romain seul l'a faite, et par mon artifice.
Rome l'eût laissé vivre ; et sa légalité
N'eût point forcé les lois de l'hospitalité :
Savante à ses dépens de ce qu'il savoit faire,
Elle le souffroit mal auprès d'un adversaire ;
Mais, quoique par ce triste et prudent souvenir
De chez Antiochus elle l'ait fait bannir,
Elle auroit vu couler sans crainte et sans envie
Chez un prince allié les restes de sa vie.
Le seul Flaminius, trop piqué de l'affront

Que son père défait lui laisse sur le front,
Car je crois que tu sais que, quand l'aigle romaine
Vit choir ses légions aux bords de Trasimène,
Flaminius son père en étoit général,
Et qu'il y tomba mort de la main d'Annibal;
Ce fils donc qu'a pressé la soif de sa vengeance
S'est aisément rendu de mon intelligence.
L'espoir d'en voir l'objet entre ses mains remis
A pratiqué par lui le retour de mon fils;
Par lui j'ai jeté Rome en haute jalousie
De ce que Nicomède a conquis dans l'Asie,
Et de voir Laodice unir tous ses états,
Par l'hymen de ce prince, à ceux de Prusias;
Si bien que le sénat prenant un juste ombrage
D'un empire si grand sous un si grand courage,
Il s'en est fait nommer lui-même ambassadeur
Pour rompre cet hymen et borner sa grandeur;
Et voilà le seul point où Rome s'intéresse.

CLÉONE.

Attale à ce dessein entreprend sa maîtresse!
Mais que n'agissoit Rome avant que le retour
De cet amant si cher n'affermît son amour?

ARSINOÉ.

Irriter un vainqueur en tête d'une armée
Prête à suivre en tous lieux sa colère allumée,
C'étoit trop hasarder, et j'ai cru pour le mieux
Qu'il fallait de son fort l'attirer en ces lieux.
Métrobate l'a fait par des terreurs paniques,

ACTE I, SCENE V.

Feignant de lui trahir mes ordres tyranniques;
Et, pour l'assassiner se disant suborné,
Il l'a, graces aux dieux, doucement amené.
Il vient s'en plaindre au roi, lui demander justice;
Et sa plainte le jette au bord du précipice.
Sans prendre aucun souci de m'en justifier,
Je saurai m'en servir à me fortifier.
Tantôt en le voyant j'ai fait de l'effrayée,
J'ai changé de couleur, je me suis écriée;
Il a cru me surprendre, et l'a cru bien en vain,
Puisque son retour même est l'œuvre de ma main.

CLÉONE.

Mais, quoi que Rome fasse et qu'Attale prétende,
Le moyen qu'à ses yeux Laodice se rende?

ARSINOÉ.

Et je n'engage aussi mon fils en cet amour
Qu'à dessein d'éblouir le roi, Rome, et la cour.
Je n'en veux pas, Cléone, au sceptre d'Arménie;
Je cherche à m'assurer celui de Bithynie;
Et, si ce diadême une fois est à nous,
Que cette reine après se choisisse un époux.
Je ne la vais presser que pour la voir rebelle,
Que pour aigrir les cœurs de son amant et d'elle.
Le roi, que le Romain poussera vivement,
De peur d'offenser Rome agira chaudement;
Et le prince, piqué d'une juste colère,
S'emportera sans doute et bravera son père.
S'il est prompt et bouillant, le roi ne l'est pas moins;

Et comme à l'échauffer j'appliquerai mes soins,
Pour peu qu'à de tels coups cet amant soit sensible,
Mon entreprise est sûre, et sa perte infaillible.

Voilà mon cœur ouvert et tout ce qu'il prétend.
Mais dans mon cabinet Flaminius m'attend ;
Allons, et garde bien le secret de ta reine.

CLÉONE.

Vous me connoissez trop pour vous en mettre en peine.

FIN DU PREMIER ACTE.

ACTE SECOND.

SCÈNE I.

PRUSIAS, ARASPE.

PRUSIAS.

Revenir sans mon ordre, et se montrer ici !
ARASPE.
Sire, vous auriez tort d'en prendre aucun souci ;
Et la haute vertu du prince Nicomède
Pour ce qu'on peut en craindre est un puissant remède.
Mais tout autre que lui devroit être suspect ;
Un retour si soudain manque un peu de respect,
Et donne lieu d'entrer en quelque défiance
Des secrètes raisons de tant d'impatience.
PRUSIAS.
Je ne les vois que trop ; et sa témérité
N'est qu'un pur attentat sur mon autorité ;
Il n'en veut plus dépendre, et croit que ses conquêtes
Au-dessus de son bras ne laissent point de têtes ;
Qu'il est lui seul sa règle, et que, sans se trahir,
Des héros tels que lui ne sauroient obéir.

ARASPE.

C'est d'ordinaire ainsi que ses pareils agissent :
A suivre leur devoir leurs hauts faits se ternissent;
Et ces grands cœurs, enflés du bruit de leurs combats,
Souverains dans l'armée et parmi leurs soldats,
Font du commandement une douce habitude
Pour qui l'obéissance est un métier bien rude.

PRUSIAS.

Dis tout, Araspe, dis que le nom de sujet
Réduit toute leur gloire en un rang trop abject;
Que bien que leur naissance au trône les destine,
Si son ordre est trop lent, leur grand cœur s'en mutine;
Qu'un père garde trop un bien qui leur est dû,
Et qui perd de son prix étant trop attendu;
Qu'on voit naître de là mille sourdes pratiques
Dans le gros de son peuple et dans ses domestiques;
Et que, si l'on ne va jusqu'à trancher le cours
De son règne ennuyeux et de ses tristes jours,
Du moins une insolente et fausse obéissance,
Lui laissant un vain titre, usurpe sa puissance.

ARASPE.

C'est ce que de tout autre il faudroit redouter,
Seigneur, et qu'en tout autre il faudroit arrêter.
Mais ce n'est pas pour vous un avis nécessaire;
Le prince est vertueux, et vous êtes bon père.

PRUSIAS.

Si je n'étois bon père, il seroit criminel;
Il doit son innocence à l'amour paternel;

C'est lui seul qui l'excuse et qui le justifie,
Ou lui seul qui me trompe et qui me sacrifie.
Car je dois craindre enfin que sa haute vertu
Contre l'ambition n'ait en vain combattu ;
Qu'il ne force en son cœur la nature à se taire.
Qui se lasse d'un roi peut se lasser d'un père ;
Mille exemples sanglants nous peuvent l'enseigner :
Il n'est rien qui ne cède à l'ardeur de régner ;
Et depuis qu'une fois elle nous inquiète,
La nature est aveugle et la vertu muette.
Te le dirai-je, Araspe ? il m'a trop bien servi ;
Augmentant mon pouvoir, il me l'a tout ravi :
Il n'est plus mon sujet qu'autant qu'il le veut être ;
Et qui me fait régner en effet est mon maître.
Pour paroître à mes yeux son mérite est trop grand :
On n'aime point à voir ceux à qui l'on doit tant.
Tout ce qu'il a fait parle au moment qu'il m'approche,
Et sa seule présence est un secret reproche :
Elle me dit toujours qu'il m'a fait trois fois roi ;
Que je tiens plus de lui qu'il ne tiendra de moi ;
Et que, si je lui laisse, un jour, une couronne,
Ma tête en porte trois que sa valeur me donne.
J'en rougis dans mon âme ; et ma confusion,
Qui renouvelle et croît à chaque occasion,
Sans cesse offre à mes yeux cette vue importune,
Que qui m'en donne trois peut bien m'en ôter une ;
Qu'il n'a qu'à l'entreprendre, et peut tout ce qu'il veut :
Juge, Araspe, où j'en suis, s'il veut tout ce qu'il peut.

ARASPE.
Pour tout autre que lui je sais comme s'explique
La règle de la vraie et saine politique.
Aussitôt qu'un sujet s'est rendu trop puissant,
Encor qu'il soit sans crime, il n'est pas innocent;
On n'attend point alors qu'il s'ose tout permettre.
C'est un crime d'état que d'en pouvoir commettre;
Et qui sait bien régner l'empêche prudemment
De mériter un juste et plus grand châtiment,
Et prévient, par un ordre à tous deux salutaire,
Ou les maux qu'il prépare, ou ceux qu'il pourroit faire.
Mais, seigneur, pour le prince, il a trop de vertu;
Je vous l'ai déja dit.

PRUSIAS.
Et m'en répondras-tu?
Me seras-tu garant de ce qu'il pourra faire
Pour venger Annibal, ou pour perdre son frère?
Et le prends-tu pour homme à voir d'un œil égal,
Et l'amour de son frère, et la mort d'Annibal?
Non, ne nous flattons point : il court à sa vengeance;
Il en a le prétexte, il en a la puissance;
Il est l'astre naissant qu'adorent mes états;
Il est le dieu du peuple et celui des soldats;
Sûr de ceux-ci, sans doute il vient soulever l'autre,
Fondre avec son pouvoir sur le reste du nôtre :
Mais ce peu qui m'en reste, encor que languissant,
N'est pas peut-être encor tout-à-fait impuissant.
Je veux bien toutefois agir avec adresse,

Joindre beaucoup d'honneur à bien peu de rudesse,
Le chasser avec gloire, et mêler doucement
Le prix de son mérite à mon ressentiment.
Mais s'il ne m'obéit, ou s'il ose s'en plaindre,
Quoi qu'il ait fait pour moi, quoi que j'en voie à craindre,
Dussé-je voir par là tout l'état hasardé...

ARASPE.

Il vient.

SCÈNE II.

PRUSIAS, NICOMÈDE, ARASPE.

PRUSIAS.
Vous voilà, prince! Et qui vous a mandé?
NICOMÈDE.
La seule ambition de pouvoir en personne
Mettre à vos pieds, seigneur, encore une couronne,
De jouir de l'honneur de vos embrassements,
Et d'être le témoin de vos contentements.
Après la Cappadoce heureusement unie
Aux royaumes du Pont et de la Bithynie,
Je viens remercier et mon père et mon roi
D'avoir eu la bonté de s'y servir de moi,
D'avoir choisi mon bras pour une telle gloire,
Et fait tomber sur moi l'honneur de sa victoire.
PRUSIAS.
Vous pouviez vous passer de mes embrassements,

Me faire par écrit de tels remerciements;
Et vous ne deviez pas envelopper d'un crime
Ce que votre victoire ajoute à votre estime.
Abandonner mon camp en est un capital,
Inexcusable en tous, et plus au général;
Et tout autre que vous, malgré cette conquête,
Revenant sans mon ordre, eût payé de sa tête.

NICOMÈDE.

J'ai failli, je l'avoue; et mon cœur imprudent
A trop cru les transports d'un desir trop ardent:
L'amour que j'ai pour vous a commis cette offense;
Lui seul à mon devoir fait cette violence.
Si le bien de vous voir m'étoit moins précieux,
Je serois innocent, mais si loin de vos yeux,
Que j'aime mieux, seigneur, en perdre un peu d'estime,
Et qu'un bonheur si grand me coûte un petit crime,
Qui ne craindra jamais la plus sévère loi,
Si l'amour juge en vous ce qu'il a fait en moi.

PRUSIAS.

La plus mauvaise excuse est assez pour un père,
Et sous le nom d'un fils toute faute est légère:
Je ne veux voir en vous que mon unique appui.
Recevez tout l'honneur qu'on vous doit aujourd'hui.
L'ambassadeur romain me demande audience:
Il verra ce qu'en vous je prends de confiance;
Vous l'écouterez, prince, et répondrez pour moi.
Vous êtes aussi bien le véritable roi;
Je n'en suis plus que l'ombre, et l'âge ne m'en laisse

Qu'un vain titre d'honneur qu'on rend à ma vieillesse;
Je n'ai plus que deux jours peut-être à le garder.
L'intérêt de l'état vous doit seul regarder;
Prenez-en aujourd'hui la marque la plus haute:
Mais gardez-vous aussi d'oublier votre faute;
Et, comme elle fait brèche au pouvoir souverain,
Pour la bien réparer, retournez dès demain.
Remettez en éclat la puissance absolue;
Attendez-la de moi comme je l'ai reçue,
Inviolable, entière; et n'autorisez pas
De plus méchants que vous à la mettre plus bas.
Le peuple qui vous voit, la cour qui vous contemple,
Vous désobéiront sur votre propre exemple.
Donnez-leur-en un autre, et montrez à leurs yeux
Que nos premiers sujets obéissent le mieux.

NICOMÈDE.

J'obéirai, seigneur, et plutôt qu'on ne pense;
Mais je demande un prix de mon obéissance.
La reine d'Arménie est due à ses états,
Et j'en vois les chemins ouverts par nos combats.
Il est temps qu'en son ciel cet astre aille reluire;
De grace accordez-moi l'honneur de l'y conduire.

PRUSIAS.

Il n'appartient qu'à vous; et cet illustre emploi
Demande un roi lui-même, ou l'héritier d'un roi.
Mais, pour la renvoyer jusqu'en son Arménie,
Vous savez qu'il y faut quelque cérémonie :
Tandis que je ferai préparer son départ,

Vous irez dans mon camp l'attendre de ma part.
NICOMÈDE.
Elle est prête à partir sans plus grand équipage.
PRUSIAS.
Je n'ai garde à son rang de faire un tel outrage.
Mais l'ambassadeur entre, il le faut écouter;
Puis nous verrons quel ordre on y doit apporter.

SCÈNE III.

PRUSIAS, NICOMÈDE, FLAMINIUS, ARASPE.

FLAMINIUS.
Sur le point de partir, Rome, seigneur, me mande
Que je vous fasse encor pour elle une demande.
Elle a nourri vingt ans un prince votre fils;
Et vous pouvez juger des soins qu'elle en a pris
Par les hautes vertus et les illustres marques
Qui font briller en lui le sang de vos monarques.
Surtout il est instruit en l'art de bien régner :
C'est à vous de le croire et de le témoigner.
Si vous faites état de cette nourriture,
Donnez ordre qu'il règne, elle vous en conjure;
Et vous offenseriez l'estime qu'elle en fait,
Si vous le laissiez vivre et mourir en sujet.
Faites donc aujourd'hui que je lui puisse dire
Où vous lui destinez un souverain empire.

ACTE II, SCÈNE III.

PRUSIAS.

Les soins qu'ont pris de lui le peuple et le sénat
Ne trouveront en moi jamais un père ingrat;
Je crois que pour régner il en a les mérites,
Et n'en veux point douter après ce que vous dites.
Mais vous voyez, seigneur, le prince son aîné
Dont le bras généreux trois fois m'a couronné;
Il ne fait que sortir encor d'une victoire;
Et pour tant de hauts faits je lui dois quelque gloire.
Souffrez qu'il ait l'honneur de répondre pour moi.

NICOMÈDE.

Seigneur, c'est à vous seul de faire Attale roi.

PRUSIAS.

C'est votre intérêt seul que sa demande touche.

NICOMÈDE.

Le vôtre toutefois m'ouvrira seul la bouche.
De quoi se mêle Rome? et d'où prend le sénat,
Vous vivant, vous régnant, ce droit sur votre état?
Vivez, régnez, seigneur, jusqu'à la sépulture;
Et laissez faire après ou Rome ou la nature.

PRUSIAS.

Pour de pareils amis il faut se faire effort.

NICOMÈDE.

Qui partage vos biens aspire à votre mort;
Et de pareils amis en bonne politique...

PRUSIAS.

Ah! ne me brouillez point avec la république;
Portez plus de respect à de tels alliés.

NICOMÈDE.
Je ne puis voir sous eux les rois humiliés ;
Et, quel que soit ce fils que Rome vous envoie,
Seigneur, je lui rendrois son présent avec joie.
S'il est si bien instruit en l'art de commander,
C'est un rare trésor qu'elle devroit garder,
Et conserver chez soi sa chère nourriture,
Ou pour le consulat, ou pour la dictature.
FLAMINIUS, à Prusias.
Seigneur, dans ce discours qui nous traite si mal,
Vous voyez un effet des leçons d'Annibal :
Ce perfide ennemi de la grandeur romaine
N'en a mis en son cœur que mépris et que haine.
NICOMÈDE.
Non ; mais il m'a surtout laissé ferme en ce point,
D'estimer beaucoup Rome, et ne la craindre point.
On me croit son disciple, et je le tiens à gloire ;
Et quand Flaminius attaque sa mémoire,
Il doit savoir qu'un jour il me fera raison
D'avoir réduit mon maître au secours du poison,
Et n'oublier jamais qu'autrefois ce grand homme
Commença par son père à triompher de Rome.
FLAMINIUS.
Ah ! c'est trop m'outrager.
NICOMÈDE.
N'outragez plus les morts.
PRUSIAS.
Et vous, ne cherchez point à former de discords.

Parlez, et nettement, sur ce qu'il me propose.
NICOMÈDE.
Hé bien ! s'il est besoin de répondre autre chose,
Attale doit régner, Rome l'a résolu :
Et, puisqu'elle a partout un pouvoir absolu,
C'est aux rois d'obéir alors qu'elle commande.
Attale a le cœur grand, l'esprit grand, l'ame grande,
Et toutes les grandeurs dont se fait un grand roi.
Mais c'est trop que d'en croire un Romain sur sa foi.
Par quelque grand effet voyons s'il en est digne :
S'il a cette vertu, cette valeur insigne,
Donnez-lui votre armée, et voyons ces grands coups;
Qu'il en fasse pour lui ce que j'ai fait pour vous;
Qu'il règne avec éclat sur sa propre conquête,
Et que de sa victoire il couronne sa tête.
Je lui prête mon bras, et veux, dès maintenant,
S'il daigne s'en servir, être son lieutenant.
L'exemple des Romains m'autorise à le faire :
Le fameux Scipion le fut bien de son frère;
Et, lorsque Antiochus fut par eux détrôné,
Sous les lois du plus jeune on vit marcher l'aîné.
Les bords de l'Hellespont, ceux de la mer Égée,
Le reste de l'Asie à nos côtés rangée,
Offrent une matière à son ambition...
FLAMINIUS.
Rome prend tout ce reste en sa protection;
Et vous n'y pouvez plus étendre vos conquêtes
Sans attirer sur vous d'effroyables tempêtes.

NICOMÈDE.
J'ignore sur ce point les volontés du roi :
Mais peut-être qu'un jour je dépendrai de moi ;
Et nous verrons alors l'effet de ces menaces.
　Vous pouvez cependant faire munir ces places,
Préparer un obstacle à mes nouveaux desseins,
Disposer de bonne heure un secours de Romains ;
Et si Flaminius en est le capitaine,
Nous pourrons lui trouver un lac de Trasimène.
PRUSIAS.
Prince, vous abusez trop tôt de ma bonté.
Le rang d'ambassadeur doit être respecté ;
Et l'honneur souverain qu'ici je vous défère...
NICOMÈDE.
Ou laissez-moi parler, sire, ou faites-moi taire ;
Je ne sais point répondre autrement pour un roi
A qui dessus son trône on veut faire la loi.
PRUSIAS.
Vous m'offensez moi-même en parlant de la sorte ;
Et vous devez dompter l'ardeur qui vous emporte.
NICOMÈDE.
Quoi ! je verrai, seigneur, qu'on borne vos états,
Qu'au milieu de ma course on m'arrête le bras,
Que de vous menacer on ait même l'audace ;
Et je ne rendrai point menace pour menace !
Et je remercierai qui me dit hautement
Qu'il ne m'est plus permis de vaincre impunément !
PRUSIAS, à Flaminius.
Seigneur, vous pardonnez aux chaleurs de son âge :

ACTE II, SCENE III.

Le temps et la raison pourront le rendre sage.

NICOMÈDE.

La raison et le temps m'ouvrent assez les yeux,
Et l'âge ne fera que me les ouvrir mieux.
Si j'avois jusqu'ici vécu comme ce frère,
Avec une vertu qui fût imaginaire
(Car je l'appelle ainsi quand elle est sans effets;
Et l'admiration de tant d'hommes parfaits
Dont il a vu dans Rome éclater le mérite
N'est pas grande vertu si l'on ne les imite);
Si j'avois donc vécu dans ce même repos
Qu'il a vécu dans Rome auprès de ses héros,
Elle me laisseroit la Bithynie entière
Telle que de tout temps l'aîné la tient d'un père,
Et s'empresseroit moins à le faire régner,
Si vos armes sous moi n'avoient su rien gagner :
Mais parce qu'elle voit avec la Bithynie
Par trois sceptres conquis trop de puissance unie,
Il faut la diviser; et, dans ce beau projet,
Ce prince est trop bien né pour être mon sujet!
Puisqu'il peut la servir à me faire descendre,
Il a plus de vertu que n'en eut Alexandre;
Et je lui dois quitter, pour le mettre en mon rang,
Le bien de mes aïeux, ou le prix de mon sang.
Graces aux immortels, l'effort de mon courage
Et ma grandeur future ont mis Rome en ombrage :
Vous pouvez l'en guérir, seigneur, et promptement;
Mais n'exigez d'un fils aucun consentement :
Le maître qui prit soin d'instruire ma jeunesse

Ne m'a jamais appris à faire une bassesse.
FLAMINIUS.
A ce que je puis voir, vous avez combattu,
Prince, par intérêt plutôt que par vertu.
Les plus rares exploits que vous ayez pu faire
N'ont jeté qu'un dépôt sur la tête d'un père ;
Il n'est que gardien de leur illustre prix,
Et ce n'est que pour vous que vous avez conquis,
Puisque cette grandeur à son trône attachée
Sur nul autre que vous ne peut être épanchée.
Certes, je vous croyois un peu plus généreux ;
Quand les Romains le sont, ils ne font rien pour eux.
Scipion, dont tantôt vous vantiez le courage,
Ne vouloit point régner sur les murs de Carthage ;
Et de tout ce qu'il fit pour l'empire romain,
Il n'en eut que la gloire et le nom d'Africain.
Mais on ne voit qu'à Rome une vertu si pure ;
Le reste de la terre est d'une autre nature.
  Quant aux raisons d'état qui vous font concevoir
Que nous craignons en vous l'union du pouvoir,
Si vous en consultiez des têtes bien sensées,
Elles vous déferoient de ces belles pensées :
Par respect pour le roi, je ne dis rien de plus.
Prenez quelque loisir de rêver là-dessus ;
Laissez moins de fumée à vos feux militaires,
Et vous pourrez avoir des visions plus claires.
NICOMÈDE.
Le temps pourra donner quelque décision

Si la pensée est belle, ou si c'est vision.
Cependant...

FLAMINIUS.

   Cependant si vous trouvez des charmes
A pousser plus avant la gloire de vos armes,
Nous ne la bornons point; mais comme il est permis,
Contre qui que ce soit, de servir ses amis,
Si vous ne le savez, je veux bien vous l'apprendre,
Et vous en donne avis pour ne vous pas surprendre.
 Au reste, soyez sûr que vous possèderez
Tout ce qu'en votre cœur déja vous dévorez :
Le Pont sera pour vous, avec la Galatie,
Avec la Cappadoce, avec la Bithynie.
Ce bien de vos aïeux, ce prix de votre sang,
Ne mettront point Attale en votre illustre rang;
Et, puisque leur partage est pour vous un supplice,
Rome n'a pas dessein de vous faire injustice.
Ce prince règnera sans rien prendre sur vous.
   (à Prusias.)
La reine d'Arménie a besoin d'un époux,
Seigneur, l'occasion ne peut être plus belle;
Elle vit sous vos lois, et vous disposez d'elle.

NICOMÈDE.

Voilà le vrai secret de faire Attale roi,
Comme vous l'avez dit, sans rien prendre sur moi.
La pièce est délicate, et ceux qui l'ont tissue
A de si longs détours font une digne issue.
Je n'y réponds qu'un mot, étant sans intérêt.
Traitez cette princesse en reine comme elle est;

Ne touchez point en elle aux droits du diadême :
Ou pour les maintenir je périrai moi-même.
Je vous en donne avis, et que jamais les rois,
Pour vivre en nos états, ne vivent sous nos lois ;
Qu'elle seule en ces lieux d'elle-même dispose.

PRUSIAS.

N'avez-vous, Nicomède, à lui dire autre chose ?

NICOMÈDE.

Non, seigneur, si ce n'est que la reine, après tout,
Sachant ce que je puis, me pousse trop à bout.

PRUSIAS.

Contre elle dans ma cour que peut votre insolence ?

NICOMÈDE.

Rien du tout, que garder ou rompre le silence.
Une seconde fois, avisez, s'il vous plaît,
A traiter Laodice en reine comme elle est.
C'est moi qui vous en prie.

SCÈNE IV.

PRUSIAS, FLAMINIUS, ARASPE.

FLAMINIUS.

Hé quoi ! toujours obstacle !

PRUSIAS.

De la part d'un amant ce n'est pas grand miracle.
Cet orgueilleux esprit, enflé de ses succès,
Pense bien de son cœur nous empêcher l'accès ;
Mais il faut que chacun suive sa destinée.

L'amour entre les rois ne fait pas l'hyménée ;
Et les raisons d'état, plus fortes que ses nœuds,
Trouvent bien les moyens d'en éteindre les feux.

FLAMINIUS.

Comme elle a de l'amour, elle aura du caprice.

PRUSIAS.

Non, non ; je vous réponds, seigneur, de Laodice.
Mais enfin elle est reine ; et cette qualité
Semble exiger de nous quelque civilité.
J'ai sur elle, après tout, une puissance entière,
Mais j'aime à la cacher sous le nom de prière.
Rendons-lui donc visite ; et, comme ambassadeur,
Proposez cet hymen vous-même à sa grandeur.
Je seconderai Rome, et veux vous introduire.
Puisqu'elle est en nos mains, l'amour ne nous peut nuire.
Allons de sa réponse à votre compliment
Prendre l'occasion de parler hautement.

FIN DU SECOND ACTE.

ACTE TROISIÈME.

SCÈNE I.

PRUSIAS, FLAMINIUS, LAODICE.

PRUSIAS.

Reine, puisque ce titre a pour vous tant de charmes,
Sa perte vous devroit donner quelques alarmes :
Qui tranche trop du roi ne règne pas long-temps.

LAODICE.

J'observerai, seigneur, ces avis importants;
Et, si jamais je règne, on verra la pratique
D'une si salutaire et noble politique.

PRUSIAS.

Vous vous mettez fort mal au chemin de régner.

LAODICE.

Seigneur, si je m'égare, on peut me l'enseigner.

PRUSIAS.

Vous méprisez trop Rome, et vous devriez faire
Plus d'estime d'un roi qui vous tient lieu de père.

LAODICE.

Vous verriez qu'à tous deux je rends ce que je doi,
Si vous vouliez mieux voir ce que c'est qu'être roi.

ACTE III, SCENE I.

Recevoir ambassade en qualité de reine,
Ce seroit à vos yeux faire la souveraine,
Entreprendre sur vous, et dedans votre état
Sur votre autorité commettre un attentat.
Je la refuse donc, seigneur, et me dénie
L'honneur qui ne m'est dû que dans mon Arménie.
C'est là que, sur mon trône, avec plus de splendeur,
Je puis honorer Rome en son ambassadeur,
Faire réponse en reine, et comme le mérite
Et de qui l'on me parle, et qui m'en sollicite.
Ici c'est un métier que je n'entends pas bien,
Car hors de l'Arménie enfin je ne suis rien.
Et ce grand nom de reine ailleurs ne m'autorise
Qu'à n'y voir point de trône à qui je sois soumise,
A vivre indépendante, et n'avoir en tous lieux
Pour souverains que moi, la raison, et les dieux.

PRUSIAS.

Ces dieux vos souverains, et le roi votre père,
De leur pouvoir sur vous m'ont fait dépositaire;
Et vous pourrez peut-être apprendre une autre fois
Ce que c'est en tous lieux que la raison des rois.
Pour en faire l'épreuve, allons en Arménie;
Je vais vous y remettre en bonne compagnie.
Partons, et dès demain, puisque vous le voulez;
Préparez-vous à voir vos pays désolés;
Préparez-vous à voir par toute votre terre
Ce qu'ont de plus affreux les fureurs de la guerre,
Des montagnes de morts, des rivières de sang.

LAODICE.

Je perdrai mes états, et garderai mon rang;
Et ces vastes malheurs où mon orgueil me jette
Me feront votre esclave, et non votre sujette:
Ma vie est en vos mains, mais non ma dignité.

PRUSIAS.

Nous ferons bien changer ce courage indompté;
Et quand vos yeux, frappés de toutes ces misères,
Verront Attale assis au trône de vos pères,
Alors peut-être, alors vous le prierez en vain
Que pour y remonter il vous donne la main.

LAODICE.

Si jamais jusque-là votre guerre m'engage,
Je serai bien changée et d'ame et de courage.
Mais peut-être, seigneur, vous n'irez pas si loin:
Les dieux de ma fortune auront un peu de soin;
Ils vous inspireront, ou trouveront un homme
Contre tant de héros que vous prêtera Rome.

PRUSIAS.

Sur un présomptueux vous fondez votre appui;
Mais il court à sa perte, et vous traîne avec lui.
Pensez-y bien, madame, et faites-vous justice;
Choisissez d'être reine, ou d'être Laodice;
Et, pour dernier avis que vous aurez de moi,
Si vous voulez régner, faites Attale roi.
Adieu.

SCÈNE II.

FLAMINIUS, LAODICE.

FLAMINIUS.
Madame, enfin une vertu parfaite...
LAODICE.
Suivez le roi, seigneur, votre ambassade est faite ;
Et je vous dis encor, pour ne vous point flatter,
Qu'ici je ne la dois ni ne veux l'écouter.
FLAMINIUS.
Et je vous parle aussi, dans ce péril extrême,
Moins en ambassadeur qu'en homme qui vous aime,
Et qui, touché du sort que vous vous préparez,
Tâche à rompre le cours des maux où vous courez.
J'ose donc, comme ami, vous dire en confidence
Qu'une vertu parfaite a besoin de prudence,
Et doit considérer, pour son propre intérêt,
Et les temps où l'on vit, et les lieux où l'on est :
La grandeur de courage, en une ame royale
N'est sans cette vertu qu'une vertu brutale ;
Que son mérite aveugle, et qu'un faux jour d'honneur
Jette en un tel divorce avec le vrai bonheur,
Qu'elle-même se livre à ce qu'elle doit craindre,
Ne se fait admirer que pour se faire plaindre,
Que pour nous pouvoir dire, après un grand soupir,
« J'avois droit de régner, et n'ai su m'en servir. »

Vous irritez un roi dont vous voyez l'armée
Nombreuse, obéissante, à vaincre accoutumée.
Vous êtes en ses mains, vous vivez dans sa cour.

LAODICE.

Je ne sais si l'honneur eut jamais un faux jour,
Seigneur ; mais je veux bien vous répondre en amie.
Ma prudence n'est pas tout-à-fait endormie ;
Et, sans examiner par quel destin jaloux
La grandeur de courage est si mal avec vous,
Je veux vous faire voir que celle que j'étale
N'est pas tant qu'il vous semble une vertu brutale ;
Que, si j'ai droit au trône, elle s'en veut servir,
Et sait bien repousser qui me le veut ravir.
Je vois sur la frontière une puissante armée,
Comme vous l'avez dit, à vaincre accoutumée ;
Mais par quelle conduite, et sous quel général ?
Le roi, s'il s'en fait fort, pourroit s'en trouver mal ;
Et s'il vouloit passer de son pays au nôtre,
Je lui conseillerois de s'assurer d'un autre.
Mais je vis dans sa cour, je suis dans ses états,
Et j'ai peu de raison de ne le craindre pas !
Seigneur, dans sa cour même, et hors de l'Arménie,
La vertu trouve appui contre la tyrannie :
Tout son peuple a des yeux pour voir quel attentat
Font sur le bien public les maximes d'état :
Il connoît Nicomède, il connoît sa marâtre ;
Il en sait, il en voit la haine opiniâtre ;
Il voit la servitude où le roi s'est soumis,

Et connoît d'autant mieux les dangereux amis.
Pour moi, que vous croyez au bord du précipice,
Bien loin de mépriser Attale par caprice,
J'évite les mépris qu'il recevroit de moi
S'il tenoit de ma main la qualité de roi :
Je le regarderois comme une ame commune,
Comme un homme mieux né pour une autre fortune,
Plus mon sujet qu'époux; et le nœud conjugal
Ne le tireroit pas de ce rang inégal.
Mon peuple à mon exemple en feroit peu d'estime.
Ce seroit trop, seigneur, pour un cœur magnanime;
Mon refus lui fait grace; et, malgré ses désirs,
J'épargne à sa vertu d'éternels déplaisirs.

FLAMINIUS.

Si vous me dites vrai, vous êtes ici reine :
Sur l'armée et la cour je vous vois souveraine;
Le roi n'est qu'une idée, et n'a de son pouvoir
Que ce que par pitié vous lui laissez avoir.
Quoi! même vous allez jusques à faire grace!
Après cela, madame, excusez mon audace;
Souffrez que Rome enfin vous parle par ma voix :
Recevoir ambassade est encor de vos droits;
Ou si ce nom vous choque ailleurs qu'en Arménie,
Comme simple Romain souffrez que je vous die
Qu'être allié de Rome, et s'en faire un appui,
C'est l'unique moyen de régner aujourd'hui;
Que c'est par là qu'on tient ses voisins en contrainte,
Ses peuples en repos, ses ennemis en crainte;

Qu'un prince est dans son trône à jamais affermi,
Quand il est honoré du nom de son ami;
Qu'Attale avec ce titre est plus roi, plus monarque,
Que tous ceux dont le front ose en porter la marque;
Et qu'enfin....

LAODICE.

Il suffit, je vois bien ce que c'est :
Tous les rois ne sont rois qu'autant comme il vous plaît:
Mais si de leurs états Rome à son gré dispose,
Certes, pour son Attale elle fait peu de chose;
Et qui tient dans sa main tant de quoi lui donner,
A mendier pour lui devroit moins s'obstiner.
Pour un prince si cher sa réserve m'étonne :
Que ne me l'offre-t-elle avec une couronne?
C'est trop m'importuner en faveur d'un sujet,
Moi qui tiendrois un roi pour un indigne objet,
S'il venoit par votre ordre, et si votre alliance
Souilloit entre ses mains la suprême puissance.
Ce sont des sentiments que je ne puis trahir :
Je ne veux point de rois qui sachent obéir;
Et, puisque vous voyez mon ame tout entière,
Seigneur, ne perdez plus menace ni prière.

FLAMINIUS.

Puis-je ne pas vous plaindre en cet aveuglement?
Madame, encore un coup, pensez-y mûrement :
Songez mieux ce qu'est Rome, et ce qu'elle peut faire;
Et, si vous vous aimez, craignez de lui déplaire.
Carthage étant détruite, Antiochus défait,

ACTE III, SCENE II.

Rien de nos volontés ne peut troubler l'effet :
Tout fléchit sur la terre, et tout tremble sur l'onde ;
Et Rome est aujourd'hui la maîtresse du monde.

LAODICE.

La maîtresse du monde ! Ah ! vous me feriez peur,
S'il ne s'en falloit pas l'Arménie et mon cœur,
Si le grand Annibal n'avoit qui lui succède,
S'il ne revivoit pas au prince Nicomède,
Et s'il n'avoit laissé dans de si dignes mains
L'infaillible secret de vaincre les Romains.
Un si vaillant disciple aura bien le courage
D'en mettre jusqu'au bout les leçons en usage :
L'Asie en fait l'épreuve, où trois sceptres conquis
Font voir en quelle école il en a tant appris.
Ce sont des coups d'essai, mais si grands que peut-être
Le Capitole a lieu d'en craindre un coup de maître,
Et qu'il ne puisse un jour....

FLAMINIUS.

Ce jour est encor loin,
Madame ; et quelques-uns vous diront, au besoin,
Quels dieux du haut en bas renversent les profanes,
Et que, même au sortir de Trébie et de Cannes,
Son ombre épouvanta votre grand Annibal.
Mais le voici ce bras à Rome si fatal.

SCÈNE III.

NICOMÈDE, LAODICE, FLAMINIUS.

NICOMÈDE.
Ou Rome à ses agents donne un pouvoir bien large,
Ou vous êtes bien long à faire votre charge.

FLAMINIUS.
Je sais quel est mon ordre; et, si j'en sors, ou non,
C'est à d'autres qu'à vous que j'en rendrai raison.

NICOMÈDE.
Allez-y donc, de grace, et laissez à ma flamme
Le bonheur à son tour d'entretenir madame :
Vous avez dans son cœur fait de si grands progrès,
Et vos discours pour elle ont de si grands attraits,
Que, sans de grands efforts, je n'y pourrai détruire
Ce que votre harangue y vouloit introduire.

FLAMINIUS.
Les malheurs où la plonge une indigne amitié
Me faisoient lui donner un conseil par pitié.

NICOMÈDE.
Lui donner de la sorte un conseil charitable,
C'est être ambassadeur et tendre et pitoyable.
Vous a-t-il conseillé beaucoup de lâchetés,
Madame ?

FLAMINIUS.
Ah! c'en est trop, et vous vous emportez.

NICOMÈDE.

Je m'emporte?

FLAMINIUS.

Sachez qu'il n'est point de contrée
Où d'un ambassadeur la dignité sacrée....

NICOMÈDE.

Ne nous vantez plus tant son rang et sa splendeur :
Qui fait le conseiller n'est plus ambassadeur ;
Il excède sa charge, et lui-même y renonce.
Mais, dites-moi, madame, a-t-il eu sa réponse?

LAODICE.

Oui, seigneur.

NICOMÈDE.

Sachez donc que je ne vous prends plus
Que pour l'agent d'Attale, et pour Flaminius ;
Et, si vous me fâchiez, j'ajouterois peut-être,
Que pour l'empoisonneur d'Annibal, de mon maître.
Voilà tous les honneurs que vous aurez de moi ;
S'ils ne vous satisfont, allez vous plaindre au roi.

FLAMINIUS.

Il me fera justice encor qu'il soit bon père ;
Ou Rome à son refus se la saura bien faire.

NICOMÈDE.

Allez de l'un et l'autre embrasser les genoux.

FLAMINIUS.

Les effets répondront. Prince, pensez à vous.

NICOMÈDE.

Cet avis est plus propre à donner à la reine,

SCÈNE IV.

NICOMÈDE, LAODICE.

NICOMÈDE.

Ma générosité cède enfin à sa haine :
Je l'épargnois assez pour ne découvrir pas
Les infames projets de ses assassinats ;
Mais enfin on m'y force, et tout son crime éclate.
J'ai fait entendre au roi Zénon et Métrobate ;
Et comme leur rapport a de quoi l'étonner,
Lui-même il prend le soin de les examiner.

LAODICE.

Je ne sais pas, seigneur, quelle en sera la suite ;
Mais je ne comprends point toute cette conduite,
Ni comme à cet éclat la reine vous contraint.
Plus elle vous doit craindre, et moins elle vous craint ;
Et plus vous la pouvez accabler d'infamie,
Plus elle vous attaque en mortelle ennemie.

NICOMÈDE.

Elle prévient ma plainte, et cherche adroitement
A la faire passer pour un ressentiment ;
Et ce masque trompeur de fausse hardiesse
Nous déguise sa crainte, et couvre sa foiblesse.

LAODICE.

Les mystères de cour souvent sont si cachés,
Que les plus clairvoyants y sont bien empêchés.

Lorsque vous n'étiez point ici pour me défendre,
Je n'avois contre Attale aucun combat à rendre;
Rome ne songeoit point à troubler notre amour.
Bien plus, on ne vous souffre ici que ce seul jour
Et, dans ce même jour, Rome, en votre présence,
Avec chaleur pour lui presse mon alliance.
Pour moi, je ne vois goutte en ce raisonnement
Qui n'attend point le temps de votre éloignement;
Et j'ai devant les yeux toujours quelque nuage
Qui m'offusque la vue, et m'y jette un ombrage.
Le roi chérit sa femme, il craint Rome; et pour vous,
S'il ne voit vos hauts faits d'un œil un peu jaloux,
Du moins, à dire tout, je ne saurois vous taire
Qu'il est trop bon mari pour être assez bon père.
 Voyez quel contre-temps Attale prend ici!
Qui l'appelle avec nous? quel projet? quel souci?
Je conçois mal, seigneur, ce qu'il faut que j'en pense;
Mais j'en romprai le coup, s'il y faut ma présence.
Je vous quitte.

SCÈNE V.

NICOMÈDE, ATTALE, LAODICE.

ATTALE.
Madame, un si doux entretien
N'est plus charmant pour vous quand j'y mêle le mien.
LAODICE.
Votre importunité, que j'ose dire extrême,

Me peut entretenir en un autre moi-même :
Il connoît tout mon cœur, et répondra pour moi,
Comme à Flaminius il a fait pour le roi.

SCÈNE VI.

NICOMÈDE, ATTALE.

ATTALE.
Puisque c'est la chasser, seigneur, je me retire.
NICOMÈDE.
Non, non; j'ai quelque chose aussi bien à vous dire,
Prince. J'avois mis bas, avec le nom d'aîné,
L'avantage du trône où je suis destiné;
Et, voulant seul ici défendre ce que j'aime,
Je vous avois prié de l'attaquer de même,
Et de ne mêler point surtout dans vos desseins
Ni le secours du roi ni celui des Romains :
Mais, ou vous n'avez pas la mémoire fort bonne,
Ou vous n'y mettez rien de ce qu'on vous ordonne.
ATTALE.
Seigneur, vous me forcez à m'en souvenir mal,
Quand vous n'achevez pas de rendre tout égal.
Vous vous défaites bien de quelques droits d'aînesse;
Mais vous défaites-vous du cœur de la princesse,
De toutes les vertus qui vous en font aimer,
Des hautes qualités qui savent tout charmer,
De trois sceptres conquis, du gain de six batailles,

Des glorieux assauts de plus de cent murailles?
Avec de tels seconds rien n'est pour vous douteux.
Rendez donc la princesse égale entre nous deux :
Ne lui laissez plus voir ce long amas de gloire
Qu'à pleines mains sur vous a versé la victoire;
Et faites qu'elle puisse oublier une fois
Et vos rares vertus, et vos fameux exploits;
Ou contre son amour, contre votre vaillance,
Souffrez Rome et le roi dedans l'autre balance :
Le peu qu'ils ont gagné vous fait assez juger
Qu'ils n'y mettront jamais qu'un contre-poids léger.

NICOMÈDE.

C'est n'avoir pas perdu tout votre temps à Rome,
Que vous savoir ainsi défendre en galant homme.
Vous avez de l'esprit, si vous n'avez du cœur.

SCÈNE VII.

ARSINOÉ, NICOMÈDE, ATTALE, ARASPE.

ARASPE.

Seigneur, le roi vous mande.

NICOMÈDE.

Il me mande?

ARASPE.

Oui, seigneur.

ARSINOÉ.

Prince, la calomnie est aisée à détruire.

NICOMÈDE.

J'ignore à quel sujet vous m'en venez instruire,
Moi qui ne doute point de cette vérité,
Madame.

ARSINOÉ.

Si jamais vous n'en aviez douté,
Prince, vous n'auriez pas, sous l'espoir qui vous flatte,
Amené de si loin Zénon et Métrobate.

NICOMÈDE.

Je m'obstinois, madame, à tout dissimuler;
Mais vous m'avez forcé de les faire parler.

ARSINOÉ.

La vérité les force, et mieux que vos largesses.
Ces hommes du commun tiennent mal leurs promesses;
Tous deux en ont dit plus qu'ils n'avoient résolu.

NICOMÈDE.

J'en suis fâché pour vous; mais vous l'avez voulu.

ARSINOÉ.

Je le veux bien encore, et je n'en suis fâchée
Que d'avoir vu par là votre vertu tachée,
Et qu'il faille ajouter à vos titres d'honneur
La noble qualité de mauvais suborneur.

NICOMÈDE.

Je les ai subornés contre vous, à ce compte?

ARSINOÉ.

J'en ai le déplaisir, vous en aurez la honte.

NICOMÈDE.

Et vous pensez par là leur ôter tout crédit?

ACTE III, SCENE VII.

ARSINOÉ.

Non, seigneur; je me tiens à ce qu'ils en ont dit.

NICOMÈDE.

Qu'ont-ils dit qui vous plaise, et que vous vouliez croire?

ARSINOÉ.

Deux mots de vérité qui vous comblent de gloire.

NICOMÈDE.

Peut-on savoir de vous ces deux mots importants?

ARASPE.

Seigneur, le roi s'ennuie, et vous tardez long-temps.

ARSINOÉ.

Vous les saurez de lui; c'est trop le faire attendre.

NICOMÈDE.

Je commence, madame, enfin à vous entendre :
Son amour conjugal, chassant le paternel,
Vous fera l'innocente, et moi le criminel.
Mais....

ARSINOÉ.

Achevez, seigneur; ce mais, que veut-il dire?

NICOMÈDE.

Deux mots de vérité qui font que je respire.

ARSINOÉ.

Peut-on savoir de vous ces deux mots importants?

NICOMÈDE.

Vous les saurez du roi, je tarde trop long-temps.

SCÈNE VIII.

ARSINOÉ, ATTALE.

ARSINOÉ.

Nous triomphons, Attale; et ce grand Nicomède
Voit quelle digne issue à ses fourbes succède.
Les deux accusateurs que lui-même a produits,
Que pour l'assassiner je dois avoir séduits,
Pour me calomnier subornés par lui-même,
N'ont su bien soutenir un si noir stratagême :
Tous deux m'ont accusée, et tous deux avoué
L'infame et lâche tour qu'un prince m'a joué.
Qu'en présence des rois les vérités sont fortes!
Que pour sortir d'un cœur elles trouvent de portes!
Qu'on en voit le mensonge aisément confondu!
Tous deux vouloient me perdre, et tous deux l'ont perdu.

ATTALE.

Je suis ravi de voir qu'une telle imposture
Ait laissé votre gloire et plus grande et plus pure;
Mais pour l'examiner, et bien voir ce que c'est,
Si vous pouviez vous mettre un peu hors d'intérêt,
Vous ne pourriez jamais, sans un peu de scrupule,
Avoir pour deux méchants une ame si crédule.
Ces perfides tous deux se sont dits aujourd'hui,
Et subornés par vous, et subornés par lui.
Contre tant de vertus, contre tant de victoires,

Doit-on quelque croyance à des ames si noires?
Qui se confesse traître est indigne de foi.

ARSINOÉ.

Vous êtes généreux, Attale, et je le voi;
Même de vos rivaux la gloire vous est chère.

ATTALE.

Si je suis son rival, je suis aussi son frère :
Nous ne sommes qu'un sang; et ce sang, dans mon cœur,
A peine à le passer pour calomniateur.

ARSINOÉ.

Et vous en avez moins à me croire assassine,
Moi, dont la perte est sûre à moins que sa ruine?

ATTALE.

Si contre lui j'ai peine à croire ces témoins,
Quand ils vous accusoient je les croyois bien moins.
Votre vertu, madame, est au-dessus du crime :
Souffrez donc que pour lui je garde un peu d'estime.
La sienne dans la cour lui fait mille jaloux,
Dont quelqu'un a voulu le perdre auprès de vous;
Et ce lâche attentat n'est qu'un trait de l'envie,
Qui s'efforce à noircir une si belle vie.
Pour moi, si par soi-même on peut juger d'autrui,
Ce que je sens en moi, je le présume en lui.
Contre un si grand rival j'agis à force ouverte,
Sans blesser son honneur, sans pratiquer sa perte;
J'emprunte du secours, et le fais hautement :
Je crois qu'il n'agit pas moins généreusement,
Qu'il n'a que les desseins où sa gloire l'invite,

Et n'oppose à mes vœux que son propre mérite.
ARSINOÉ.
Vous êtes peu du monde, et savez mal la cour.
ATTALE.
Est-ce autrement qu'en prince on doit traiter l'amour?
ARSINOÉ.
Vous le traitez, mon fils, et parlez, en jeune homme.
ATTALE.
Madame, je n'ai vu que des vertus à Rome.
ARSINOÉ.
Le temps vous apprendra, par de nouveaux emplois,
Quelles vertus il faut à la suite des rois.
Cependant, si le prince est encor votre frère,
Souvenez-vous aussi que je suis votre mère;
Et, malgré les soupçons que vous avez conçus,
Venez savoir du roi ce qu'il croit là-dessus.

FIN DU TROISIÈME ACTE.

ACTE QUATRIÈME.

SCÈNE I.

PRUSIAS, ARSINOÉ, ARASPE.

PRUSIAS.

Faites venir le prince, Araspe.
(Araspe rentre.)
                              Et vous, madame,
Retenez des soupirs dont vous me percez l'ame.
Quel besoin d'accabler mon cœur de vos douleurs,
Quand vous y pouvez tout sans le secours des pleurs ?
Quel besoin que ces pleurs prennent votre défense ?
Douté-je de son crime, ou de votre innocence ?
Et reconnaissez-vous que tout ce qu'il m'a dit
Par quelque impression ébranle mon esprit ?

ARSINOÉ.

Ah, seigneur ! est-il rien qui répare l'injure
Que fait à l'innocence un moment d'imposture ?
Et peut-on voir mensonge assez tôt avorté
Pour rendre à la vertu toute sa pureté ?
Il en reste toujours quelque indigne mémoire
Qui porte une souillure à la plus haute gloire.

Combien en votre cour est-il de médisants!
Combien le prince a-t-il d'aveugles partisans,
Qui, sachant une fois qu'on m'a calomniée,
Croiront que votre amour m'a seul justifiée!
Et, si la moindre tache en demeure à mon nom,
Si le moindre du peuple en conserve un soupçon,
Suis-je digne de vous? et de telles alarmes
Touchent-elles trop peu pour mériter mes larmes?

PRUSIAS.

Ah! c'est trop de scrupule, et trop mal présumer
D'un mari qui vous aime, et qui vous doit aimer.
La gloire est plus solide après la calomnie,
Et brille d'autant mieux qu'elle s'en vit ternie.
Mais voici Nicomède, et je veux aujourd'hui....

SCÈNE II.

PRUSIAS, ARSINOÉ, NICOMÈDE, ARASPE, GARDES.

ARSINOÉ.

Grace, grace, seigneur, à notre unique appui!
Grace à tant de lauriers en sa main si fertiles!
Grace à ce conquérant, à ce preneur de villes!
Grace....

NICOMÈDE.

De quoi, madame? Est-ce d'avoir conquis
Trois sceptres que ma perte expose à votre fils;

D'avoir porté si loin vos armes dans l'Asie,
Que même votre Rome en a pris jalousie;
D'avoir trop soutenu la majesté des rois,
Trop rempli votre cour du bruit de mes exploits,
Trop du grand Annibal pratiqué les maximes?
S'il faut grace pour moi, choisissez de mes crimes :
Les voilà tous, madame; et si vous y joignez
D'avoir cru des méchants par quelque autre gagnés,
D'avoir une ame ouverte, une franchise entière,
Qui dans leur artifice a manqué de lumière,
C'est gloire, et non pas crime, à qui ne voit le jour
Qu'au milieu d'une armée et loin de votre cour,
Qui n'a que la vertu de son intelligence,
Et, vivant sans remords, marche sans défiance.

ARSINOÉ.

Je m'en dédis, seigneur; il n'est point criminel.
S'il m'a voulu noircir d'un opprobre éternel,
Il n'a fait qu'obéir à la haine ordinaire
Qu'imprime à ses pareils le nom de belle-mère.
De cette aversion son cœur préoccupé
M'impute tous les traits dont il se sent frappé.
Que son maître Annibal, malgré la foi publique,
S'abandonne aux fureurs d'une terreur panique;
Que ce vieillard confie et gloire et liberté
Plutôt au désespoir qu'à l'hospitalité;
Ces terreurs, ces fureurs sont de mon artifice.
Quelque appât que lui-même il trouve en Laodice,
C'est moi qui fais qu'Attale a des yeux comme lui;

C'est moi qui force Rome à lui servir d'appui ;
De cette seule main part tout ce qui le blesse :
Et, pour venger ce maître et sauver sa maîtresse,
S'il a tâché, seigneur, de m'éloigner de vous,
Tout est trop excusable en un amant jaloux.
Ce foible et vain effort ne touche point mon ame.
Je sais que tout mon crime est d'être votre femme ;
Que ce nom seul l'oblige à me persécuter :
Car enfin hors de là que peut-il m'imputer ?
Ma voix, depuis dix ans qu'il commande une armée,
A-t-elle refusé d'enfler sa renommée ?
Et lorsqu'il l'a fallu puissamment secourir,
Que la moindre longueur l'auroit laissé périr,
Quel autre a mieux pressé les secours nécessaires ?
Qui l'a mieux dégagé de ses destins contraires ?
A-t-il eu près de vous un plus soigneux agent
Pour hâter les renforts et d'hommes et d'argent ?
Vous le savez, seigneur ; et pour reconnoissance,
Après l'avoir servi de toute ma puissance,
Je vois qu'il a voulu me perdre auprès de vous.
Mais tout est excusable en un amant jaloux,
Je vous l'ai déja dit.

PRUSIAS.

Ingrat ! que peux-tu dire ?

NICOMÈDE.

Que la reine a pour moi des bontés que j'admire.
Je ne vous dirai point que ces puissants secours,
Dont elle a conservé mon honneur et mes jours,

Et qu'avec tant de pompe à vos yeux elle étale,
Travailloient par ma main à la grandeur d'Attale;
Que par mon propre bras elle amassoit pour lui,
Et préparoit dès-lors ce qu'on voit aujourd'hui.
Par quelques sentiments qu'elle ait été poussée,
J'en laisse le ciel juge, il connoît sa pensée;
Il sait pour mon salut comme elle a fait des vœux;
Il lui rendra justice, et peut-être à tous deux.
Cependant, puisque enfin l'apparence est si belle,
Elle a parlé pour moi, je dois parler pour elle,
Et, pour son intérêt, vous faire souvenir
Que vous laissez long-temps deux méchants à punir.
Envoyez Métrobate et Zénon au supplice.
Sa gloire attend de vous ce digne sacrifice :
Tous deux l'ont accusée; et, s'ils s'en sont dédits
Pour la faire innocente et charger votre fils,
Ils n'ont rien fait pour eux, et leur mort est trop juste
Après s'être joués d'une personne auguste.
L'offense une fois faite à ceux de notre rang
Ne se répare point que par des flots de sang :
On n'en fut jamais quitte ainsi pour s'en dédire.
Il faut sous les tourments que l'imposture expire;
Ou vous exposeriez tout votre sang royal
A la légèreté d'un esprit déloyal.
L'exemple est dangereux, et hasarde nos vies,
S'il met en sûreté de telles calomnies.

ARSINOÉ.

Quoi ! seigneur, les punir de la sincérité

Qui soudain dans leur bouche a mis la vérité,
Qui vous a contre moi sa fourbe découverte,
Qui vous rend votre femme et m'arrache à ma perte,
Qui vous a retenu d'en prononcer l'arrêt ;
Et couvrir tout cela de mon seul intérêt !
C'est être trop adroit, prince, et trop bien l'entendre.
PRUSIAS.
Laisse là Métrobate, et songe à te défendre.
Purge-toi d'un forfait si honteux et si bas.
NICOMÈDE.
M'en purger ! moi, seigneur ! vous ne le croyez pas :
Vous ne savez que trop qu'un homme de ma sorte,
Quand il se rend coupable, un peu plus haut se porte ;
Qu'il lui faut un grand crime à tenter son devoir,
Où sa gloire se sauve à l'ombre du pouvoir.
Soulever votre peuple, et jeter votre armée
Dedans les intérêts d'une reine opprimée ;
Venir, le bras levé, la tirer de vos mains
Malgré l'amour d'Attale et l'effort des Romains,
Et fondre en vos pays contre leur tyrannie
Avec tous vos soldats et toute l'Arménie ;
C'est ce que pourroit faire un homme tel que moi,
S'il pouvoit se résoudre à vous manquer de foi.
La fourbe n'est le jeu que des petites ames,
Et c'est là proprement le partage des femmes.
    Punissez donc, seigneur, Métrobate et Zénon ;
Pour la reine ou pour moi, faites-vous-en raison.
A ce dernier moment la conscience presse ;

Pour rendre compte aux dieux tout respect humain cesse ;
Et ces esprits légers, approchant des abois,
Pourroient bien se dédire une seconde fois.

ARSINOÉ.

Seigneur...

NICOMÈDE.

Parlez, madame, et dites quelle cause
A leur juste supplice obstinément s'oppose ;
Ou laissez-nous penser qu'aux portes du trépas
Ils auroient des remords qui ne vous plairoient pas.

ARSINOÉ.

Vous voyez à quel point sa haine m'est cruelle :
Quand je le justifie, il me fait criminelle.
Mais sans doute, seigneur, ma présence l'aigrit,
Et mon éloignement remettra son esprit ;
Il rendra quelque calme à son cœur magnanime,
Et lui pourra sans doute épargner plus d'un crime.
Je ne demande point que par compassion
Vous assuriez un sceptre à ma protection,
Ni que, pour garantir la personne d'Attale,
Vous partagiez entre eux la puissance royale :
Si vos amis de Rome en ont pris quelque soin,
C'étoit sans mon aveu, je n'en ai pas besoin.
Je n'aime point si mal que de ne vous pas suivre,
Sitôt qu'entre mes bras vous cesserez de vivre ;
Et sur votre tombeau mes premières douleurs
Verseront tout ensemble et mon sang et mes pleurs.

PRUSIAS.

Ah ! madame !

ARSINOÉ.

Oui, seigneur, cette heure infortunée
Par vos derniers soupirs clorra ma destinée;
Et puisque ainsi jamais il ne sera mon roi,
Qu'ai-je à craindre de lui? que peut-il contre moi?
Tout ce que je demande en faveur de ce gage,
De ce fils qui déja lui donne tant d'ombrage,
C'est que chez les Romains il retourne achever
Des jours que dans leur sein vous fîtes élever;
Qu'il retourne y traîner, sans péril et sans gloire,
De votre amour pour moi l'impuissante mémoire.
Ce grand prince vous sert, et vous servira mieux
Quand il n'aura plus rien qui lui blesse les yeux.
Et n'appréhendez point Rome, ni sa vengeance;
Contre tout son pouvoir il a trop de vaillance :
Il sait tous les secrets du fameux Annibal,
De ce héros à Rome en tous lieux si fatal,
Que l'Asie et l'Afrique admirent l'avantage
Qu'en tire Antiochus et qu'en reçut Carthage.
    Je me retire donc, afin qu'en liberté
Les tendresses du sang pressent votre bonté;
Et je ne veux plus voir, ni qu'en votre présence
Un prince que j'estime indignement m'offense,
Ni que je sois forcée à vous mettre en courroux
Contre un fils si vaillant et si digne de vous.

SCÈNE III.

PRUSIAS, NICOMÈDE, ARASPE.

PRUSIAS.

Nicomède, en deux mots, ce désordre me fâche.
Quoi qu'on t'ose imputer, je ne te crois point lâche :
Mais donnons quelque chose à Rome, qui se plaint,
Et tâchons d'assurer la reine, qui te craint.
J'ai tendresse pour toi, j'ai passion pour elle ;
Et je ne veux pas voir cette haine éternelle,
Ni que des sentiments que j'aime à voir durer
Ne règnent dans mon cœur que pour le déchirer.
J'y veux mettre d'accord l'amour et la nature,
Être père et mari dans cette conjoncture...

NICOMÈDE.

Seigneur, voulez-vous bien vous en fier à moi ?
Ne soyez l'un ni l'autre.

PRUSIAS.

Et que dois-je être ?

NICOMÈDE.

Roi.

Reprenez hautement ce noble caractère.
Un véritable roi n'est ni mari ni père ;
Il regarde son trône, et rien de plus. Régnez,
Rome vous craindra plus que vous ne la craignez.
Malgré cette puissance et si vaste et si grande,

Vous pouvez déja voir comme elle m'appréhende,
Combien en me perdant elle espère gagner,
Parce qu'elle prévoit que je saurai régner.

PRUSIAS.

Je règne donc, ingrat! puisque tu me l'ordonnes.
Choisis, ou Laodice, ou mes quatre couronnes;
Ton roi fait ce partage entre ton frère et toi;
Je ne suis plus ton père, obéis à ton roi.

NICOMÈDE.

Si vous étiez aussi le roi de Laodice
Pour l'offrir à mon choix avec quelque justice,
Je vous demanderois le loisir d'y penser;
Mais enfin, pour vous plaire, et ne pas l'offenser,
J'obéirai, seigneur, sans répliques frivoles,
A vos intentions, et non à vos paroles.
A ce frère si cher transportez tous mes droits,
Et laissez Laodice en liberté du choix.
Voilà quel est le mien.

PRUSIAS.

Quelle bassesse d'ame!
Quelle fureur t'aveugle en faveur d'une femme!
Tu la préfères, lâche! à ce prix glorieux
Que ta valeur unit au bien de tes aïeux!
Après cette infamie es-tu digne de vivre?

NICOMÈDE.

Je crois que votre exemple est glorieux à suivre.
Ne préférez-vous pas une femme à ce fils
Par qui tous ces états aux vôtres sont unis?

ACTE IV, SCENE III.

PRUSIAS.

Me vois-tu renoncer pour elle au diadême?

NICOMÈDE.

Me voyez-vous pour l'autre y renoncer moi-même?
Que cédé-je à mon frère en cédant vos états?
Ai-je droit d'y prétendre avant votre trépas?
Pardonnez-moi ce mot, il est fâcheux à dire.
Mais un monarque enfin comme un autre homme expire;
Et vos peuples alors, ayant besoin d'un roi,
Voudront choisir peut-être entre ce prince et moi.
Seigneur, nous n'avons pas si grande ressemblance,
Qu'il faille de bons yeux pour y voir différence;
Et ce vieux droit d'aînesse est souvent si puissant,
Que pour remplir un trône il rappelle un absent.
Que si leurs sentiments se règlent sur les vôtres,
Sous le joug de vos lois j'en ai bien rangé d'autres;
Et, dussent vos Romains en être encor jaloux,
Je ferai bien pour moi ce que j'ai fait pour vous.

PRUSIAS.

J'y donnerai bon ordre.

NICOMÈDE.

Oui, si leur artifice
De votre sang par vous se fait un sacrifice :
Autrement vos états à ce prince livrés
Ne seront en ses mains qu'autant que vous vivrez.
Ce n'est point en secret que je vous le déclare:
Je le dis à lui-même, afin qu'il s'y prépare;
Le voilà qui m'entend.

PRUSIAS.

            Va, sans verser mon sang,
Je saurai bien, ingrat! l'assurer en ce rang;
Et demain....

SCÈNE IV.

PRUSIAS, NICOMÈDE, ATTALE, FLAMINIUS, ARASPE, GARDES.

FLAMINIUS.

          Si pour moi vous êtes en colère,
Seigneur, je n'ai reçu qu'une offense légère :
Le sénat en effet pourra s'en indigner;
Mais j'ai quelques amis qui sauront le gagner.

PRUSIAS.

Je lui ferai raison; et dès demain Attale
Recevra de ma main la puissance royale;
Je le fais roi de Pont, et mon seul héritier.
Et quant à ce rebelle, à ce courage fier,
Rome entre vous et lui jugera de l'outrage.
Je veux qu'au lieu d'Attale il lui serve d'otage;
Et pour l'y mieux conduire il vous sera donné,
Sitôt qu'il aura vu son frère couronné.

NICOMÈDE.

Vous m'enverrez à Rome!

PRUSIAS.

            — On t'y fera justice.

Va, va lui demander ta chère Laodice.
NICOMÈDE.
J'irai, j'irai, seigneur, vous le voulez ainsi;
Et j'y serai plus roi que vous n'êtes ici.
FLAMINIUS.
Rome sait vos hauts faits, et déja vous adore :
NICOMÈDE.
Tout beau, Flaminius; je n'y suis pas encore.
La route en est mal sûre, à tout considérer;
Et qui m'y conduira pourroit bien s'égarer.
PRUSIAS.
Qu'on le remène, Araspe; et redoublez sa garde.
(à Attale.)
Toi, rends graces à Rome, et sans cesse regarde
Que, comme son pouvoir est la source du tien,
En perdant son appui tu ne seras plus rien.
Vous, seigneur, excusez si, me trouvant en peine
De quelques déplaisirs que m'a fait voir la reine,
Je vais l'en consoler, et vous laisse avec lui.
Attale, encore un coup, rends grace à ton appui.

SCÈNE V.

FLAMINIUS, ATTALE.

ATTALE.
Seigneur, que vous dirai-je après des avantages
Qui sont même trop grands pour les plus grands courages?

Vous n'avez point de borne, et votre affection
Passe votre promesse et mon ambition.
Je l'avouerai pourtant, le trône de mon père
Ne fait pas le bonheur que plus je considère :
Ce qui touche mon cœur, et qui charme mes sens,
C'est Laodice acquise à mes vœux innocents.
La qualité de roi, qui me rend digne d'elle....

FLAMINIUS.

Ne rendra pas son cœur à vos vœux moins rebelle.

ATTALE.

Seigneur, l'occasion fait un cœur différent :
D'ailleurs, c'est l'ordre exprès de son père mourant;
Et par son propre aveu la reine d'Arménie
Est due à l'héritier du roi de Bithynie.

FLAMINIUS.

Ce n'est pas loi pour elle; et, reine comme elle est,
Cet ordre, à bien parler, n'est que ce qu'il lui plaît.
Aimeroit-elle en vous l'éclat d'un diadême
Qu'on vous donne aux dépens d'un grand prince qu'elle aime,
En vous qui la privez d'un si cher protecteur,
En vous qui de sa chute êtes l'unique auteur?

ATTALE.

Ce prince hors d'ici, seigneur, que fera-t-elle?
Qui contre Rome et nous soutiendra sa querelle?
Car j'ose me promettre encor votre secours.

FLAMINIUS.

Les choses quelquefois prennent un autre cours.
Pour ne vous point flatter, je n'en veux pas répondre.

ACTE IV, SCENE V.

ATTALE.

Ce seroit bien, seigneur, de tout point me confondre ;
Et je serois moins roi qu'un objet de pitié,
Si le bandeau royal m'ôtoit votre amitié.
Mais je m'alarme trop, et Rome est plus égale.
N'en avez-vous pas l'ordre ?

FLAMINIUS.

Oui, pour le prince Attale,
Pour un homme en son sein nourri dès le berceau :
Mais pour le roi de Pont, il faut ordre nouveau.

ATTALE.

Il faut ordre nouveau ! Quoi ! se pourroit-il faire
Qu'à l'œuvre de ses mains Rome devînt contraire,
Que ma grandeur naissante y fît quelques jaloux ?

FLAMINIUS.

Que présumez-vous, prince ? et que me dites-vous ?

ATTALE.

Vous-même, dites-moi comme il faut que j'explique
Cette inégalité de votre république.

FLAMINIUS.

Je vais vous l'expliquer, et veux bien vous guérir
D'une erreur dangereuse où vous semblez courir.
Rome, qui vous servoit auprès de Laodice
Pour vous donner son trône, eût fait une injustice ;
Son amitié pour vous lui faisoit cette loi :
Mais par d'autres moyens elle vous a fait roi ;
Et le soin de sa gloire à présent la dispense
De se porter pour vous à cette violence.

Laissez donc cette reine en pleine liberté,
Et tournez vos désirs de quelque autre côté :
Rome de votre hymen prendra soin elle-même.

ATTALE.

Mais s'il arrive enfin que Laodice m'aime?

FLAMINIUS.

Ce seroit mettre encor Rome dans le hasard
Que l'on crût artifice ou force de sa part;
Cet hymen jetteroit une ombre sur sa gloire.
Prince, n'y pensez plus, si vous m'en pouvez croire;
Ou, si de mes conseils vous faites peu d'état,
N'y pensez plus du moins sans l'aveu du sénat.

ATTALE.

A voir quelle froideur à tant d'amour succède,
Rome ne m'aime pas; elle hait Nicomède :
Et, lorsqu'à mes désirs elle a feint d'applaudir,
Elle a voulu le perdre, et non pas m'agrandir.

FLAMINIUS.

Pour ne vous faire pas de réponse trop rude
Sur ce beau coup d'essai de votre ingratitude,
Suivez votre caprice, offensez vos amis;
Vous êtes souverain, et tout vous est permis.
Mais puisque enfin ce jour vous doit faire connoître
Que Rome vous a fait ce que vous allez être,
Que, perdant son appui, vous ne serez plus rien,
Que le roi vous l'a dit, souvenez-vous-en bien.

SCÈNE VI.

ATTALE.

Attale, étoit-ce ainsi que régnoient tes ancêtres?
Veux-tu le nom de roi pour avoir tant de maîtres?
Ah! ce titre à ce prix déja m'est importun;
S'il nous en faut avoir, du moins n'en ayons qu'un.
Le ciel nous l'a donné trop grand, trop magnanime,
Pour souffrir qu'aux Romains il serve de victime.
Montrons-leur hautement que nous avons des yeux,
Et d'un si rude joug affranchissons ces lieux.
Puisqu'à leurs intérêts tout ce qu'ils font s'applique,
Que leur vaine amitié cède à leur politique,
Soyons à notre tour de leur grandeur jaloux,
Et comme ils font pour eux faisons aussi pour nous.

FIN DU QUATRIÈME ACTE.

ACTE CINQUIÈME.

SCÈNE I.

ARSINOÉ, ATTALE.

ARSINOÉ.

J'AI prévu ce tumulte, et n'en vois rien à craindre ;
Comme un moment l'allume, un moment peut l'éteindre ;
Et si l'obscurité laisse croître ce bruit,
Le jour dissipera les vapeurs de la nuit.
Je me fâche bien moins qu'un peuple se mutine,
Que de voir que ton cœur dans son amour s'obstine,
Et, d'une indigne ardeur lâchement embrasé,
Ne rend point de mépris à qui t'a méprisé.
Venge-toi d'une ingrate, et quitte une cruelle,
A présent que le sort t'a mis au-dessus d'elle :
Son trône, et non ses yeux, avoit dû te charmer ;
Tu vas régner sans elle ; à quel propos l'aimer ?
Porte, porte ce cœur à de plus douces chaînes.
Puisque te voilà roi, l'Asie a d'autres reines,
Qui, loin de te donner des rigueurs à souffrir,
T'épargneront bientôt la peine de t'offrir.

ACTE V, SCENE I.

ATTALE.

Mais, madame....

ARSINOÉ.

    Eh bien! soit, je veux qu'elle se rende:
Prévois-tu les malheurs qu'ensuite j'appréhende?
Sitôt que d'Arménie elle t'aura fait roi,
Elle t'engagera dans sa haine pour moi.
Mais, ô dieux! pourra-t-elle y borner sa vengeance?
Pourras-tu dans son lit dormir en assurance?
Et refusera-t-elle à son ressentiment
Le fer ou le poison pour venger son amant?
Qu'est-ce qu'en sa fureur une femme n'essaie?

ATTALE.

Que de fausses raisons pour me cacher la vraie!
Rome, qui n'aime pas à voir un puissant roi,
L'a craint en Nicomède, et le craindroit en moi.
Je ne dois plus prétendre à l'hymen d'une reine,
Si je ne veux déplaire à notre souveraine;
Et, puisque la fâcher ce seroit me trahir,
Afin qu'elle me souffre il vaut mieux obéir.
Je sais par quels moyens sa sagesse profonde
S'achemine à grands pas à l'empire du monde :
Aussitôt qu'un état devient un peu trop grand,
Sa chute doit guérir l'ombrage qu'elle en prend.
C'est blesser les Romains que faire une conquête,
Que mettre trop de bras sous une seule tête;
Et leur guerre est trop juste après cet attentat
Que fait sur leur grandeur un tel crime d'état.

Eux, qui pour gouverner sont les premiers des hommes,
Veulent que sous leur ordre on soit ce que nous sommes;
Veulent sur tous les rois un si haut ascendant
Que leur empire seul demeure indépendant.
Je les connois, madame, et j'ai vu cet ombrage
Détruire Antiochus et renverser Carthage.
De peur de choir comme eux, je veux bien m'abaisser,
Et cède à des raisons que je ne puis forcer :
D'autant plus justement mon impuissance y cède,
Que je vois qu'en leurs mains on livre Nicomède.
Un si grand ennemi leur répond de ma foi :
C'est un lion tout prêt à déchaîner sur moi.

ARSINOÉ.

C'est de quoi je voulois vous faire confidence.
Mais vous me ravissez d'avoir cette prudence.
Le temps pourra changer; cependant prenez soin
D'assurer des jaloux dont vous avez besoin.

SCÈNE II.

FLAMINIUS, ARSINOÉ, ATTALE.

ARSINOÉ.

Seigneur, c'est remporter une haute victoire
Que de rendre un amant capable de me croire.
J'ai su le ramener aux termes du devoir,
Et sur lui la raison a repris son pouvoir.

FLAMINIUS.

Madame, voyez donc si vous serez capable

De rendre également ce peuple raisonnable.
Le mal croît, il est temps d'agir de votre part,
Ou, quand vous le voudrez, vous le voudrez trop tard.
Ne vous figurez plus que ce soit le confondre
Que de le laisser faire et ne lui point répondre.
Rome autrefois a vu de ces émotions,
Sans embrasser jamais vos résolutions.
Quand il falloit calmer toute une populace,
Le sénat n'épargnoit promesse ni menace,
Et rappeloit par là son escadron mutin
Et du mont Quirinal et du mont Aventin,
Dont il l'auroit vu faire une horrible descente,
S'il eût traité long-temps sa fureur d'impuissante,
Et l'eût abandonnée à sa confusion,
Comme vous semblez faire en cette occasion.

ARSINOÉ.

Après ce grand exemple en vain on délibère :
Ce qu'a fait le sénat montre ce qu'il faut faire ;
Et le roi... Mais il vient.

SCÈNE III.

PRUSIAS, ARSINOÉ, FLAMINIUS, ATTALE.

PRUSIAS.

Je ne puis plus douter,
Seigneur, d'où vient le mal que je vois éclater :
Ces mutins ont pour chefs les gens de Laodice.

FLAMINIUS.
J'en avois soupçonné déja son artifice.
ATTALE.
Ainsi votre tendresse et vos soins sont payés!
FLAMINIUS.
Seigneur, il faut agir; et si vous m'en croyez....

SCÈNE IV.

PRUSIAS, ARSINOÉ, FLAMINIUS, ATTALE, CLÉONE.

CLÉONE.
Tout est perdu, madame, à moins d'un prompt remède :
Tout le peuple à grands cris demande Nicomède;
Il commence lui-même à se faire raison,
Et vient de déchirer Métrobate et Zénon.
ARSINOÉ.
Il n'est donc plus à craindre, il a pris ses victimes :
Sa fureur sur leur sang va consumer ses crimes;
Elle s'applaudira de cet illustre effet,
Et croira Nicomède amplement satisfait.
FLAMINIUS.
Si ce désordre étoit sans chef et sans conduite,
Je voudrois, comme vous, en craindre moins la suite;
Le peuple par leur mort pourroit s'être adouci :
Mais un dessein formé ne tombe pas ainsi;
Il suit toujours son but jusqu'à ce qu'il l'emporte;

Le premier sang versé rend sa fureur plus forte;
Il l'amorce, il l'acharne; il en éteint l'horreur,
Et ne lui laisse plus ni pitié ni terreur.

SCÈNE V.

PRUSIAS, FLAMINIUS, ARSINOÉ, ATTALE, CLÉONE, ARASPE.

ARASPE.

Seigneur, de tous côtés le peuple vient en foule;
De moment en moment votre garde s'écoule;
Et, suivant les discours qu'ici même j'entends,
Le prince entre mes mains ne sera pas long-temps :
Je n'en puis plus répondre.

PRUSIAS.

Allons, allons le rendre,
Ce précieux objet d'une amitié si tendre:
Obéissons, madame, à ce peuple sans foi,
Qui, las de m'obéir, en veut faire son roi;
Et du haut d'un balcon, pour calmer la tempête,
Sur ses nouveaux sujets faisons voler sa tête.

ATTALE.

Ah! seigneur!

PRUSIAS.

C'est ainsi qu'il lui sera rendu :
A qui le cherche ainsi, c'est ainsi qu'il est dû.

ATTALE.

Ah! seigneur! c'est tout perdre, et livrer à sa rage
Tout ce qui de plus près touche votre courage;
Et j'ose dire ici que votre majesté
Aura peine elle-même à trouver sûreté.

PRUSIAS.

Il faut donc se résoudre à tout ce qu'il m'ordonne,
Lui rendre Nicomède avecque ma couronne :
Je n'ai point d'autre choix; et, s'il est le plus fort,
Je dois à son idole, ou mon sceptre, ou la mort.

FLAMINIUS.

Seigneur, quand ce dessein auroit quelque justice,
Est-ce à vous d'ordonner que ce prince périsse?
Quel pouvoir sur ses jours vous demeure permis?
C'est l'otage de Rome, et non plus votre fils :
Je dois m'en souvenir quand son père l'oublie.
C'est attenter sur nous qu'ordonner de sa vie;
J'en dois compte au sénat, et n'y puis consentir.
Ma galère est au port toute prête à partir :
Le palais y répond par la porte secrète;
Si vous le voulez perdre, agréez ma retraite;
Souffrez que mon départ fasse connoître à tous
Que Rome a des conseils plus justes et plus doux;
Et ne l'exposez pas à ce honteux outrage
De voir à ses yeux même immoler son otage.

ARSINOÉ.

Me croirez-vous, seigneur? et puis-je m'expliquer?

ACTE V, SCENE V.

PRUSIAS.

Ah! rien de votre part ne sauroit me choquer.
Parlez.

ARSINOÉ.

Le ciel m'inspire un dessein dont j'espère
Et satisfaire Rome et ne vous pas déplaire.
S'il est prêt à partir, il peut en ce moment
Enlever avec lui son otage aisément :
Cette porte secrète ici nous favorise.
Mais, pour faciliter d'autant mieux l'entreprise,
Montrez-vous à ce peuple, et, flattant son courroux,
Amusez-le du moins à débattre avec vous;
Faites-lui perdre temps, tandis qu'en assurance
La galère s'éloigne avec son espérance.
S'il force le palais, et ne l'y trouve plus,
Vous ferez comme lui le surpris, le confus;
Vous accuserez Rome, et promettrez vengeance
Sur quiconque sera de son intelligence.
Vous enverrez après, sitôt qu'il sera jour,
Et vous lui donnerez l'espoir d'un prompt retour,
Où mille empêchements que vous ferez vous-même
Pourront de toutes parts aider au stratagême.
Quelque aveugle transport qu'il témoigne aujourd'hui,
Il n'attentera rien tant qu'il craindra pour lui,
Tant qu'il présumera son effort inutile.
Ici la délivrance en paroît trop facile;
Et s'il l'obtient, seigneur, il faut fuir, vous et moi :

S'il le voit à sa tête, il en fera son roi ;
Vous le jugez vous-même.

PRUSIAS.

Ah ! j'avouerai, madame,
Que le ciel a versé ce conseil dans votre ame.
Seigneur, se peut-il voir rien de mieux concerté ?

FLAMINIUS.

Il vous assure, et vie, et gloire, et liberté;
Et vous avez d'ailleurs Laodice en otage.
Mais qui perd temps ici perd tout son avantage.

PRUSIAS.

Il n'en faut donc plus perdre : allons-y de ce pas.

ARSINOÉ.

Ne prenez avec vous qu'Araspe et trois soldats :
Peut-être un plus grand nombre auroit quelque infidèle.
J'irai chez Laodice et m'assurerai d'elle.

SCÈNE VI.

ARSINOÉ, ATTALE, CLÉONE.

ARSINOÉ.

Attale, où courez-vous ?

ATTALE.

Je vais de mon côté
De ce peuple mutin amuser la fierté,
A votre stratagême en ajouter quelque autre.

ARSINOÉ.
Songez que ce n'est qu'un que mon sort et le vôtre;
Que vos seuls intérêts me mettent en danger.
ATTALE.
Je vais périr, madame, ou vous en dégager.
ARSINOÉ.
Allez donc. J'aperçois la reine d'Arménie.

SCÈNE VII.

ARSINOÉ, LAODICE, CLÉONE.

ARSINOÉ.
La cause de nos maux doit-elle être impunie?
LAODICE.
Non, madame; et, pour peu qu'elle ait d'ambition,
Je vous réponds déja de sa punition.
ARSINOÉ.
Vous qui savez son crime, ordonnez de sa peine.
LAODICE.
Un peu d'abaissement suffit pour une reine;
C'est déja trop de voir son dessein avorté.
ARSINOÉ.
Dites, pour châtiment de sa témérité,
Qu'il lui faudroit du front tirer le diadême.
LAODICE.
Parmi les généreux il n'en va pas de même;
Ils savent oublier quand ils ont le dessus,

Et ne veulent que voir leurs ennemis confus.
ARSINOÉ.
Ainsi qui peut vous croire aisément se contente.
LAODICE.
Le ciel ne m'a pas fait l'ame plus violente.
ARSINOÉ.
Soulever des sujets contre leur souverain,
Leur mettre à tous le fer et la flamme en la main,
Jusque dans le palais pousser leur insolence,
Vous appelez cela fort peu de violence?
LAODICE.
Nous nous entendons mal, madame, et je le voi;
Ce que je dis pour vous, vous l'expliquez pour moi.
Je suis hors de souci pour ce qui me regarde;
Et je viens vous chercher pour vous prendre en ma garde,
Pour ne hasarder pas en vous la majesté
Au manque de respect d'un grand peuple irrité.
Faites venir le roi, appelez votre Attale,
Que je conserve en eux la dignité royale :
Ce peuple en sa fureur peut les connoître mal.
ARSINOÉ.
Peut-on voir un orgueil à votre orgueil égal!
Vous, par qui seule ici tout ce désordre arrive;
Vous, qui dans ce palais vous voyez ma captive;
Vous, qui me répondrez, au prix de votre sang,
De tout ce qu'un tel crime attente sur mon rang,
Vous me parlez encore avec la même audace
Que si j'avois besoin de vous demander grace!

ACTE V, SCENE VII.

LAODICE.

Vous obstiner, madame, à me parler ainsi,
C'est ne vouloir pas voir que je commande ici;
Que, quand il me plaira, vous serez ma victime.
Et ne m'imputez point ce grand désordre à crime :
Votre peuple est coupable, et dans tous vos sujets
Ces cris séditieux sont autant de forfaits :
Mais pour moi, qui suis reine, et qui, dans nos querelles,
Pour triompher de vous, vous ai fait ces rebelles,
Par le droit de la guerre il fut toujours permis
D'allumer la révolte entre ses ennemis :
M'enlever mon époux, c'est vous faire la mienne.

ARSINOÉ.

Je la suis donc, madame, et, quoi qu'il en avienne,
Si ce peuple une fois enfonce ce palais,
C'est fait de votre vie, et je vous le promets.

LAODICE.

Vous tiendrez mal parole, ou bientôt sur ma tombe
Tout le sang de vos rois servira d'hécatombe.
Mais avez-vous encor parmi votre maison
Quelque autre Métrobate ou quelque autre Zénon?
N'appréhendez-vous point que tous vos domestiques
Ne soient déja gagnés par mes sourdes pratiques?
En savez-vous quelqu'un si prêt à se trahir,
Si las de voir le jour, que de vous obéir?
Je ne veux point régner sur votre Bithynie :
Ouvrez-moi seulement les chemins d'Arménie,
Et, pour voir tout d'un coup vos malheurs terminés,

Rendez-moi cet époux qu'en vain vous retenez.

ARSINOÉ.

Sur le chemin de Rome il vous faut l'aller prendre;
Flaminius l'y mène, et pourra vous le rendre :
Mais hâtez-vous, de grace, et faites bien ramer,
Car déja sa galère a pris le large en mer.

LAODICE.

Ah! si je le croyois....

ARSINOÉ.

N'en doutez point, madame.

LAODICE.

Fuyez donc les fureurs qui saisissent mon ame :
Après le coup fatal de cette indignité,
Je n'ai plus ni respect ni générosité.
Mais plutôt demeurez pour me servir d'otage
Jusqu'à ce que ma main de ses fers le dégage.
J'irai jusque dans Rome en briser les liens,
Avec tous vos sujets, avecque tous les miens :
Aussi-bien Annibal nommoit une folie
De présumer la vaincre ailleurs qu'en Italie.
Je veux qu'elle me voie au cœur de ses états
Soutenir ma fureur d'un million de bras,
Et sous mon désespoir rangeant sa tyrannie...

ARSINOÉ.

Vous voulez donc enfin régner en Bithynie?
Et, dans cette fureur qui vous trouble aujourd'hui,
Le roi pourra souffrir que vous régniez pour lui?

LAODICE.

J'y régnerai, madame, et sans lui faire injure :
Puisque le roi veut bien n'être roi qu'en peinture,
Que lui doit importer qui donne ici la loi,
Et qui règne pour lui, des Romains ou de moi ?
Mais un second otage entre mes mains se jette.

SCÈNE VIII.

ARSINOÉ, LAODICE, ATTALE, CLÉONE.

ARSINOÉ.

Attale, avez-vous su comme ils ont fait retraite?

ATTALE.

Ah ! madame !

ARSINOÉ.

Parlez.

ATTALE.

Tous les dieux irrités
Dans les derniers malheurs nous ont précipités.
Le prince est échappé.

LAODICE.

Ne craignez plus, madame;
La générosité déja rentre en mon ame.

ARSINOÉ.

Attale, prenez-vous plaisir à m'alarmer?

ATTALE.

Ne vous flattez point tant que de le présumer.

Le malheureux Araspe, avec sa foible escorte,
L'avoit déja conduit à cette fausse porte ;
L'ambassadeur de Rome étoit déja passé,
Quand dans le sein d'Araspe un poignard enfoncé
Le jette aux pieds du prince. Il s'écrie; et sa suite,
De peur d'un pareil sort, prend aussitôt la fuite.

ARSINOÉ.

Et qui dans cette porte a pu le poignarder?

ATTALE.

Dix ou douze soldats qui sembloient la garder;
Et ce prince...

ARSINOÉ.

Ah! mon fils! qu'il est partout de traîtres!
Qu'il est peu de sujets fidèles à leurs maîtres!
Mais de qui savez-vous un désastre si grand?

ATTALE.

Des compagnons d'Araspe, et d'Araspe mourant.
Mais écoutez encor ce qui me désespère.
J'ai couru me ranger auprès du roi mon père;
Il n'en étoit plus temps : ce monarque étonné
A ses frayeurs déja s'étoit abandonné,
Avoit pris un esquif pour tâcher de rejoindre
Ce Romain dont l'effroi peut-être n'est pas moindre.

SCÈNE IX.

PRUSIAS, FLAMINIUS, ARSINOÉ, LAODICE, ATTALE, CLÉONE.

PRUSIAS.

Non, non; nous revenons l'un et l'autre en ces lieux
Défendre votre gloire, et mourir à vos yeux.

ARSINOÉ.

Mourons, mourons, seigneur, et dérobons nos vies
A l'absolu pouvoir des fureurs ennemies;
N'attendons pas leur ordre, et montrons-nous jaloux
De l'honneur qu'ils auroient à disposer de nous.

LAODICE.

Ce désespoir, madame, offense un si grand homme
Plus que vous n'avez fait en l'envoyant à Rome.
Vous devez le connoître; et, puisqu'il a ma foi,
Vous devez présumer qu'il est digne de moi :
Je le désavouerois, s'il n'étoit magnanime,
S'il manquoit à remplir l'effort de mon estime,
S'il ne faisoit paroître un cœur toujours égal.
Mais le voici, voyez si je le connois mal.

SCÈNE X.

PRUSIAS, NICOMÈDE, ARSINOÉ, LAODICE,
FLAMINIUS, ATTALE, CLÉONE.

NICOMÈDE.

Tout est calme, seigneur : un moment de ma vue
A soudain apaisé la populace émue.

PRUSIAS.

Quoi! me viens-tu braver jusque dans mon palais,
Rebelle?

NICOMÈDE.

C'est un nom que je n'aurai jamais.
Je ne viens point ici montrer à votre haine
Un captif insolent d'avoir brisé sa chaîne;
Je viens, en bon sujet, vous rendre le repos
Que d'autres intérêts troubloient mal-à-propos.
Non que je veuille à Rome imputer quelque crime :
Du grand art de régner elle suit la maxime;
Et son ambassadeur ne fait que son devoir
Quand il veut entre nous partager le pouvoir.
Mais ne permettez pas qu'elle vous y contraigne;
Rendez-moi votre amour, afin qu'elle vous craigne :
Pardonnez à ce peuple un peu trop de chaleur
Qu'à sa compassion a donné mon malheur;
Pardonnez un forfait qu'il a cru nécessaire,
Et qui ne produira qu'un effet salutaire.

ACTE V, SCENE X.

Faites-lui grace aussi, madame, et permettez
Que jusques au tombeau j'adore vos bontés.
Je sais par quel motif vous m'êtes si contraire :
Votre amour maternel veut voir régner mon frère;
Et je contribuerai moi-même à ce dessein,
Si vous pouvez souffrir qu'il soit roi de ma main.
Oui, l'Asie à mon bras offre encor des conquêtes,
Et pour l'en couronner mes mains sont toutes prêtes :
Commandez seulement, choisissez en quels lieux;
Et j'en apporterai la couronne à vos yeux.

ARSINOÉ.

Seigneur, faut-il si loin pousser votre victoire,
Et qu'ayant en vos mains et mes jours et ma gloire,
La haute ambition d'un si puissant vainqueur
Veuille encor triompher jusque dedans mon cœur?
Contre tant de vertus je ne puis le défendre;
Il est impatient lui-même de se rendre.
Joignez cette conquête à trois sceptres conquis,
Et je croirai gagner en vous un second fils.

PRUSIAS.

Je me rends donc aussi, madame; et je veux croire
Qu'avoir un fils si grand est ma plus grande gloire.
Mais parmi les douceurs qu'enfin nous recevons,
Faites-nous savoir, prince, à qui nous vous devons.

NICOMÈDE.

L'auteur d'un si grand coup m'a caché son visage;
Mais il m'a demandé mon diamant pour gage,
Et me le doit ici rapporter dès demain.

####### ATTALE.

Le voulez-vous, seigneur, reprendre de ma main ?

####### NICOMÈDE.

Ah ! laissez-moi toujours à cette digne marque
Reconnoître en mon sang un vrai sang de monarque.
Ce n'est plus des Romains l'esclave ambitieux,
C'est le libérateur d'un sang si précieux.
Mon frère, avec mes fers vous en brisez bien d'autres,
Ceux du roi, de la reine, et les siens et les vôtres.
Mais pourquoi vous cacher en sauvant tout l'état ?

####### ATTALE.

Pour voir votre vertu dans son plus haut éclat ;
Pour la voir seule agir contre notre injustice,
Sans la préoccuper par ce foible service,
Et me venger enfin ou sur vous ou sur moi,
Si j'eusse mal jugé de tout ce que je voi.
Mais, madame....

####### ARSINOÉ.

Il suffit ; voilà le stratagême
Que vous m'aviez promis pour moi contre moi-même.

(à Nicomède.)

Et j'ai l'esprit, seigneur, d'autant plus satisfait,
Que mon sang rompt le cours du mal que j'avois fait.

####### NICOMÈDE, à Flaminius.

Seigneur, à découvert, toute ame généreuse
D'avoir votre amitié doit se tenir heureuse ;
Mais nous n'en voulons plus avec ces dures lois
Qu'elle jette toujours sur la tête des rois :

Nous vous la demandons hors de la servitude;
Ou le nom d'ennemi nous semblera moins rude.

FLAMINIUS, à Nicomède.

C'est de quoi le sénat pourra délibérer :
Mais cependant pour lui j'ose vous assurer,
Prince, qu'à ce défaut vous aurez son estime,
Telle que doit l'attendre un cœur si magnanime;
Et qu'il croira se faire un illustre ennemi,
S'il ne vous reçoit pas pour généreux ami.

PRUSIAS.

Nous autres, réunis sous de meilleurs auspices,
Préparons à demain de justes sacrifices;
Et demandons aux dieux, nos dignes souverains,
Pour comble de bonheur l'amitié des Romains.

FIN DE NICOMÈDE.

EXAMEN DE NICOMÈDE.

Voici une pièce d'une constitution assez extraordinaire : aussi est-ce la vingt-et-unième que j'ai mise sur le théâtre ; et, après y avoir fait réciter quarante mille vers, il est bien malaisé de trouver quelque chose de nouveau sans s'écarter un peu du grand chemin, et se mettre au hasard de s'égarer. La tendresse et les passions, qui doivent être l'ame des tragédies, n'ont aucune part à celle-ci ; la grandeur de courage y règne seule, et regarde son malheur d'un œil si dédaigneux qu'il n'en sauroit arracher une plainte. Elle y est combattue par la politique, et n'oppose à ses artifices qu'une prudence généreuse, qui marche à visage découvert, qui prévoit le péril sans s'émouvoir, et qui ne veut point d'autre appui que celui de sa vertu, et de l'amour qu'elle imprime dans les cœurs de tous les peuples.

L'histoire qui m'a prêté de quoi la faire paroître en ce haut degré est tirée du trente-quatrième livre de Justin. J'ai ôté de ma scène l'horreur de sa catastrophe, où le fils fait assassiner son père qui lui en avoit voulu faire autant, et n'ai donné ni à Prusias ni à Nicomède aucun dessein de parricide. J'ai fait ce dernier amou-

reux de Laodice, reine d'Arménie, afin que l'union
d'une couronne voisine à la sienne donnât plus d'ombrage aux Romains, et leur fît prendre plus de soin
d'y mettre un obstacle de leur part. J'ai approché de
cette histoire celle de la mort d'Annibal, qui arriva
un peu auparavant chez ce même roi, et dont le nom
n'est pas un petit ornement à mon ouvrage : j'en ai
fait Nicomède disciple, pour lui prêter plus de valeur
et plus de fierté contre les Romains; et, prenant l'occasion de l'ambassade où Flaminius fut envoyé par
eux vers ce roi leur allié, pour demander qu'on remît
entre leurs mains ce vieil ennemi de leur grandeur,
je l'ai chargé d'une commission secrète de traverser
ce mariage qui leur devoit donner de la jalousie. J'ai
fait que, pour gagner l'esprit de la reine, qui, suivant
l'ordinaire des secondes femmes, avoit tout pouvoir
sur celui de son vieux mari, il lui ramène un de ses
fils, que mon auteur m'apprend avoir été nourri à
Rome. Cela fait deux effets; car d'un côté il obtient
la perte d'Annibal par le moyen de cette mère ambitieuse, et de l'autre il oppose à Nicomède un rival appuyé de toute la faveur des Romains, jaloux de sa
gloire et de sa grandeur naissante.

Les assassins qui découvrirent à ce prince les sanglants desseins de son père m'ont donné jour à d'autres artifices pour le faire tomber dans les embûches
que sa belle-mère lui avoit préparées; et pour la fin,
je l'ai réduite en sorte que tous mes personnages y

agissent avec générosité, et que les uns rendant ce qu'ils doivent à la vertu, et les autres demeurant dans la fermeté de leur devoir, laissent un exemple assez illustre et une conclusion assez agréable.

La représentation n'en a point déplu; et ce ne sont pas les moindres vers qui soient partis de ma main. Mon principal but a été de peindre la politique des Romains au-dehors, et comme ils agissoient impérieusement avec les rois leurs alliés, leurs maximes pour les empêcher de s'accroître, et les soins qu'ils prenoient de traverser leur grandeur quand elle commençoit à leur devenir suspecte à force de s'augmenter et de se rendre considérable par de nouvelles conquêtes. C'est le caractère que j'ai donné à leur république en la personne de son ambassadeur Flaminius, à qui j'oppose un prince intrépide, qui voit sa perte assurée sans s'ébranler, et qui brave l'orgueilleuse masse de leur puissance, lors même qu'il en est accablé. Ce héros de ma façon sort un peu des règles de la tragédie, en ce qu'il ne cherche point à faire pitié par l'excès de ses infortunes : mais le succès a montré que la fermeté des grands cœurs, qui n'excite que l'admiration dans l'ame du spectateur, est quelquefois aussi agréable que la compassion que notre art nous ordonne d'y produire par la représentation de leurs malheurs. Il en fait naître toutefois quelqu'une, mais elle ne va pas jusques à tirer des larmes : son effet se borne à mettre les auditeurs dans les intérêts de ce prince, et à leur faire former des souhaits pour ses prospérités.

Dans l'admiration qu'on a pour sa vertu, je trouve une manière de purger les passions, dont n'a point parlé Aristote, et qui est peut-être plus sûre que celle qu'il prescrit à la tragédie par le moyen de la pitié et de la crainte. L'amour qu'elle nous donne pour cette vertu que nous admirons nous imprime de la haine pour le vice contraire. La grandeur de courage de Nicomède nous laisse une aversion contre la pusillanimité; et la généreuse reconnoissance d'Héraclius, qui expose sa vie pour Martian à qui il est redevable de la sienne, nous jette dans l'horreur de l'ingratitude.

Je ne veux point dissimuler que cette pièce est une de celles pour qui j'ai le plus d'amitié. Aussi n'y remarquerai-je que ce défaut de la fin qui va trop vite, comme je l'ai dit ailleurs, et où l'on peut même trouver quelque inégalité de mœurs en Prusias et Flaminius, qui, après avoir pris la fuite sur la mer, s'avisent tout d'un coup de rappeler leur courage, et viennent se ranger auprès de la reine Arsinoé, pour mourir avec elle en la défendant. Flaminius y demeure en assez méchante posture, voyant réunir toute la famille royale, malgré les soins qu'il avoit pris de la diviser, et les instructions qu'il en avoit apportées de Rome. Il s'y voit enlever par Nicomède les affections de cette reine et du prince Attale, qu'il avoit choisis pour instruments à traverser sa grandeur, et semble n'être revenu que pour être témoin du triomphe qu'il remporte sur lui. D'abord j'avois fini la pièce sans les faire revenir, et m'étois contenté de faire témoigner par Nicomède à sa belle-mère un grand déplaisir de ce que la fuite du roi ne lui permettoit pas de lui rendre ses obéissances.

Cela ne démentoit point l'effet historique, puisqu'il laissoit sa mort en incertitude; mais le goût des spectateurs, que nous avons accoutumés à voir rassembler tous nos personnages à la conclusion de cette sorte de poëmes, fut cause de ce changement, où je me résolus pour leur donner plus de satisfaction, bien qu'avec moins de régularité.

FIN DE L'EXAMEN DE NICOMÈDE.

TABLE

DES PIÈCES

CONTENUES DANS CE VOLUME.

Rodogune, tragédie,   Page   5
Héraclius, tragédie,   121
Don Sanche d'Aragon, comédie héroïque,   241
Nicomède,   351

FIN DE LA TABLE.

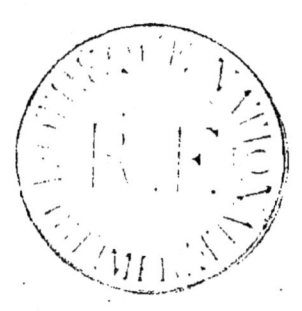